《中华人民共和国残疾人保障法》
立法后评估报告

A Post-Enactment Evaluation Report on the Law of the People's Republic of China on the Protection of Persons with Disabilities

全国人大内务司法委员会
中国残疾人联合会

编 著

图书在版编目(CIP)数据

《中华人民共和国残疾人保障法》立法后评估报告 / 全国人大内务司法委员会,中国残疾人联合会编著. —北京:华夏出版社,2012.9
ISBN 978-7-5080-7141-1

Ⅰ.①中… Ⅱ.①全…②中… Ⅲ.①残疾人保障法-立法-研究报告-中国 Ⅳ.①D922.182.34

中国版本图书馆 CIP 数据核字(2012)第 207542 号

《中华人民共和国残疾人保障法》立法后评估报告

编　　著	全国人大内务司法委员会　中国残疾人联合会
责任编辑	贾洪宝　王　敏　霍本科
封面设计	郭　艳
出版发行	华夏出版社
经　　销	新华书店
印　　装	三河市李旗庄少明印装厂
版　　次	2012 年 9 月北京第 1 版　2013 年 6 月北京第 1 次印刷
开　　本	720×1030　1/16 开本
印　　张	21
字　　数	333 千字
定　　价	55.00 元

华夏出版社　社址:北京市东直门外香河园北里 4 号　邮编:100028
网址:www.hxph.com.cn　电话:010—64663331(转)
投稿互动:hxkwyd@yahoo.com.cn,010—64672903
若发现本版图书有印装质量问题,请与我社营销中心联系调换。

本书编委会

主　任　　刘振华　王新宪

编　委　　吕世明　秦　剑　薄绍晔　林　宝
　　　　　滕　炜　郭贵仁　肖红林　丁二中
　　　　　李天顺　李国斌　吴　明　符金陵
　　　　　尹建堃　周　韬　赵明刚　马玉娥
　　　　　王幼丽　郭克利　康德成　陈顺云

主　编　　薄绍晔

副主编　　林　宝　秦　剑

撰稿人　　薄绍晔　林　宝　秦　剑
　　　　　王治江　张　妍　窦　维

前　言

《残疾人保障法》于1991年5月实施；2008年4月，十一届全国人大常委会第二次会议审议通过了修订后的《残疾人保障法》。二十多年来，《残疾人保障法》对促进残疾人事业发展、保障残疾人权益发挥了重要作用。为进一步加强《残疾人保障法》的贯彻实施、完善相关法律制度，全国人大内务司法委员会对《残疾人保障法》进行了立法后评估，旨在通过对法律制度合理性和实施情况的全面评估，促进《残疾人保障法》的进一步完善，为发展残疾人事业和维护残疾人权益提供更好的法制保障。

《残疾人保障法》立法后评估主要围绕康复、教育、就业、社会保障、无障碍环境建设等法律的核心内容展开，由全国人大内务司法委员会、中国残疾人联合会和中国社会科学院人口与劳动经济研究所进行相关分析研究，重点评估相关法律制度设计的合理性和可行性、资源投入和配套制度建设情况、法律制度实施的成效和影响等，并在北京、山西、安徽、湖南、广东、四川六省（直辖市）分别选择了一市、一县开展了现场调查工作，面向残疾人、社会公众和有关政府部门开展问卷调查，通过实地调查深入了解《残疾人保障法》实施情况，掌握残疾人生活和需求的基本情况，为立法后评估工作提供了基础数据支撑。

2012年8月，第十一届全国人大常委会第二十八次会议审议通过了《残疾人保障法》立法后评估报告。现将《残疾人保障法》立法后评估工作相关成果汇编成书，供有关部门和有关研究人员参考。

编　者

2012年9月

Preface

The Law of the People's Republic of China on the Protection of Persons with Disabilities entered into force in May 1991, and it was revised in April 2008. The implementation of the Law played an important role in promoting the cause of disability and protecting the legitimate rights and interests of persons with disabilities. To further enhance the implementation of the Law and improve the legal institutional building concerned, the Committee for Internal and Judicial Affairs of the National People's Congress conducted a post – enactment evaluation of the Law.

The Evaluation was carried out focusing on the core contents of the Law includingrehabilitation, education, employment, social security, accessibility for persons with disabilities. During the evaluation, the emphasis was placed on rationality and feasibility of the legal design concerned, situation of the resource input and supporting institutional building, as well as results of the implementation of laws and regulations. Field surveys were conducted respectively in 6 provinces, each of which selected one city and one county as targeted spots, to learn the situation of the Law's implementation through collecting opinions from persons with disabilities, the public, and relevant government agencies. It offered basic supporting data for the post – enactment evaluation.

In August 2012, the 28th meeting of the Standing Committee of the Eleventh National People's Congress passed the Post – Enactment Evaluation Report on the Law of the People's Republic of China on the Protection of Persons with Disabilities. We hereby compile the results of the Evaluation for your reference.

Editor

Sep. 2012

目 录

第一部分 总 报 告

第一章 《残疾人保障法》立法后评估总报告

第一节 评估背景、目的和方法 …………………………………… 3
 一、评估背景 ……………………………………………… 3
 二、评估目的 ……………………………………………… 4
 三、评估方法 ……………………………………………… 4

第二节 评估内容 …………………………………………………… 6
 一、《残疾人保障法》的主要内容 ……………………… 6
 二、《残疾人保障法》立法后评估的主要内容 ………… 7

第三节 评估结果 …………………………………………………… 9
 一、制度设计合理可行，法律规定得到有效实施 ……… 9
 二、残疾人事业快速发展，残疾人状况明显改善 …… 18
 三、法律法规体系有待完善，残疾人保障状况仍需改进 …… 23

第四节 相关建议 …………………………………………………… 31
 一、健全残疾人事业法律法规体系 …………………… 31
 二、建立与经济社会发展相适应的经费保障机制 …… 32
 三、完善全面覆盖和重点保障相结合的残疾人社会保障制度 …… 33
 四、形成政府主导和社会力量积极参与的残疾人服务体系 …… 34
 五、加强残疾人事业专项统计和信息化建设 ………… 35

第二部分 分报告

第二章 残疾人康复状况评估报告

第一节 评估意义 ······ 39
一、康复是残疾人平等参与社会生活的基础 ······ 39
二、享有康复服务是残疾人的基本权利 ······ 39
三、"人人享有康复服务"是我国残疾人康复工作的目标 ······ 40

第二节 评估内容 ······ 41
一、《残疾人保障法》有关康复的主要内容 ······ 41
二、《残疾人保障法》有关康复规定的主要目的 ······ 43
三、残疾人康复评估的主要内容 ······ 44

第三节 实施保障评估结果 ······ 45
一、残疾人康复工作得到相关部门的高度重视 ······ 45
二、中央财政对残疾人康复的投入不断加大 ······ 49
三、康复医疗保障制度有待进一步完善 ······ 49

第四节 实施绩效评估结果 ······ 52
一、康复服务覆盖面不断扩大 ······ 52
二、康复服务尚不能满足残疾人需求 ······ 59

第五节 相关建议 ······ 62
一、尽快出台残疾预防和残疾人康复条例 ······ 62
二、通过社会化方式促进康复服务发展 ······ 62
三、完善康复经费投入和管理机制 ······ 63
四、建立残疾人康复服务信息管理系统 ······ 64
五、增加纳入基本医疗保障的康复项目 ······ 64

第三章 残疾人教育状况评估报告

第一节 评估意义 ······ 69
一、受教育是残疾人实现"平等 参与 共享"的前提 ······ 69
二、受教育是残疾人的基本权利 ······ 69

三、受教育是残疾人实现人力资本积累的重要途径……………… 70
第二节　评估内容……………………………………………………… 71
　　一、《残疾人保障法》有关教育的主要内容…………………… 71
　　二、《残疾人保障法》有关教育规定的主要目的 ……………… 73
　　三、残疾人教育评估的主要内容………………………………… 74
第三节　实施保障评估结果…………………………………………… 76
　　一、残疾人教育相关法律制度逐步建立………………………… 76
　　二、残疾人教育纳入国家教育总体规划………………………… 78
　　三、积极制定实施保障残疾人教育权利的政策和措施………… 79
　　四、特殊教育经费投入总量不断增长…………………………… 82
　　五、残疾人教育立法和经费保障有待加强……………………… 83
第四节　实施绩效评估结果…………………………………………… 86
　　一、残疾人教育状况明显改善…………………………………… 86
　　二、残疾人教育整体水平有待提高……………………………… 91
第五节　相关建议……………………………………………………… 97
　　一、促进残疾人教育法律法规的完善和实施…………………… 97
　　二、加大特殊教育经费投入和管理……………………………… 98
　　三、加快残疾人教育的基础设施建设…………………………… 99
　　四、加强残疾人职业教育………………………………………… 99
　　五、重视特殊教育师资力量培养和教材开发 …………………… 100
　　六、加大残疾儿童教育资助力度………………………………… 100

第四章　残疾人就业状况评估报告

第一节　评估意义……………………………………………………… 105
　　一、就业是残疾人平等参与社会生活的重要体现……………… 105
　　二、就业是残疾人的基本权利…………………………………… 105
　　三、就业是残疾人参与社会分配的重要方式…………………… 105
　　四、就业是改善残疾人状况的重要途径………………………… 106
第二节　评估内容……………………………………………………… 107
　　一、《残疾人保障法》有关就业的主要内容…………………… 107
　　二、《残疾人保障法》有关就业规定的主要目的 ……………… 110

  三、残疾人就业评估的主要内容 …………………………… 111

 第三节 实施保障评估结果 ……………………………………… 112
  一、促进残疾人就业的法律制度相对完善 ………………… 112
  二、具体法律规定的落实亟待加强 ………………………… 118

 第四节 实施绩效评估结果 ……………………………………… 121
  一、残疾人就业状况不断得到改善 ………………………… 121
  二、残疾人就业仍面临诸多问题 …………………………… 126

 第五节 相关建议 ………………………………………………… 133
  一、加大残疾人就业工作监管力度 ………………………… 133
  二、切实落实残疾人就业促进措施 ………………………… 133
  三、开展适合残疾人特点的职业培训 ……………………… 134
  四、加大残疾人就业的财政支持 …………………………… 135
  五、尽快修订残疾人就业保障金管理办法 ………………… 136

第五章 残疾人社会保障状况评估报告

 第一节 评估意义 ………………………………………………… 139
  一、社会保障制度是保障残疾人生活的基础性制度 ……… 139
  二、社会保障状况直接关系残疾人生存发展权利的实现 … 140
  三、残疾人社会保障水平是社会文明进步的重要标志 …… 140

 第二节 评估内容 ………………………………………………… 142
  一、《残疾人保障法》有关社会保障的主要内容 ………… 142
  二、《残疾人保障法》社会保障相关规定的主要目的 …… 144
  三、残疾人社会保障评估的主要内容 ……………………… 145

 第三节 实施保障评估结果 ……………………………………… 146
  一、残疾人社会保障制度基本建立 ………………………… 146
  二、残疾人社会保障投入逐步加大 ………………………… 150
  三、残疾人社会保障体系有待完善 ………………………… 153

 第四节 实施绩效评估结果 ……………………………………… 156
  一、残疾人社会保障状况得到改善 ………………………… 156
  二、残疾人社会保障水平仍需提高 ………………………… 162

第五节 相关建议 …………………………………………… 169
　一、加强残疾人社会保障立法 ………………………………… 169
　二、建立残疾人社会保障动态监测机制 ……………………… 170
　三、建立残疾人社会保障投入的稳定增长机制 ……………… 170
　四、进一步完善和落实对残疾人的特惠政策 ………………… 171

第六章　无障碍环境建设状况评估报告

第一节 评估意义 …………………………………………… 175
　一、无障碍环境是残疾人平等参与社会生活的重要条件 …… 175
　二、无障碍环境建设是社会文明进步的重要标志 …………… 176
　三、无障碍环境建设有利于促进社会和谐发展 ……………… 176

第二节 评估内容 …………………………………………… 178
　一、《残疾人保障法》关于无障碍环境的主要内容 ………… 178
　二、《残疾人保障法》关于无障碍环境规定的主要目的 …… 180
　三、无障碍环境建设评估的主要内容 ………………………… 181

第三节 实施保障评估结果 ………………………………… 183
　一、法律政策体系初步形成 …………………………………… 183
　二、资金投入力度逐步加大 …………………………………… 191
　三、法律制度的贯彻实施有待加强 …………………………… 192

第四节 实施绩效评估结果 ………………………………… 195
　一、城市无障碍环境建设成效明显 …………………………… 195
　二、无障碍环境建设尚不能满足社会发展需要 ……………… 198

第五节 相关建议 …………………………………………… 202
　一、进一步完善无障碍环境建设相关法律制度 ……………… 202
　二、加强无障碍环境建设法律法规的执行力度 ……………… 202
　三、加快推进农村和小城镇无障碍环境建设 ………………… 203
　四、促进无障碍环境建设的系统化和规范化 ………………… 204
　五、继续加大无障碍环境建设的资金投入 …………………… 204
　六、提升社会公众的无障碍意识 ……………………………… 205

第三部分 调查报告

第七章 《残疾人保障法》实施状况调查报告

第一节 调查基本情况
  一、调查背景 ··· 209
  二、调查目的 ··· 210
  三、调查对象与方法 ··· 210
  四、调查组织与实施 ··· 212

第二节 残疾人调查结果分析
  一、调查对象的基本情况 ······································· 213
  二、调查结果分析 ··· 216

第三节 居民调查结果分析
  一、调查对象的基本情况 ······································· 224
  二、调查结果分析 ··· 225

第四节 政府工作人员调查结果分析
  一、对残疾人事业和《残疾人保障法》的总体评价 ············· 232
  二、对残疾人状况和面临问题的判断 ··························· 233

第四部分 审议报告

第八章 全国人民代表大会内务司法委员会关于《中华人民共和国残疾人保障法》立法后评估的报告

  一、《残疾人保障法》立法后评估的背景、目的和方法 ············ 241
    (一)评估背景 ··· 241
    (二)评估目的 ··· 242
    (三)评估方法和过程 ······································· 242
  二、《残疾人保障法》立法后评估的内容和标准 ················· 243
  三、《残疾人保障法》立法后评估结论 ························· 244
    (一)制度设计较科学、合理,具有较强的可操作性 ········· 244

（二）法律实施保障逐步加强 …………………………………… 244
　　（三）法律实施的绩效不断凸显 …………………………………… 245
　　（四）评估中发现的问题 …………………………………………… 248
四、建　议 ………………………………………………………………… 251
　　（一）进一步完善残疾人法律体系 ………………………………… 251
　　（二）进一步完善实施《残疾人保障法》的政策措施 ………… 252

附　录

附录一

1. 《残疾人保障法》立法后评估工作方案 …………………………… 255
2. 《残疾人保障法》立法后评估工作实施方案 ……………………… 259
3. 《残疾人保障法》立法后评估工作领导小组名单………………… 264
4. 《残疾人保障法》立法后评估工作领导小组办公室人员名单 …… 265
5. 《残疾人保障法》实施状况调查主要工作人员名单……………… 266

附录二

1. 中华人民共和国残疾人保障法 ……………………………………… 267
2. 残疾人教育条例 ……………………………………………………… 279
3. 残疾人就业条例 ……………………………………………………… 286
4. 无障碍环境建设条例 ………………………………………………… 291
5. 残疾人权利公约 ……………………………………………………… 295

第一部分　总报告

第一章

《残疾人保障法》立法后评估总报告

第一节 评估背景、目的和方法

一、评估背景

《中华人民共和国残疾人保障法》（以下简称《残疾人保障法》）是保障我国残疾人权益的一项重要法律。该法于1990年12月28日颁布，1991年5月15日正式实施；2008年进行了修订，修订后的《残疾人保障法》自2008年7月1日起施行。2011年是《残疾人保障法》实施20周年。该法自实施以来，对保障残疾人权益、促进残疾人事业发展发挥了重要作用。但是，随着我国社会经济不断发展，人们对残疾人权益和残疾人事业有了更深入的理解，对完善《残疾人保障法》也提出了新的要求。因此，有必要对《残疾人保障法》进行全面评估，以进一步改进立法和法律实施工作，适应新的社会发展形势，保障残疾人事业平稳、有序、健康发展。

我国确立了社会主义市场经济体制之后，在相当长的时间内，国家立法机关的主要方向是建立起与市场经济体制相适应的社会主义法律体系。随着我国社会主义法律体系的逐步完善，立法后评估已逐渐提上了国家立法机构的议事日程。吴邦国委员长在十一届全国人大四次会议上所作的全国人大常委会工作报告中明确提出：要把立法后评估作为加强和改进立法工作的一项新举措，在总结试点经验的基础上有序展开，通过多种形式，对法律制度的科学性、法律规定的可操作性、法律执行的有效性等做出客观评价，为修改完善法律、改进立法工作提供依据。为了落实吴邦国委员长提出的要求，同时也为了适应《残疾人保障法》的完善需要和残疾人事业的发展需要，全国人大决定在《残疾人保障法》实施20周年之际对其进行立法后评估。

二、评估目的

1. 进一步完善《残疾人保障法》

开展《残疾人保障法》的立法后评估工作,主要目的是基于我国社会经济发展的新形势和我国立法司法实践的新发展,对《残疾人保障法》的相关法律规定及其实施情况进行全面分析和评估,发现其在立法和执法等环节的不足和问题,提出相关建议,为进一步完善《残疾人保障法》及其相关配套制度提供依据。

2. 进一步推动残疾人事业发展

开展《残疾人保障法》的立法后评估工作,根本目的在于通过评估促进《残疾人保障法》和相关配套措施的完善,努力营造一个与社会发展阶段相适应的残疾人事业发展良好环境,落实党中央提出的着力保障和改善民生的精神,推动我国残疾人事业不断向前发展。

3. 进一步加强残疾人权益保障力度

开展《残疾人保障法》的立法后评估工作,最终目的是通过分析残疾人权益保障的现状及存在的主要问题,提出加强残疾人权益保障的相关建议,保障残疾人康复、教育、劳动就业、社会保障等权利的享有和实现,改善残疾人状况,促进残疾人和全国人民同步迈入更高水平的小康社会。

三、评估方法

本次立法后评估采用定性与定量相结合的方法,对《残疾人保障法》的主要内容和实施情况进行评估。具体方法包括文献研究、问卷调查、实地调研和统计分析等。

文献研究主要包括查阅和分析已有的相关研究成果,现有法律法规,立法档案资料,各级人大的相关执法检查报告、调研报告,残联等相关部门的统计公报、调查报告等。在本报告中,开展了大量文献研究工作,特别是对残联、教育、工信、民政、财政、人社、住建、卫生等部门提供的相关材料进行了认真分析。

问卷调查是本次立法后评估采用的主要研究方法之一。本次《残疾人保障法》实施状况调查采用多阶段分层配额抽样调查的方法抽取了残疾人样本，并在此基础上调查了残疾人所在社区居民，所在地政府工作部门相关工作人员及部分政府工作部门。共调查了 1217 名 14 周岁以上的残疾人，其中城镇 613 人，农村 604 人；617 名 18 周岁以上的残疾人所在社区的居民，其中城镇 311 人，农村 306 人；504 名政府部门工作人员；6 个省（直辖市）、9 个地区（市）、12 个区县的 189 个部门。

实地调研是本次立法后评估的一个重要环节。选取了四川、海南等地进行了实地专题调研，通过实地考察、座谈、走访等方式，深入基层了解法律制度实施的评价和实际情况，听取意见和建议。

统计分析主要是基于收集到的各种信息，对研究和评估的主要问题，进行不同角度的比较分析，力求对《残疾人保障法》实施情况和残疾人事业的发展情况进行客观的分析，总结经验和发现问题。

在调查和分析的基础上，本次评估共形成了残疾人康复、教育、就业、社会保障、无障碍建设等 5 份分报告和 1 份《残疾人保障法》实施状况调查报告。最后，基于上述报告形成了本报告。

第二节 评估内容

一、《残疾人保障法》的主要内容

《残疾人保障法》于1990年12月28日第七届全国人民代表大会常务委员会第十七次会议通过，并于2008年4月24日第十一届全国人民代表大会常务委员会第二次会议修订。修订后的《残疾人保障法》共9章68条。

第一章总则，规定了立法宗旨、原则，残疾人的定义、类别，残疾人的权利和义务，禁止基于残疾的歧视，对残疾人的特别扶助和特别保障，残疾人参与国家管理的权利，政府的职责，社会的责任，残疾人联合会的法律地位、作用，残疾人亲属的责任，残疾预防以及全国助残日等内容。

第二章康复，规定了国家保障残疾人享有康复服务的权利，康复工作的指导原则及组织实施，康复机构建设及康复专业人员培养培训，残疾人辅助器具生产供应等内容。

第三章教育，规定了国家保障残疾人受教育的权利，残疾人教育的施教原则，发展方针，办学渠道，师资培训，特殊教育机构建设，教育方式及其保障措施等内容。

第四章劳动就业，规定了国家保障残疾人劳动的权利，残疾人劳动就业的方针，社会各方面的责任，给予残疾人的优惠与扶持等内容，特别是规定了用人单位按比例安排残疾人就业制度，在劳动就业的各个方面不得歧视残疾人。对于扶持农村残疾人参加生产劳动也作了明确规定。

第五章文化生活，规定了国家保障残疾人享有平等参与文化生活的权利，国家和社会鼓励、帮助残疾人参加各种文化、体育、娱乐活动以及相关的扶持措施，促进残疾人与其他公民之间的相互理解和交流等内容。

第六章社会保障，规定了国家保障残疾人享有各项社会保障的权利，国家和社会采取措施完善对残疾人的社会保障、保障和改善残疾人生活，对残疾人社会保险、社会救助、护理补贴等规定了保障措施，并对残疾人给予多方面特别扶助和照顾。

第七章无障碍环境，规定了国家和社会为残疾人平等参与社会生活创造无障碍环境，并对无障碍设施建设及维护，信息交流无障碍建设，公共信息无障碍，公共服务无障碍，盲文选票和试卷，无障碍辅助设备、无障碍交通工具的研制和开发等做出规定。

第八章法律责任，对残疾人法律援助与司法救助，残疾人组织的维权责任，残疾人的申诉、控告、检举权，对侵害残疾人合法权益的行为，规定依法追究行政责任、民事责任或刑事责任。

第九章附则，规定了实施日期。

二、《残疾人保障法》立法后评估的主要内容

1. 评估主要从法律设计、实施保障和实施绩效等三个层面进行

在法律制度设计方面，主要包括两个方面：一是合理性评估，主要考察是否符合基本的立法原则，内容是否完整，是否与《残疾人权利公约》相衔接；二是可行性评估，主要考察各项法律规定是否清晰明确、各项制度和要求是否具有可操作性。

在法律实施保障方面，主要考察配套制度建设和资源投入力度两个方面。侧重于考察有关部门出台的法规、规章、标准等配套制度建设情况，以及各领域的资源投入总量、项目等情况。

在实施绩效方面，主要考察残疾人事业的发展状况，特别关注一些优惠政策的落实效果，与社会平均水平的比较，以及存在的主要问题和产生问题的原因。

2. 评估集中在康复、教育、就业、社会保障、无障碍建设等五个领域

经过对评估事项的重要性和可行性等方面的综合考虑，本次立法后评估主要集中在以下五个领域：

(1)《残疾人保障法》第二章规定的残疾人康复制度。主要评估康复

服务体系的建设情况、残疾人接受康复服务的情况、社区康复服务发展情况、辅助器具供应情况等。

（2）《残疾人保障法》第三章规定的残疾人教育制度。主要评估特殊教育体系建设的整体进展；特别是义务教育阶段的发展情况；残疾人的整体受教育水平，主要从不同年龄、不同性别的视角分析残疾人受教育水平的提高；特殊教育资源的发展情况，包括教育机构的建设和师资力量的培养两方面内容；特殊教育的科学研究与开发应用情况；扶残助学的发展情况等。

（3）《残疾人保障法》第四章规定的残疾人就业制度。主要评估残疾人就业服务体系的建设情况，重点关注残疾人就业服务体系建设的进展情况；城镇残疾人就业情况，重点关注城镇就业的总体情况及集中就业和按比例安排就业等；农村残疾人就业情况，重点关注对农村残疾人就业的变化情况等。

（4）《残疾人保障法》第五章规定的残疾人社会保障制度。主要评估残疾人社会保障体系建设状况，重点关注社会保障体系建设的进展；残疾人参加社会保险的状况，主要包括残疾人养老保险和医疗保险的参保率及保障标准；残疾人享受最低生活保障的情况，主要关注残疾人享受最低生活保障的覆盖率及标准等；残疾人应享受的特惠政策落实状况，如生活补贴和护理补贴的享受状况及标准等。

（5）《残疾人保障法》第七章规定的无障碍建设制度。主要评估无障碍设施的建设和改造现状；信息交流无障碍的建设情况；无障碍的服务机构情况，包括全国无障碍服务机构的分布情况；无障碍辅助设备的研发状况等。

康复、教育、就业、社会保障等是残疾人最重要、最基本的权益，无障碍环境是残疾人权利实现的重要保障，因此这些评估领域是《残疾人保障法》的核心内容，与广大残疾人的利益密切相关，也最为广大残疾人所重视，这几项制度的规定是否科学合理以及是否得到有效实施，能够比较准确地体现《残疾人保障法》的立法质量和实施状况。

第三节 评估结果

一、制度设计合理可行，法律规定得到有效实施

1. 《残疾人保障法》符合基本立法原则，内容全面

《残疾人保障法》中康复、教育、就业、社会保障、无障碍环境等相关制度设计的合理性主要体现在以下三个方面：

（1）相关制度设计符合基本的立法原则。从内容上看，《残疾人保障法》中关于社会保障相关制度的规定符合基本的立法原则：

一是合宪性原则。内容的合宪性，是指立法的内容符合宪法原则、宪法精神、宪法规范、宪法规定。任何其他法律规定都不得与宪法理念相冲突，不得同宪法的原则、精神、规范、规定相违背。《残疾人保障法》中关于康复、教育、就业、社会保障、无障碍环境等相关内容的规定完全符合我国宪法的原则、精神和相关规定。1982年通过、2004年修订的《宪法》第四十五条规定，"中华人民共和国公民在年老、疾病或者丧失劳动能力的情况下，有从国家和社会获得物质帮助的权利。国家发展为公民享受这些权利所需要的社会保险、社会救济和医疗卫生事业。""国家和社会帮助安排盲、聋、哑和其他有残疾的公民的劳动、生活和教育。"《残疾人保障法》中的相关规定正是在《宪法》的指导下，对残疾人各项权利及其保障方式的进一步明确和细化，与《宪法》保障公民权利的精神及其规定是一致的。

二是实事求是原则。客观实际是我国法律创制的根基，是否从实际出发、实事求是是衡量我国法律优良与否的一个基本标准。实事求是原则实际上是要求立法应该符合基本国情。《残疾人保障法》中关于康复、教育、就业、社会保障、无障碍环境等的规定正是基于中国社会发展的客观实际而做出的。比如，以社会保障方面为例，1990年《残疾人保障法》基于当

时社会发展的实际，对残疾人社会保障权利的表述并不明确，社会保障权利的相关内容也较少；2008年《残疾人保障法》中相关内容的修订则体现了随着我国社会的发展，残疾人权利范畴的进一步拓展、残疾人权益需要更多保障的事实，明确了残疾人享有各项社会保障的权利，同时社会保障的相关内容也更为丰富。

三是原则性和灵活性相统一的原则。在立法中必须坚持原则性，制定的法律规范要内容明确、确定，避免弹性空间过大，界限模糊不明，这样才能保证在适用法律时做到准确、统一。但是，由于社会生活的复杂性，又必须允许在一定条件下对某些原则性规定做出一些灵活、变通或是较为笼统的规定，允许留有余地。如在2008年《残疾人保障法》第四十八条第一款规定的"各级人民政府对生活确有困难的残疾人，通过多种渠道给予生活、教育、住房和其他社会救助"，就是一个原则性规定，明确了各级政府对残疾人的社会救助责任；而该条第四款"对生活不能自理的残疾人，地方各级人民政府应当根据情况给予护理补贴"中的"根据情况"则是一个保持灵活性的规定，使地方政府给予护理补贴时，可以根据当地的情况和残疾人的情况而定。

四是实用性和前瞻性相统一的原则。实用性要求所制定的法律要具有可操作性，法律规范应该是明确的、确定的；前瞻性是要求法律规定要有适当的超前性，科学地反映事物的发展方向。《残疾人保障法》较好地体现了实用性和前瞻性相统一的原则。以2008年《残疾人保障法》第五十条为例，其中第二款规定，盲人持有效证件免费乘坐市内公共汽车、电车、地铁、渡船等公共交通工具。盲人读物邮件免费寄递。应该说这是一项非常明确、具体而实用的规定。该条第四款还规定，各级人民政府应当逐步增加对残疾人的其他照顾和扶助。这一项则是考虑到未来社会经济条件的逐步改善和残疾人的相关需求会逐渐增多而做出的规定，带有一定的前瞻性。

（2）制度设计包含了较为全面的内容。《残疾人保障法》是一个内容较为全面的法律，这不仅体现在该法包含了残疾人康复、教育、就业、社会保障、文化生活、无障碍环境等内容，涵盖了残疾人的主要社会权利，给残疾人提供了全面的法律保障，而且还体现在每个领域的制度设计也包含了各自较为完整、全面的内容。

如社会保障制度是一个包括社会保险、社会救助、社会福利、优抚安置等内容的体系。其中，社会保险是社会保障的核心部分。社会保险是指国家通过立法，多渠道筹集资金，通过社会成员之间的风险共担，对暂时或永久丧失劳动能力，或虽有劳动能力而无工作、丧失生活来源（如年老、失业、患病、工伤、生育等）的劳动者，给以一定程度的收入补偿，使之维持基本生活水平的保障制度。社会救助亦称社会救济，是国家通过国民收入的再分配，对因自然灾害或其他经济、社会原因而无法维持最低生活水平的公民给予无偿帮助，以保障其最低生活水平的社会保障制度，是保障社会安全的"最后一道防线"。社会福利一般则指政府和社会向老人、儿童、残疾人等社会中特别需要关怀的人群提供必要的援助。社会优抚是指政府和社会对军人等从事特殊工作的人员及其家属予以优待、抚恤和妥善安置的社会保障制度。《残疾人保障法》在 2008 年修订以后包含了社会保险、社会救助、社会福利和优抚安置等社会保障的全部主要内容。

（3）制度设计与《残疾人权利公约》实现了有效衔接。2006 年 12 月 13 日，第 61 届联大审议并通过了《残疾人权利公约》（我国为公约缔约国）。公约重申了国际人权公约和相关联合国人权文件人权保障原则及其对保障残疾人权利的重要性，指出制定"一项促进和保护残疾人权利和尊严的全面综合国际公约"，"将大有助于在发展中国家和发达国家改变残疾人在社会上的严重不利处境，促进残疾人有平等机会参与公民、政治、经济、社会和文化生活"。该公约已经成为保护残疾人权利的重要国际公约。

具体说来，《残疾人保障法》与《残疾人权利公约》的衔接主要体现在以下几个方面①：

一是进一步明确了权利平等原则。2008 年新修订的《残疾人保障法》相关各章中开宗明义地规定国家保障残疾人享有康复服务、教育、劳动就业、社会保障、文化生活的权利，与《残疾人权利公约》的宗旨即促进、保护和确保残疾人充分和平等地享有一切人权和基本自由，并促进对残疾人固有尊严的尊重等相吻合。

---

① 申知非主编．《中华人民共和国残疾人保障法》释义．中国民主法制出版社，2008 年 6 月．243~244.

二是强化无障碍环境建设。《残疾人权利公约》很多条款都有无障碍内容，并在第九条专门对无障碍做出规定。新修订的《残疾人保障法》中将第七章"环境"更名为"无障碍环境"，并对相应内容进行了大量充实，不仅对物质环境无障碍，还对信息交流无障碍结合我国的情况进行了具体的规定。

三是加大对残疾人的社会保障力度。《残疾人权利公约》第二十八条要求确保生活贫困的残疾人及其家属在与残疾有关的费用支出方面，包括适足的培训、辅导、经济援助和临时护理等，可以获得国家援助。修订后的《残疾人保障法》分别对贫困残疾人的社会保险补贴，对贫困残疾人基本的医疗、康复服务、必要的辅助器具的配置和更换的救助，对生活不能自理的残疾人的护理补贴做了规定。

2. 《残疾人保障法》的各项规定具有较强的可操作性

（1）对残疾人各项权利的内容规定明确。对残疾人各项权利的保障，首先取决于对其权利的确认。以社会保障权利为例，自1990年《残疾人保障法》开始，就对残疾人社会保障相关权利进行了明确的规定，如第四十条规定，"国家和社会采取扶助、救济和其他福利措施，保障和改善残疾人的生活"；第四十一条规定，"国家和社会对生活确有困难的残疾人，通过多种渠道给予救济、补助"。这些规定的一个基本前提实际上是承认残疾人享有相关的权利。2008年实施的修订后的《残疾人保障法》则进一步在法律条文上明确了残疾人享有各项社会保障的权利，同时对残疾人在参加或享受社会保险、社会救助、社会福利、社会优抚等方面的权利进行了具体而明确的规定，严格界定残疾人社会保障权利的范围，为法律的实施提供了切实可行的条件。

（2）对保障残疾人各项权利的责任主体规定明确。要确保残疾人各项权利得以实现，还必须明确保障残疾人各项权利的责任主体。以社会保障为例，《残疾人保障法》对保障残疾人各项社会保障权利的责任主体均进行了明确规定。修订后的《残疾人保障法》明确了"国家"是保障残疾人各项社会保障权利的责任主体，"残疾人和所在单位"是残疾人参加社会保险的责任主体，"各级人民政府"是开展残疾人社会救助的责任主体，"地方各级人民政府"是扶养"三无"残疾人的责任主体，等等。对责任主体的明确规定使得残疾人各项社会保障权利的实现成为可能。

同时，从法律出台时社会发展的客观形势来看，各项社会保障权利责任主体的确定也十分合理。如我国原来城镇各类社会保险基本上是一种以就业为基础、以缴费为前提的制度，通常需要参与者和（或）所在单位缴费，因此，《残疾人保障法》中将其责任主体明确为"残疾人和所在单位"是合适的。再如，社会救助本质上是社会对社会成员的最后救济，是最后一道防线，在世界各国，这都属于政府最基本的公共服务职能之一，因此，《残疾人保障法》将残疾人社会救助的责任主体明确为"各级人民政府"也是必然的，是符合社会救助的一般原则的。

（3）对一些保障残疾人各项权利的方式规定明确。为了确保各责任主体正确履行保障残疾人各项权利的责任，《残疾人保障法》还对保障残疾人各项权利的方式进行了一些具体而明确的规定。如在社会保险方面，考虑到残疾人作为责任主体在"生活确有困难时"个人缴费会存在一定的困难，为了确保残疾人能够参加社会保险，修订后的《残疾人保障法》第四十七条第三款规定，"对生活确有困难的残疾人，按照国家有关规定给予社会保险补贴"。这一规定对帮助残疾人参加社会保险，提高社会保险在残疾人口中的覆盖率具有十分重要的作用。再如第四十八条第四款规定"对生活不能自理的残疾人，地方各级人民政府应当根据情况给予护理补贴"也是一项十分有针对性、十分具体的规定，对于确保实现对生活不能自理残疾人的有效救助具有明显的作用。

3. 各级党委、人大、政府积极落实《残疾人保障法》

（1）各级党委、政府高度重视，有力推动了《残疾人保障法》的实施。1991年3月28日，《残疾人保障法》实施前，国务院就发出了"国务院关于贯彻实施《中华人民共和国残疾人保障法》的通知"（国发〔1991〕23号文），要求各省、自治区、直辖市人民政府，国务院各部委、各直属机构认真开展残疾人保障法的宣传教育，全面贯彻落实残疾人保障法。明确指出，残疾人保障法施行后，"以往颁发的行政法规、地方性法规，凡与此法相悖的内容，以残疾人保障法为准"；"各级政府要将残疾人事业纳入国民经济和社会发展计划，经费列入财政预算，加强领导，综合协调，落实优惠政策和扶持措施，使残疾人事业与经济、社会协调发展"。2008年

《残疾人保障法》修订通过前，中共中央、国务院出台了《关于促进残疾人事业发展的意见》（中发〔2008〕7号，以下简称"中央7号文件"），重申了促进残疾人事业发展的重要意义，明确了残疾人事业发展的总体要求，提出要"着眼于解决残疾人最关心、最直接、最现实的利益问题，坚持政府主导、社会参与、国家扶持、市场推动，统筹兼顾、分类指导，立足基层、面向群众，完善促进残疾人事业发展的法律法规和政策措施，健全残疾人社会保障制度，加强残疾人服务体系建设，营造残疾人平等参与的社会环境，缩小残疾人生活状况与社会平均水平的差距，实现残疾人事业与经济社会协调发展，努力使残疾人同全国人民一道向着更高水平的小康社会迈进"，并就加强残疾人医疗康复和残疾预防工作、保障残疾人基本生活、促进残疾人全面发展、改善对残疾人的服务、优化残疾人事业发展的社会环境、加强对残疾人工作的领导等内容做出了明确要求。这些要求比《残疾人保障法》的部分内容规定更为具体，是对《残疾人保障法》中相关内容的进一步阐释和落实。该文件的出台为《残疾人保障法》的修订和实施创造了良好的环境，对各地落实《残疾人保障法》是一个巨大的推动。其后，各地党委、政府按照中央7号文件的精神，也纷纷出台了当地的促进残疾人事业发展的意见，对促进残疾人事业发展的相关政策进行了更为详细的制度安排，有力促进了《残疾人保障法》的贯彻落实和残疾人保障事业的发展。

（2）相关行政法规的出台，有力保障了残疾人权利。《残疾人保障法》实施后，国务院先后制定了《残疾人教育条例》、《残疾人就业条例》、《无障碍环境建设条例》等行政法规，有力保障了残疾人权利，推动了残疾人事业的发展。1994年8月，国务院颁发了《残疾人教育条例》，这是我国第一部有关残疾人教育的专项行政法规，改变了特殊教育法律法规嵌套于普通教育法的局面，标志着我国特殊教育立法进入了专项立法阶段，也标志着我国特殊教育进入依法治教的新阶段。《条例》共9章52条，明确提出残疾人教育是国家教育事业的组成部分，对各级各类特殊教育的组织机构、课程设置、教学模式等进行了规定，并就特殊教育教师、物资条件保障、奖励与处罚等做出了相应规定。为了落实《残疾人保障法》，促进残疾人就业，保障残疾人的劳动权利，2007年2月国务院通过了《残疾人就业条例》，自 2007 年 5 月 1 日起施行。《残疾人就业条例》以就业保护和就业促进为宗旨，对保护和促进残疾人就业的形式、内容、政府职责、社会义务、组织实施、保障措施和应当遵循的原则等做出了明确规定。2012 年 6 月，国务院通过了《无障碍环境建设条例》，对无障碍环境建设的内涵与原则、管理体制、无障碍设施建设、无障碍信息交流和服务等内容做出了具体规定，为残疾人无障碍环境建设提供了进一步的保障。

（3）各地人大出台实施办法，对《残疾人保障法》的实施做出了更具体的规定。1991 年《残疾人保障法》实施后，各省（自治区、直辖市）均出台了残疾人保障法的实施办法，对贯彻落实残疾人保障法的各项内容进行部署。2008 年《残疾人保障法》修订后，各地也修订了《残疾人保障法》的实施办法。基于《残疾人保障法》的修改，在这些新的实施办法中对相关内容也纷纷做出了调整，调整后的实施办法更加符合各地区社会发展的实际，也更为具体、更为可行。如北京市修订后的实施办法，对残疾人参加社会保险的补贴范围进一步明确为"对残疾人参加城乡居民养老保险、城镇居民基本医疗保险、新型农村合作医疗给予补贴"，与北京市目前的社会保险制度发展进程相衔接，具有明显的北京特色。同时，还提出"建立对残疾人参加公共活动和接受公共服务的意外伤害保险制度"，将残疾人的社会保险拓展到商业保险领域。在就业方面要求，本市国家机关、事业单位、国有及国有控股企业安排残疾人就业未达到规定比例的，招录工作人员时应当单列一定数量的岗位，依照公开、平等、竞争、择优的原则和程序定向招录符合岗位要求的残疾人。

（4）制订残疾人事业发展纲要（或计划纲要），将《残疾人保障法》的规定落实到具体发展计划中。为了推动残疾人事业的发展，国家从"八五"开始就制定出台残疾人事业五年计划纲要或发展纲要，在纲要中对残疾人事业发展做出具体的计划安排，对康复、教育、就业和社会保障等内容都提出了具体的目标和保障措施，对落实《残疾人保障法》中相关规定有直接的推动作用。以社会保障为例，如《中国残疾人事业"十二五"发展纲要（2011~2015 年）》针对残疾人社会保障问题提出了"残疾人基本生活得到稳定的制度性保障"、"城乡残疾人普遍按规定加入基本养老保险和基本医疗保险"、"逐步扩大残疾人社会福利范围，提高社会福利水平"

等主要任务,并提出了"将残疾人普遍纳入覆盖城乡居民的社会保障体系并予以重点保障和特殊扶助,落实并完善针对残疾人特殊困难和需求的生活补助、护理补贴、社会保险补贴、生活救助等专项社会保障政策措施"等一系列政策措施。

(5)主管部门出台了一系列专门文件,落实《残疾人保障法》中的相关规定。2010国务院办公厅转发了中国残联等部门的《关于加快推进残疾人社会保障体系和服务体系建设的指导意见》,在残疾人的康复服务、教育、就业、社会保障和无障碍环境建设等方面都提出了具体的要求。"两个体系"建设正在各地普遍开展,有力推动了《残疾人保障法》的实施和残疾人事业的发展。此外,在康复、教育、就业、社会保障、无障碍环境建设等方面还出台了一些专门性的政策文件,大大推动了《残疾人保障法》中相关规定的落实。

在康复方面,2002年8月,国务院办公厅转发卫生部、民政部、财政部、公安部、教育部、中国残联《关于进一步加强残疾人康复工作的意见》,对残疾人康复工作做出全面部署。文件对残疾人康复工作的指导方针、总体目标、基本原则、主要措施及相关保障措施等进行了系统的规定,特别提出到2015年,实现残疾人"人人享有康复服务",为中国残疾人康复工作提出了明确的目标。在此基础上,2005年卫生部和中国残联联合发布了《关于进一步将残疾人社区康复纳入城乡基层卫生服务的意见》,提出依托基层卫生机构,加强残疾人社区康复服务工作,并对社区康复服务的内容进行了具体的规定。

在教育方面,2001年11月,国务院办公厅转发了教育部等部门《关于"十五"期间进一步推进特殊教育改革和发展的意见》,提出了"十五"期间我国特殊教育的发展目标和任务要求。2009年5月,国务院办公厅再次转发教育部等部门《关于进一步加快特殊教育事业发展的意见》,对健全残疾人教育体系、完善特教经费保障机制和提高保障水平、加强特殊教育针对性、加强师资队伍建设以及强化政府职能等提出了具体要求。

在劳动就业方面,1999年,国务院办公厅转发劳动保障部等部门《关于进一步做好残疾人劳动就业工作若干意见的通知》(国办发〔1999〕84号),对扶持残疾人集中就业、按比例安排残疾人就业、个体就业、农村残疾人从事生产劳动等进行了进一步明确和强调。财政部、国税总局2007年发布了《关于促进残疾人就业税收优惠政策的通知》（财税〔2007〕92号），对残疾人就业单位和残疾人个人的税收优惠条件和优惠办法等均做出了进一步的明确规定。国家税务总局、民政部、中国残疾人联合会发布了《关于促进残疾人就业税收优惠政策征管办法的通知》（国税发〔2007〕67号）对促进残疾人就业税收优惠政策具体征管办法进行了进一步明确。

在社会保障方面，为保障《残疾人保障法》规定的残疾人享有的各项社会保障权利，社会保障部门、民政部门等相关主管部门在建立普适性的社会保障制度时，对残疾人参加社会保障制度、享受社会保障权利又进行了一些政策上的倾斜，做出了一些针对残疾人的特殊制度安排。如在社会保险方面，1999年，中国残联与劳动和社会保障部联合下达了《关于做好下岗残疾职工基本生活保障和再就业的通知》，其中规定："残疾职工离岗退养期间，所在企业应继续按规定为其足额缴纳社会保险费。"2005年，劳动和社会保障部发布了《关于城镇贫困残疾人个体户参加基本养老保险给予适当补贴有关问题的通知》，其中规定："残疾人就业保障金有结余的地方，可对具有当地城镇户口、持残疾人证从事个体经营并领取工商营业执照、经所在地有关部门确认的贫困残疾人个体户基本养老保险费给予适当补贴。"

在无障碍环境建设方面，1998年，原建设部会同有关部门先后发布了《关于做好城市无障碍设施建设的通知》和《关于贯彻实施方便残疾人使用的城市道路和建筑物设计规范的若干补充规定的通知》，前者要求有关部门加强城市道路、大型公共建筑、居住区等建设项目的无障碍规划、设计审查和批后管理、监督；后者要求相关部门对工程建设活动中的审批环节加强监管，落实公共建筑和公共设施，新建、在建高层住宅，新建道路和立体交叉中的人行道，各道路路口、单位门口，人行天桥和人行地道，居住小区等的无障碍建设要求。2003年，原建设部、民政部、中国残联等共同制定了《全国无障碍设施建设示范工作实施方案》和《全国无障碍设施建设示范城市标准（试行）》，进一步加大对创建工作的指导和督查。

（6）《残疾人保障法》的实施得到了较为有力的投入保障。中央和各级地方政府对残疾人事业发展投入了大量的人力、物力和财力，保障了

《残疾人保障法》各项规定的实施,促进了残疾人事业的发展。"十一五"期间,中央财政通过多种渠道,共安排残疾人康复、托养、服务设施建设、危房改造、家庭无障碍改造等专项资金56.37亿元,比"十五"时期增长189.97%。2007~2011年中央财政共安排47亿元,支持了1182所特殊教育学校建设。针对国家燃油税费改革取消养路费,作为非机动车管理的原先无需缴纳养路费的残疾人机动轮椅车负担加重的实际情况,中央财政从2009年开始按照每车每年200元的补贴标准对残疾人专用机动车给予补贴;根据油费上涨的实际情况,2011年补贴标准提高到每车每年260元①。同时,各地区也按照法律规定,在地方财政中进行了相应的资金安排。

二、残疾人事业快速发展,残疾人状况明显改善

《残疾人保障法》自实施以来,在保障残疾人权益、促进残疾人事业发展上发挥了重要作用,残疾人康复、教育、就业、社会保障和无障碍环境建设等方面均取得了明显的进展。

1. 残疾人权益保障状况进展明显,社会认可度较高

(1) 残疾人权益保障状况的进展得到了大多数受访残疾人的明确肯定。《残疾人保障法》实施状况调查结果显示,84.4%的受访残疾人认为,与10年前相比,残疾人权益保障状况进步"非常明显"或"比较明显"。只有6.5%的受访残疾人认为"不太明显"或"不如以前"。

(2) 大部分受访残疾人对权益保障状况表示满意。《残疾人保障法》实施状况调查显示,超过六成五的受访残疾人对目前的残疾人权益保障状况表示"很满意"(18.7%)或"比较满意"(46.4%)。表示"不太满意"和"很不满意"的比例不足5%。

(3) 受访居民遇到残疾人权益受侵害的情况频率较低,认为政府重视保障残疾人权益。《残疾人保障法》实施状况调查显示,只有1.9%的受访居民表示经常遇到残疾人权益受侵害,有48.8%的人表示从未遇到,另有49.3%的人表示偶尔遇到过。受访居民对政府部门在保障残疾人权益方面

---

① 财政部. 加大投入、完善政策,积极做好残疾人权益保障工作——中央财政支持残疾人保障工作有关情况,2011年9月。

的重视程度比较认可。70.2%的受访居民认为政府部门"非常重视"或"比较重视"保障残疾人权益,只有3.7%的受访居民认为政府部门"很不重视"或"不太重视",也有26.1%的受访居民认为政府的重视程度"一般"。

(4)受访政府工作人员对残疾人事业进展和《残疾人保障法》执行认可度较高。《残疾人保障法》实施状况调查显示,超过96%的受访政府工作人员认为当前残疾人事业发展情况与自己刚接触这项工作时有明显进展,对《残疾人保障法》的执行情况较为认可;超过80%的政府工作人员认为《残疾人保障法》得到了完全执行(20.2%),或是大部分得到了执行(61.7%),另有17.7%的认为部分得到了执行。

2. 康复服务体系建设成效显著,服务人数保持较大规模

(1)康复管理、技术指导和服务网络基本形成。自《残疾人保障法》实施以来,我国康复服务体系建设取得明显进展,卫生、民政、计生、残联等部门齐抓共管,采用社会化的工作方式,建设了大量康复机构,充分发挥医疗部门作用,康复服务能力不断提高。截至2010年底,全国共有各级各类康复服务机构1.5万个(不含社区康复服务站)。

(2)社区康复服务快速发展。近年来,我国残疾人社区康复发展很快。开展社区康复服务的市辖区数从2006年的692个迅速增加到2011年的874个,开展康复服务的县(市)数从2006年的1074个迅速增加到2011年的1823个,累计建立的社区康复站数从2006年的4.2万个迅速增加到2011年的18.6万个。

(3)各类残疾人接受康复服务人数保持较大规模。如在视力残疾康复方面,2011年完成白内障复明手术75.8万例,为31.0万名贫困白内障患者免费施行复明手术。在听力语言康复方面,2011年全国通过机构训练和家庭训练,共对2.7万名聋儿进行了听力语言康复训练。

(4)辅助器具供应体系逐步完善。2010年辅助器具供应为113.9万件,辅助器具供应种类也不断丰富。其中,免费发放的辅助器具为62.3万件,较2006年增加32.8万件;装配矫形器2.6万例,较2006年增加1.1万例;为残疾人减免费用装配普及型假肢3.0万例,较2006年增加1.4万例。

3. 残疾人教育稳步发展，残疾人受教育水平得到提高

（1）残疾人义务教育快速发展。《残疾人保障法》实施以来，我国义务教育阶段的特殊教育在机构数量、在校生数和专任教师数三方面都逐年增加。1990年全国特殊教育学校为746所，在校学生达7.2万人，专任教师1.4万人。截至2010年底，特殊教育学校扩至1706所，在校学生达42.6万人，专任教师4万人①。全国未入学适龄残疾儿童少年总数从2000年的39.1万人降至2010年的14.5万人②。

（2）残疾人非义务教育发展加速。据调查，我国3~6岁残疾儿童接受学前教育的比例与全国3~6岁儿童入园率差距不大③。20世纪90年代初，我国高级中等特殊教育基本处于空白状态。截至2011年，全国特教普通高中班（部）达179个，在校生7207人④。残疾人高等教育的发展也正处于上升阶段，全国有33所开办各类高等特殊教育的学校，具备博士、硕士、本科、专科四个办学层次。

（3）残疾人的受教育程度显著提高。两次残疾人抽样调查结果显示，我国残疾人口的受教育程度在19年间有很大提高。每十万残疾人口中接受大学教育的人数从1987年的287人上升到1139人，提高了3倍；全国15岁及以上残疾人口的文盲率为42.39%，比1987年降低了15.71个百分点⑤。

（4）残疾人受教育程度的性别差异逐渐缩小。以小学受教育程度为例，65岁以上组男性比例高于女性27.7个百分点，在55~64岁年龄组男性比例仅高于女性11.2个百分点，到45~54岁组男女比例基本持平。6~24岁年龄组的残疾人口，两性的受教育程度在各个层次的差距已经不太明显。

---

① 中国教育统计年鉴（2011）。
② 《中国残疾人事业统计年鉴—2011》。
③ 王培峰. 学前教育的结构性失调及其对策——兼论残疾儿童学前教育安排的政策思路 [J]. 中国教育学刊，2011（6）：9~12.
④ 中国残联. 2011年残疾人事业发展统计公报。
⑤ 张新龙. 残疾人受教育程度与19年前相比有很大提高 [Z]. 新华网，2007年5月29日. http://news.xinhuanet.com/video/2007-05/29/content_6167875.htm.

4. 残疾人就业服务体系渐趋完善，就业状况逐步得到改善

（1）残疾人就业服务体系的建设取得明显进展。目前，我国各地普遍建立了残疾人就业服务机构。截至 2010 年底，全国共有残疾人就业服务机构 3019 个，基本覆盖了全国县级以上的行政区域，初步形成了省、地、县三级的就业服务体系。其中，省级残疾人就业服务机构 31 个，地区（州、盟）残疾人就业服务机构 55 个，市（含地级市、县级市）残疾人就业服务机构 634 个，县残疾人就业服务机构 1506 个，市辖区残疾人就业服务机构 793 个①。

（2）城镇残疾人就业总量保持基本稳定，就业方式日益多样化。自 2004 年以来，城镇残疾人就业人数一直稳定在 430 万人左右，2010 年就业规模为 441.2 万人，其中，个体及其他形式就业残疾人 212.8 万人②。

（3）近年来农村残疾人从业人数有所增加。2006 年农村残疾人从业人数为 1672 万人，2010 年达到了 1750 万人，其中，从事农业生产劳动的残疾人数占 77%，从事其他形式就业的残疾人数占 23%。

5. 残疾人社会保障体系初步形成，社会保障状况明显改善

（1）多层次"统分结合"的残疾人社会保障体系初步形成。在以《残疾人保障法》为核心的一系列残疾人社会保障制度的大力保障和有力推动下，我国正在形成日益完善的包含社会保险、社会救助、社会福利和社会优待等内容的多层次残疾人社会保障体系。残疾人社会保障体系是我国社会保障体系的一个子系统，既带有整个社会保障体系的共性，也有残疾人社会保障自身的特性，是普适性和特殊性相结合（即统分结合）的一个体系。

（2）残疾人社会保险的参保人数和参保率明显上升。中国残疾人状况和小康进程监测数据显示，2007～2010 年城镇残疾人参加社会保险比例不断提高。2010 年度城镇残疾人至少参加了一种社会保险的比例达到了 76.1%，比 2007 年度增加 34 个百分点。2010 年参加城镇职工基本养老保险的残疾人达到了 198.5 万人，比 2006 年增长了 28.6%。城镇残疾人参加养老保险的比例已经从 2008 年的 41.6% 上升到 2010 年的 47.4%。2010 年

---

① 中国残联官方网站的"事业统计"栏目，《中国残疾人事业统计年鉴—2011》。
② 同上。

城镇残疾职工参加基本医疗保险的人数增加到155.5万人,城镇残疾人参加居民医疗保险的人数增加到355.9万人,农村残疾人参加新型农村合作医疗的人数达到了2823.9万人①。城镇残疾人参加基本医疗保险的比例从2008年的58.6%上升到了2010年的74.4%②。新型农村合作医疗的参合率也达到了全国96%的平均水平。

(3) 残疾人城乡最低生活保障覆盖率不断提高。城乡纳入低保的人数从2002年的226.2万人,到2011年增至1031.4万人。同时,低保标准和实际支出水平也在逐年提高。2003年城市低保平均标准为145元,到2010年已经增长到251元,低保平均支出水平则从2003年的58元增加到2010年的189元③。截至2011年6月,全国城市低保标准每人每月270元,月人均补助标准208元,农村低保标准每人每年1552元,月人均补助85元④,使包括残疾人在内的贫困人群基本保障水平有所提高。

6. 城市无障碍化基本格局初步形成,无障碍环境明显改善

(1) 我国初步形成了城市无障碍化的基本格局。2002年起,我国在北京等12个城市开展创建全国无障碍设施建设示范城市工作;2007年,在100个城市系统开展创建全国无障碍建设城市活动。目前,100个城市的无障碍建设检查验收工作已全部完成,这些城市的医院、银行、车站、商场、文化体育场所的无障碍改造基本完成,初步形成了我国城市无障碍化的基本格局。

(2) 信息交流无障碍取得了积极进展。目前,中央、省、部分市电视台在节目中配备了字幕、开办了手语新闻栏目;部分城市银行、邮局等行业推出了手语服务;图书馆为盲人读者配备了有声读物;一些企业开发了盲人上网软件和聋人专用通讯设备等。《残疾人保障法》实施状况调查结果显示,所调查的12个市县在主要公共场所和公共交通设施上都有信息屏

---

① 2009年数据来自中国残联官方网站的"事业统计"栏目;2010年数据来自"2010年中国残疾人事业统计公报"和《中国残疾人事业统计年鉴—2011》。

② 2010年度中国残疾人状况及小康进程监测报告. 中国残联官方网站 http://www.cdpf.org.cn.

③ 民政部. 2010年社会服务发展统计报告. 民政部官方网站 http://www.mca.gov.cn/article/zwgk/mzyw/201106/20110600161364.shtml.

④ 民政部贯彻残疾人保障法评估材料,2011年9月。

幕显示系统和语音提示系统，为残疾人出行提供了便利。中国盲人数字图书馆于2008年9月正式开通，截至2010年底，网站包括2500多本电子图书、6000多首音频及480多场视频讲座，日平均点击量达到8.4万次。

（3）残疾人无障碍服务网络初具规模。目前，全国残联系统在每个省会城市都建立了省级服务中心；50%以上的县级残疾人综合服务设施内有无障碍设备、产品、服务；发达地区的社区和乡镇无障碍设备、产品、服务开始进入残疾人家庭。相关部门和部分省市也在积极拓展残疾人服务项目，以解决残疾人出行、考试等方面面临的实际问题。2009年，民航局制订了《残疾人航空运输办法（试行）》，明确提出：机场无障碍设施设备的配备应符合民用机场候机楼无障碍设施设备配置标准的要求；承运人、机场和机场地面服务代理人应免费为具备乘机条件的残疾人提供本办法规定的设施、设备或特殊服务。铁道部和中国残联等联合发文规定，从2012年1月1日起，在旅客列车上设置残障人士专用坐席，每趟旅客列车预留一定数量的残疾人旅客专用票。铁道部还计划在3年内改造5000节无障碍车厢[①]。

《残疾人保障法》的贯彻实施，有力推动了我国各项残疾人事业的发展，残疾人状况明显改善。

三、法律法规体系有待完善，残疾人保障状况仍需改进

尽管《残疾人保障法》为残疾人提供了有力保障，为残疾人事业创造了良好环境。但是，在法律制度设计和法律实施过程中仍然存在一些问题。

1. 残疾人事业法律法规体系仍不完善，立法工作仍然有待加强

（1）各领域的法律完备程度不同，部分领域没有相应的行政法规。目前我国已经出台了《残疾人教育条例》、《残疾人就业条例》、《无障碍环境

---

① 中国残联维权部．铁道部积极推进列车无障碍改造解决残疾人出行难问题．中国残联官方网站，2011年12月27日．http://www.cdpf.org.cn/ywkx/content/2011-12/27/content_30374002.htm.

建设条例》等3个行政法规，对这些领域的残疾人权利保障进行了更为明确的规定，但在残疾人康复、残疾人社会保障等领域却没有相关的条例，明显不利于这些领域的权利保障。

（2）一些法律规范过于笼统，对责任主体、履责方式等规定不够具体，可操作性不强。如第四十七条第二款规定，"残疾人所在城乡基层群众性自治组织、残疾人家庭，应当鼓励、帮助残疾人参加社会保险"，但是，对于如何鼓励和帮助的规定并不明确，因此在实际操作中并不具有任何约束力。再如第四十九条第二款规定，"国家鼓励和扶持社会力量举办残疾人供养、托养机构"，但是对鼓励和扶持的方式也未作规定，同样使其效力大打折扣。再例如《残疾人教育条例》第四十四条第三款对残疾人教育发展的经费投入只是泛泛地规定为"地方各级人民政府用于义务教育的财政拨款和征收的教育费附加，应当有一定比例用于发展残疾儿童、少年义务教育"，既没有明确的比例又没有具体法律责任的约束，这种原则性的非强制性规定，导致具体操作上和监督上的困难。

（3）对违反相关法律规定的处罚措施普遍较弱，不利于法律规定的实施。《残疾人保障法》明确残疾人所享有的各项权利，也明确了相关责任主体，但是对于责任主体如果不履行责任则没有规定任何明确的处罚措施。

2. 配套制度建设仍有不足，各地实施保障程度不一

（1）缺乏统一的残疾人信息管理系统。目前，残疾人各领域数据仍然存在部门分割、数据不清的问题。如在社会保障方面，缺乏全国统一的"统分结合"的信息统计体系。如一些地方缺乏残疾人就业人数、参加社会保险的人数、享受城乡低保人数、获得相关补贴人数等详细信息，关于社会保障经费落实到残疾人的情况，从中央到地方都存在统计不清的问题。

（2）缺乏保障残疾人各项权利的监督机制。目前残疾人事业的发展仍然更多依赖于领导重视、项目、个人维权等，没有形成依法保障残疾人事业发展的监督机制，主动发现问题，依法维护残疾人各项合法权益。

（3）《残疾人保障法》的实施保障对地方的依赖性过大，造成了一些明显的地区差异，影响了《残疾人保障法》实施的公平性。如各地区实施办法的可操作性差别较大。各地区对残疾人的特惠措施内容和标准差异较大，对享受残疾人特惠措施的人群范围、享受内容、享受标准因地而异，

造成了较为严重的地域分割,实际上在一定程度上损害了《残疾人保障法》的实施效果。

3. 投入机制仍有待完善,投入力度还需加大

(1) 残疾人事业发展的资金投入机制不健全。没有建立不同资金来源之间的协调机制,由于资金来源的多样性,不同部门之间在投入上往往是各行其是,缺乏有效协调和配合;没有建立残疾人事业发展投入的长效机制,资金投入多采用项目制,稳定性有所不足;没有建立不同地区投入的统筹机制,经济落后地区的残疾人事业投入无法保障。

(2) 投入总量不足。如在教育方面,以2009年为例,我国特殊教育学校的生均费用为11278元,普通中学和普通小学的生均经费分别为6031元和4171元,前者仅是后两者的1.9~2.7倍。而相关研究[①]认为至少需要4倍才能满足特殊教育学校的需求,这说明我国特殊教育经费投入的严重不足。在无障碍环境建设方面,对12个县(区)的调查发现,有5个区(县)没有用于无障碍建设的专项经费。

4. 普法宣传工作仍需加强,法律知晓率有待提高

(1) 受访残疾人对《残疾人保障法》的知晓程度较低。本次《残疾人保障法》实施状况调查显示,约有35.5%的调查对象根本不知道《残疾人保障法》。在知道该法的受访残疾人中,大多数对该法的内容了解程度很低,只有4.4%的调查对象表示知道该法且了解主要内容,有23.9%的调查对象表示虽然知道该法,但对内容完全不了解,另有36.2%的调查对象表示知道该法且了解部分内容。

(2) 受访居民对《残疾人保障法》的知晓程度虽然高于残疾人,但对具体内容知之不多。受访居民中,虽然表示知道《残疾人保障法》的比例较高,达到了85.1%,高于残疾人,但是只有9.6%的受访居民表示知道该法且了解主要内容。由此可见,《残疾人保障法》的普法宣传工作还任重道远。

由于配套制度的不完善和投入的不足,《残疾人保障法》实施效果也受到一定的影响,残疾人整体状况仍然不容乐观,还必须大力推动各项残

---

① 熊琪、雷江华. 我国特殊教育学校教育经费支出结构探析 [J]. 中国特殊教育, 2012 (3): 21~27。

疾人事业的发展。

1. 康复医疗保障制度仍有待完善，康复服务能力还需提高

（1）基本医疗保障的保障力度不够。目前，大多数地区只将 9 项康复项目纳入城乡基本医疗保障的支付范围，这一范围与残疾人的康复需求相比仍然有较大的差距。同时，大多数省份对残疾人配备辅助器具也普遍缺乏必要的经济支持措施。此外，医保报销比例过低也给残疾人带来了困难。《残疾人保障法》实施状况调查显示，在有医疗康复需求的受访残疾人中，有 58.1% 的残疾人认为医疗保险报销比例过低是面临的一大困难，还有 29.6% 的残疾人认为医疗康复项目没有纳入报销范围也是主要问题。

（2）仍有较大康复需求未得到满足。根据第二次全国残疾人抽样调查数据，曾接受过医疗服务和救助、康复训练和服务、辅助器具配备服务的残疾人比例分别为 35.6%、8.5% 和 7.3%，而有此需求的残疾人比例分别为 72.8%、27.7% 和 38.6%。《残疾人保障法》实施状况调查显示，约五分之四的残疾人需要医疗康复服务，有 22.7% 的受访残疾人表示最希望政府解决医疗和康复服务的问题。

（3）社区康复服务仍需大力推动。社区康复服务的覆盖面仍然有限，2010 年在全国 903 个市辖区中，仍然有 72 个市辖区没有开展社区康复服务；在 2268 个县市中，仍然有 592 个县市没有开展社区康复服务；而全国 54.7 万个社区（村）中，仍有 30.2 万个社区（村）没有开展社区康复服务，约为全部社区（村）的 55%。已经建有社区康复服务站的社区仅为 14.5 万个，仅占全部社区（村）的 26.5%。

（4）康复服务人才严重不足。总体上，我国的康复人才培养体制机制仍然不健全，康复服务人才的总量严重不足、结构不合理、技术水平不高的局面仍然没有改变，尤其是广大西部地区和农村的康复人才极度匮乏。造成这一局面的主要原因还在于长期以来对康复人才教育和培训能力建设的投入不足，目前全国能够培养康复人才的大中专院校非常有限，人才培养现状无法满足康复服务的需要。

2. 残疾人教育资源相对缺乏，经济困难影响残疾人接受教育

（1）特殊教育资源不足，尤其是学前教育和职业教育资源严重不足。据不完全统计，国内长期开办的盲童学前教育机构仅有 9 所。全国中等职

业特殊教育的发展也停滞不前。

（2）特殊教育资源的地区分布不均衡。受地区经济社会发展水平的影响，我国特殊教育资源的区域分布极不均衡。义务教育阶段的特教学校在东、中、西部的比例分布为44.9%、32.2%和22.9%，而东、中、西部地区学龄残疾儿童少年的比例分布为34.1%、35.4%和30.5%。

（3）特殊教育的师资力量薄弱。主要体现在：教师缺口较大，按照国家规定，特教学校的生师比为4:1，依据这一标准，我国义务教育阶段特教教师的缺口近9万人；专业化水平不高，我国特殊教育学校教师中，初始学历以中师中专为主，占42.3%，大专及以上学历的占54.7%。

（4）经济困难仍然是残疾人接受教育的最大障碍。立法后评估问卷调查发现，66.2%的残疾人表示在接受教育时遇到的主要困难是经济问题，农村地区残疾人面临经济问题的比例为69.5%，略高于城镇地区残疾人的比例（63%）。

（5）我国残疾人的受教育水平仍较低。具体表现为：文盲率高，2010年第六次人口普查数据显示，我国15岁及以上人口的文盲率为4.08%，而15岁及以上残疾人口的文盲率高达44.28%；残疾儿童少年的义务教育入学率低，全国普通适龄儿童接受义务教育的比例已达到99.7%，而2010年残疾儿童接受义务教育的比例仅为71.4%；高级中等教育和高等教育的升学率更低。2010年，我国普通学校的初中毕业生和高中毕业生的升学率分别为87.5%和83.3%，而特殊高中教育仅仅面向盲生和聋生，升学率不足5%。

3. 残疾人就业服务仍需加强，残疾人就业状况亟待改善

（1）残疾人未就业人数仍然保持较大规模，失业率较高。根据中国残疾人状况及小康进程监测报告，2010年度，劳动年龄段生活能够自理的城镇残疾人就业比例仅为34.0%，劳动年龄段生活能够自理的农村残疾人就业比例为49.2%。2010年，城镇残疾人登记失业率为8.6%，远高于当年全国总人口4.1%的城镇登记失业率。

（2）就业服务仍不到位，残疾人就业困难重重。当前的残疾人职业培训覆盖面小，形式、内容单一，缺少针对性的课程设计，残疾人选择培训内容受到很大局限，职业培训与就业缺乏有效衔接。《残疾人保障法》实

施状况调查显示，46.4%的受访残疾人认为就业面临的最主要困难是缺乏专业知识和技能。同时，就业信息缺乏，渠道不畅。《残疾人保障法》实施状况调查显示，23.8%的受访残疾人认为缺少就业信息，而受访政府工作人员中，则有47.4%的人认为残疾人面临缺少就业信息的问题。

（3）社会歧视仍较严重，就业环境有待优化。主要表现是用人单位不愿意招用残疾人。《残疾人保障法》实施状况调查结果显示，接近35%的受访残疾人表示就业受到歧视是面临的主要就业问题之一，高达76.6%的受访政府工作人员表示用人单位不愿意招用残疾人是残疾人就业面临的主要问题。《残疾人保障法》实施状况调查的6个省（直辖市）的省、地、县三级共27个行政区域国家机关安排残疾人就业均不足1%。

（4）残疾人的就业状况仍然不甚理想。在《残疾人保障法》实施状况调查中，政府部门工作人员和社区居民均认为就业是目前残疾人面临的最主要问题。有77.6%的政府工作人员和64.8%的受访居民认为残疾人面临的主要困难有就业问题，超过了医疗费用问题、社会保障问题、康复服务问题及教育等其他问题。尤其应该引起警觉的是，近几年在残疾人就业难的情况下，一些个人、企业为牟取利益，胁迫残疾人劳动的情况也时有发生。

4. 社会保障覆盖面有待提高，优惠措施需加快落实

（1）仍有较大比例残疾人没有任何社会保险。中国残疾人状况和小康进程监测数据显示，2010年还有23.9%的城镇残疾人没有任何社会保险，其中个体工商户的社会保险状况更差，至少参加了一种社会保险的比例仅占6.3%。这次《残疾人保障法》实施状况调查显示，约有27.1%的受访残疾人没有参加任何社会养老保险。2010年全国农村新型养老保险平均参保比例估计接近20%①，但残疾人的参保率为12.8%②，低于全国平均水平。

（2）低保标准和覆盖率有待进一步提高。以全国2011年6月的低保标准为例，全国城市低保标准每人每月270元，约合每人每年3240元，仅相

---

① 根据《中国统计年鉴2011》中的乡村人口数、人口年龄结构、新型农村养老保险参保人数估算。

② 中国残联. 2010年中国残疾人状况和小康进程监测报告。

当于 2010 年城镇居民家庭人均消费性支出的 24.1%；农村低保标准每人每年 1552 元，仅相当于 2010 年农村居民人均年生活消费支出的 40.2%。残疾人"应保尽保"尚未完全落实。2010 年全国城镇残疾人的最低生活保障率为 81.4%，农村残疾人的最低生活保障率仅为 69.4%①。

（3）残疾人特惠措施惠及范围较小，标准有待提高。主要表现在：社会保险补贴覆盖面差异较大，标准普遍不高；大部分地区尚未建立贫困残疾人生活补贴制度，已建立制度的地区大多标准较低；护理补贴制度刚刚起步，只有个别地区开始实施。

（4）残疾人生活状况仍然较差，整体保障水平有待提高。《残疾人保障法》实施状况调查数据显示，受访城镇残疾人调查对象的家庭年人均收入为 8708.4 元，农村调查对象的家庭年人均收入为 3629.9 元，均大大低于当年城镇和农村居民家庭人均收入水平（分别为 19109 元和 5919 元）。47% 的受访居民表示身边残疾人的生活状况"一般"，另有 4.9% 的认为"生活状况很差"，24.5% 的认为"生活状况较差"。

5. 无障碍设施覆盖率仍然较低，无障碍环境建设仍需加强

（1）无障碍设施的覆盖率仍然较低，农村地区更为匮乏。我国无障碍设施的建设工作主要在大中城市展开，小城镇和农村地区的无障碍建设基本处于空白。《残疾人保障法》实施状况调查显示，超过三分之二（67.7%）的受访残疾人在无障碍环境方面遇到了困难，其中，农村该项比例为 72.9%，高于城镇（62.6%）10 个百分点。

（2）无障碍设施建设不规范、被破坏或占用的问题严重。一项调查发现，北京市公共建筑中无障碍设施的质量能够达到国际标准的约占三分之一，相当比例的无障碍设施都需要进行改造②。无障碍环境的不足影响了残疾人的社会参与，监测显示③，2010 年度全国残疾人社区活动参与率仅为 33.7%。

（3）信息交流无障碍与社会的总体需要相差甚远。《残疾人保障法》

---

① 根据《中国残疾人事业统计年鉴—2011》相关数据计算。
② 周霞、郦文静. 北京市公共建筑无障碍建设现状及改进措施 [J]. 城市问题, 2007 (6): 67~71.
③ 中国残联. 2010 年中国残疾人状况和小康进程监测报告。

实施状况调查结果显示,有45%的受访残疾人表示在日常生活中需要信息交流无障碍服务,对于视力残疾人而言,该项比例达到69%。绝大部分省市的政府门户网站缺少无障碍设计,有无障碍设计的网站也不够全面,仅适用于聋人、肢残、智残等残疾人,盲人浏览则无语音提示;县(市、区)级电视台几乎没有电视手语节目和加配字幕。

(4)无障碍的研发能力薄弱,产品与服务层次仍然较低。当前我国残疾人无障碍辅助设备的研发、生产、使用明显滞后于我国的经济社会发展水平,有自主知识产权的技术还比较少。我国高等院校、科研院所的无障碍环境科研和教育力量相对薄弱,研究和开发能力有限,国内企业对无障碍设备和产品的生产主要以仿制国外产品为主,且生产产品达到国家标准的仅占1/3左右。

第四节 相关建议

一、健全残疾人事业法律法规体系

1. 加快与残疾人密切相关的法律的立法工作

借鉴《社会保险法》的立法经验,加快推进与残疾人密切相关的《社会救助法》、《社会福利法》等立法工作,在适用对象、内容、程序、保障机制等方面突出对残疾人的重点优待,明确具体扶助措施,加强残疾人权益保障,使残疾人共享经济社会发展成果。

2. 继续出台和完善行政法规

借鉴在残疾人就业、教育和无障碍环境建设等方面的立法经验,出台残疾预防和残疾人康复条例、残疾人社会保障条例等法规,对《残疾人保障法》中的相关内容进一步做出具体规定,特别是对地方政府的责任和义务予以进一步明确,对残疾人保障措施进行更为具体的安排,对康复服务、社会保障的内容、提供方式、服务规范等做出相应的规定。同时,对相关法律责任进行细化。尽快修订《残疾人教育条例》,与修订后的《残疾人保障法》、《义务教育法》等上位法保持一致,为残疾人教育事业的新发展提供更为全面的保障。

3. 督促各地加快制定各类法律法规的实施办法

《残疾人保障法》修订后,一些地区尚未完成实施办法的修订工作,为了保障《残疾人保障法》的全面贯彻实施,应督促各地尽快完成《残疾人保障法》实施办法的修订工作,为各地残疾人事业发展和残疾人权益保障提供更好的法制环境。应督促各地尽快制定《无障碍环境建设条例》的实施细则,包括明确管理主体的职责、权限、途径、方式,细化无障碍设施的建设标准,落实无障碍设施的资金来源等。

4. 强化相关法律规定的处罚措施

在《残疾人保障法》等法律法规的法律责任部分,增加对不履行残疾人权益保障义务的处罚条款,重点是加强对各级政府部门履行责任的约束,特别是要建立对地方政府的问责制,确保地方政府积极履行各项残疾人权益保障职责。

二、建立与经济社会发展相适应的经费保障机制

1. 要建立残疾人事业投入的长效机制

为了保障残疾人经费的稳定投入,应该将残疾人各项经费纳入中央和地方各级财政预算,明确比例,并将残疾人各项投入与经济增长和全社会投入增长挂钩,确保残疾人事业投入不低于经济增长速度,残疾人医疗康复、教育、就业、社会保障、无障碍建设等投入不低于同领域全社会平均投入的增长速度。同时,合理确定中央和地方在残疾人事业投入上的分担比例,在当前的财税体制下,应该采取"上增下减"的原则,适当增加中央财政的分担比例,尽量减小县级财政分担比例,确保残疾人事业各项投入能够得到强有力的保证。

2. 建立残疾人事业投入的区域统筹机制

建立残疾人事业的专项转移支付制度,加大对贫困地区的扶持力度,确保贫困地区的残疾人康复、教育、就业、社会保障、无障碍建设等资金投入。根据各地区残疾人数量和经济发展水平,合理规定转移支付的标准,并根据经济发展状况建立动态的调整机制。

3. 适当加大残疾人事业的财政补贴力度

应该根据社会经济的发展,增加对残疾人康复、教育、就业、社会保障、无障碍建设等的支持力度。在合理评估财政支持力度和残疾人需求状况的基础上,逐步扩大医疗康复服务减免费用的范围。提高对残疾学生和特教老师的补贴水平,提高特殊教育生均教育经费拨付标准。建立残疾人就业的财政补贴机制,通过加大对残疾人就业培训和残疾人就业岗位的补贴力度,提高残疾人的就业能力和用工单位招录残疾人的积极性,促进残疾人就业。根据新的扶贫政策,针对农村残疾人的实际情况,研究制定具

体的扶持政策，在生产资料供给、贴息贷款等方面加大对农村贫困残疾人的扶持力度；对无劳动能力的农村贫困残疾人，采取有效措施，不断提高生活保障水平。积极推进落实残疾人生活补贴和护理补贴制度，适当提高补贴标准。加大对家庭无障碍改造的补贴力度。

三、完善全面覆盖和重点保障相结合的残疾人社会保障制度

1. 扩大康复费用医保报销范围和残疾人医保报销比例

在现行社会医疗保险制度范围内，逐步扩大康复费用的医保报销范围，对残疾人提高一定的医保报销比例。对不同残疾程度和不同经济状况的残疾人，提高的比例也应该有所不同。

2. 建立残疾儿童教育资助制度

现行的"两免一补"政策在解决残疾儿童少年接受教育的经济负担方面作用有限，应该建立专项残疾儿童教育资助制度，整合现有资源，增加补助项目，如对交通费、住宿费和学习用品用具费用等都给予一定补贴，扩大补助范围，提高补助标准，逐步实现面向全体残疾学生、包含各级各类特殊教育的免费教育。

3. 继续完善残疾人就业保障金制度

一方面，要适当提高保障金的缴纳标准。现有的残疾人就业保障金征收标准普遍偏低，达不到督促用工单位安排残疾人就业的目的，建议适当提高缴纳标准，同时适当提高对超比例安排残疾人就业的单位的奖励标准。另一方面，加强对残疾人就业保障金的监管力度，进一步规范就业保障金的使用范围和使用程序。

4. 继续落实城乡低保残疾人单独施保政策

2010 年，民政部下发《关于进一步加强城市低保对象认定工作的通知》，规定了对家庭生活确有困难且已丧失劳动能力的成年重度残疾人单独施保的政策。从各地新颁布的《残疾人保障法》实施办法看，只有部分地区提出对低保家庭或低收入家庭中的重度残疾人单独施保，此政策并未在各地得到有效实施。应该将此政策上升到法律层面，在未来可能出台的

《最低生活保障条例》、《社会救助法》等法律法规中予以明确，确保残疾人单独施保政策能成为一项真正惠及重度残疾人的政策。

5. 加快农村、小城镇无障碍环境建设

抓住新农村建设和城镇化推进的有利时机，加快农村和小城镇无障碍环境建设，将无障碍设施建设与小城镇、新农村建设、公共服务设施同时规划、同时设计、同时施工、同时验收，既节省时间、人力、物力和财力，又避免造成新的历史欠账。

四、形成政府主导和社会力量积极参与的残疾人服务体系

1. 制定残疾人服务业专项发展规划

在对残疾人各项需求进行科学评估的基础上，制定专项的残疾人服务业发展规划，确定合理的发展目标和强有力的保障措施，使整个行业处于目标引导、有序发展、保障供给的良性发展之中，为行业发展创造良好的投资环境，引导各类资本积极投入残疾人服务业，有效发挥公共投入的基础性作用，同时充分发挥社会资本的重要作用，努力形成多元化的残疾人服务业投资体制。发展规划建议中长期规划与短期规划相结合，规划应该根据不同类型残疾人需求的不同特点，有针对性地制定目标和实施办法。

2. 引导社会力量兴办残疾人服务机构

通过规划、产业发展目录、政策倾斜等方式引导社会力量投资建设康复服务、就业服务、托养服务等残疾人服务机构，逐步形成多层次的残疾人服务供给体系，增加各项残疾人服务的有效供给，提升服务质量，满足残疾人的个性化需求。

3. 建立社会力量投资残疾人服务业的激励机制

建立相应机制，大力支持和鼓励社会资本进入残疾人服务业，如减免经营者的工商登记等费用；在土地使用及水、电等方面给予优先保证和适当政策倾斜；在经营税费上予以适当减免；根据服务提供情况给予一定财政补贴等。尤其应该鼓励基层残疾人服务机构建设，适当增加政策支持力度。

五、加强残疾人事业专项统计和信息化建设

1. 建立残疾人就业和社会保障专项统计制度

根据残疾人就业和社会保障的特点，可以立足于现有的统计体系做好"分"和"统"两件工作。所谓"分"是指要求在目前的就业和社会保障的相关统计中，把残疾人和非残疾人进行区分，分别汇总残疾人和非残疾人的相关数据。所谓"统"则是把分出来的残疾人就业和社会保障数据统一到各级统计部门和残联，最后形成残疾人就业和社会保障状况统计数据。根据目前的统计工作状况，做好"分"的工作十分关键。这项工作并不复杂，只要在目前的个人统计报表中加一个"是否残疾"的项目，在汇总统计报表中，加一个"其中：残疾人"的项目即可。完善残疾人就业和社会保障统计制度可以增加决策信息的准确性，提高决策效率和改善政策效果。

2. 完善残疾人信息系统建设

为了更好地掌握残疾人的基本状况，提高残疾人保障和服务水平，必须完善残联系统自身的信息化建设。首先，进一步完善残疾人信息系统。应该利用发放二代残疾证的有利时机，进一步完善全国残疾人信息系统。在此系统中，不仅应该包括全国残疾人基本状况，还应该包括残疾人的康复、教育、就业、社会保障、家庭无障碍改造需求和接受服务等情况，信息动态更新，全国联网，随时可查。其次，加快建立残疾人服务人员信息系统。开展一次摸底调查，收集全国残疾人服务人员的信息，包括基本状况、服务技能、服务开展情况等，建立一个类似于残疾人信息系统的服务人员信息系统，及时了解各地区的服务提供情况。最后，加快建立残疾人用具用品信息系统。借鉴国外经验，建立一个向社会开放的残疾人用具用品信息查询系统，系统中囊括尽可能多的残疾人用具用品信息，包括生产厂家、产品型号、功能、参数、价格、外观、适用人群等系列信息，在互联网上公开，可供康复医生、服务人员、残疾人及其家属查询。

第二部分 分报告

第二章

残疾人康复状况评估报告

第一节 评估意义

一、康复是残疾人平等参与社会生活的基础

保证残疾人平等参与社会生活是《残疾人保障法》的主要目的之一，而康复则是残疾人平等参与社会生活的基础。广义的康复包括医学康复、教育康复、职业康复和社会康复。世界卫生组织所下的广义的康复定义是：康复是指综合协调地运用医学的、教育的、职业的、社会的和其他一切措施，对残疾人进行治疗、训练，运用一切辅助手段，尽可能补偿、提高或者恢复其已丧失或削弱的功能，增强其能力，促进其适应或重新适应社会生活。《残疾人保障法》中的康复主要是指医学康复。医学康复包括为达到康复目的而应用功能诊断、治疗、训练和预防的相关医学技术与科学手段。医疗康复的工作内容包括功能测定和康复治疗两大部分，所应用的措施和手段包括物理治疗、运动治疗、作业治疗、营养治疗以及语言、康复工程及必要的手术措施等。医疗康复是康复中最首要的内容，也是使残疾人全面康复的基础[1]。残疾人平等参与社会生活的主要障碍就是某些功能丧失或是削弱，康复过程实际上就是尽可能地补偿、提高或是恢复这些功能的过程，因此，从这个意义上说，康复可以促进残疾人参与社会生活能力的提高，有利于残疾人平等参与社会生活。

二、享有康复服务是残疾人的基本权利

《残疾人保障法》明确规定，享有康复服务是残疾人的基本权利之一。在1991年施行的《残疾人保障法》中，根据当时的社会经济发展情况和认

---

[1] 申知非主编．《中华人民共和国残疾人保障法》释义．中国民主法制出版社，2008年6月．57页．

识高度，虽然只是规定"国家和社会采取康复措施，帮助残疾人恢复或者补偿功能，增强其参与社会生活的能力"，但已经隐含了残疾人享有康复服务权利的基本前提。2008 年施行的《残疾人保障法》则对残疾人的这一权利进行了明确，明文规定"国家保障残疾人享有康复服务的权利"。明确残疾人享有康复服务的权利意味着国家和社会有责任和义务采取必要的措施为残疾人康复创造条件，为残疾人提供所需的康复服务；残疾人享有康复服务是一种行使自己法定权利的行为，这对保障残疾人的康复产品和服务供给，改善残疾人康复条件和状况具有十分重要的意义。

三、"人人享有康复服务"是我国残疾人康复工作的目标

我国残疾人康复工作已经把"人人享有康复服务"作为工作目标。2002 年 8 月，国务院办公厅转发卫生部、民政部、财政部、公安部、教育部、中国残联《关于进一步加强残疾人康复工作的意见》，提出了我国残疾人康复工作的总体目标，即到 2015 年，实现残疾人"人人享有康复服务"。为保障目标如期实现，2006 年 6 月，卫生部、民政部、财政部、公安部、教育部、中国残联联合制定了《中国残疾人"人人享有康复服务"审评方案》。2008 年，中共中央、国务院《关于促进残疾人事业发展的意见》明确要求："将残疾人康复纳入国家基本医疗卫生制度和基层医疗卫生服务内容，逐步实现残疾人人人享有康复服务。"《中国残疾人事业"十二五"发展纲要》再次明确了"十二五"期间要"完善康复服务网络，通过实施重点康复工程帮助 1300 万残疾人得到不同程度的康复，普遍开展社区康复服务，初步实现残疾人'人人享有康复服务'目标"。

因此，康复状况不仅关系到残疾人基本权利的保障和残疾人平等参与社会生活的能力，同时也关系到我国残疾人康复工作目标的实现程度，在《残疾人保障法》立法后评估中具有十分重要的意义。本报告试图通过对残疾人康复状况的评估，发现目前残疾人康复方面的问题，进而提出相关政策建议，以推动残疾人康复服务工作，提高残疾人适应社会生活的能力，促进残疾人平等参与社会生活。

第二节 评估内容

一、《残疾人保障法》有关康复的主要内容

在1991年实施的《残疾人保障法》和2008年修订的《残疾人保障法》中，关于康复的内容均在"第二章康复"中规定。在修订后的《残疾人保障法》中，重点明确了国家保障残疾人享有康复服务的权利，同时明确提出各级人民政府鼓励和扶持社会力量兴办残疾人康复机构。具体来说，修订后的《残疾人保障法》包括以下内容：

1. 明确了国家保障残疾人享有康复服务的权利。2008年《残疾人保障法》第十五条第一款规定："国家保障残疾人享有康复服务的权利。"一方面从残疾人权利的角度，规定了残疾人享有康复服务的权利，即残疾人有权得到康复服务；另一方面是从国家义务的角度，规定了国家保障残疾人享有康复服务的权利。为了落实国家义务，《残疾人保障法》第十五条第二款进一步明确规定了各级人民政府和有关部门在为残疾人提供康复服务方面的职责：一是政府和有关部门要为残疾人康复创造条件，包括创造政策、法律、制度、组织和经费等各方面的条件；二是政府和有关部门要建立和完善残疾人康复体系；三是要分阶段实施重点康复项目，即要根据残疾人的康复需求和国家财力、科学技术发展等情况，对康复服务项目进行统筹规划、分阶段实施。

2. 明确了开展康复工作的原则和方式。2008年《残疾人保障法》第十六条对这方面的内容进行了规定。主要内容包括：一是在基本原则上，开展康复工作要从实际出发；二是在康复技术的应用上，要坚持将现代康复技术和传统康复技术相结合；三是在康复工作网络上，要以社区康复为基础，以康复机构为骨干，以残疾人家庭为依托；四是在康复内容上，康复工作要以实用、易行、受益广的康复内容为重点；五是在发展康复新技

术方面，要发展符合康复要求的科学技术，鼓励自主创新，加强康复新技术的研究、开发和应用，为残疾人提供有效的康复服务。

3. 明确了调动社会各方面力量为残疾人提供康复服务。2008 年《残疾人保障法》第十七条第一款规定"各级人民政府鼓励和扶持社会力量兴办残疾人康复机构"，明确了各级政府要采取多种有效措施，鼓励和支持社会力量参与康复服务的提供，以弥补政府办康复服务力量的不足，提升残疾人康复服务水平。第二款进一步规定："地方各级人民政府和有关部门，应当组织和指导城乡社区服务组织、医疗预防保健机构、残疾人组织、残疾人家庭和其他社会力量，开展社区康复工作。"明确了地方政府和有关部门负责组织和指导社会力量开展康复服务的义务。第三款规定："残疾人教育机构、福利性单位和其他为残疾人服务的机构，应当创造条件，开展康复训练活动。"明确了残疾人比较集中的单位和机构为残疾人康复创造条件的义务。第四款规定："残疾人在专业人员的指导和有关工作人员、志愿工作者及亲属的帮助下，应当努力进行功能、自理能力和劳动技能的训练。"明确了残疾人自身也应该努力利用各种康复条件，积极开展康复活动。

4. 明确了政府举办康复机构的义务。2008 年《残疾人保障法》第十八条规定："地方各级人民政府和有关部门应当根据需要有计划地在医疗机构设立康复医学科室，举办残疾人康复机构，开展康复医疗与训练、人员培训、技术指导、科学研究等工作。"明确了政府和有关部门应当根据康复工作的需要，制定康复机构发展计划，在医疗机构设立单独的康复科室，举办独立的残疾人康复机构。同时，还规定康复机构的主要职责是开展康复医疗与训练、人员培训、技术指导、科学研究等工作。

5. 明确了康复人才培养和康复知识普及的义务和责任。2008 年《残疾人保障法》第十九条第一款规定："医学院校和其他有关院校应当有计划地开设康复课程，设置相关专业，培养各类康复专业人才。"明确了医学院校和其他有关院校有计划地开设康复课程，设置康复相关专业，培养各类康复专业人才的义务。第二款规定："政府和社会采取多种形式对从事康复工作的人员进行技术培训；向残疾人、残疾人亲属、有关工作人员和志愿工作者普及康复知识，传授康复方法。"明确了政府和社会培训康复专业人员和传播康复知识和方法的义务。

6. 明确了组织和扶持残疾人康复器械和辅助器具有效供给的责任主体。2008年《残疾人保障法》第二十条规定,"政府有关部门应当组织和扶持残疾人康复器械、辅助器具的研制、生产、供应、维修服务",明确了政府有关部门在支持辅助器具供应方面的义务。各类辅助器具是帮助残疾人生活、求学、就业、参与社会生活等的最直接有效的手段,政府应该负责制定发展规划,支持研究、开发、生产与应用,促进残疾人辅助器具和相关服务的发展,使更多残疾人利用辅助器具,提高参与社会生活的能力,改善自身生存状况。

二、《残疾人保障法》有关康复规定的主要目的

《残疾人保障法》中康复相关规定主要基于以下三个目的:

一是维护残疾人享有康复服务的权利。维护残疾人享有康复服务的权利既是《残疾人保障法》中康复相关规定的主要目的,也是其主要内容。2008年修订的《残疾人保障法》在康复部分明确了国家保障残疾人享有康复服务的权利,并对如何保障残疾人实现享有康复服务的方式和途径进行了原则性的规定。

二是明确保障残疾人享有康复服务权利的国家和社会责任。一是在总体上明确了国家对残疾人享有康复服务权利的保障;二是规定了各级政府和有关部门为残疾人康复服务创造条件的义务;三是明确了各级政府和有关部门组织和扶持社会力量为残疾人提供康复服务的职责;四是明确了政府举办康复机构,提供康复服务的义务;五是明确了不同主体培养康复人才、进行康复培训和普及康复知识的义务;六是明确了政府有关部门组织和扶持辅助器具提供的职责和义务。这些规定,从不同角度明确了国家及各相关社会主体保障残疾人康复服务的相关责任,有利于保障残疾人享有的康复服务权利的实现。

三是提高残疾人的自立能力,促进残疾人社会参与。《残疾人权利公约》规定,各缔约国应该采取有效和适当的措施,包括通过残疾人相互支持,使残疾人能够实现和保持最大程度的自立,充分发挥和维持体能、智

能、社会和职业能力，充分融入和参与社会生活的各个方面。我国在制定《残疾人保障法》过程中也贯彻了这一精神，其中关于残疾人康复相关规定的根本目的是尽可能地恢复残疾人的身体功能，提高残疾人的能力，促进残疾人平等参与社会生活。

三、残疾人康复评估的主要内容

根据《残疾人保障法》关于残疾人康复的上述规定内容和立法目的，本次立法后评估将主要评估以下主要问题：

1. 康复服务体系的建设情况。康复服务体系建设是康复工作的重要内容，直接关系到残疾人接受康复服务的水平和质量。本次评估重点关注残疾人康复服务体系建设的进展情况。

2. 社区康复服务的情况。社区康复服务是康复服务进家庭的关键环节，也是我国康复服务发展的一个重要方向。本次评估主要考察社区康复服务的发展情况，包括建设进展、覆盖率等情况。

3. 残疾人接受康复服务的情况。康复工作的好坏最终要体现在残疾人的康复需求及其满足上，因此本次评估将重点关注残疾人的康复需求及其满足情况。

4. 辅助器具供应情况。辅助器具在残疾人康复中具有十分重要的作用，本次重点关注辅助器具的种类及数量变化等情况。

第三节 实施保障评估结果

一、残疾人康复工作得到相关部门的高度重视

《残疾人保障法》实施后，我国各级党政机关、立法机构和残联系统出台的一系列相关政策和制度，为《残疾人保障法》的实施创造了条件。

1. 各级党委、政府高度重视，积极推进残疾人康复工作

1991年3月28日，《残疾人保障法》实施前，国务院就下发了《关于贯彻实施<中华人民共和国残疾人保障法>的通知》（国发〔1991〕23号），要求各省、自治区、直辖市人民政府，国务院各部委、各直属机构全面贯彻落实残疾人保障法，各级政府和有关部门要积极采取康复措施，帮助残疾人恢复和补偿功能。要保质保量完成白内障复明、小儿麻痹后遗症矫治手术和聋儿听力语言训练任务，制定智力残疾和精神残疾人康复工作方案，开展社区康复，指导残疾人进行功能、自理能力和劳动技能训练；组织好残疾人特殊用品、辅助用具的供应服务工作。

2008年《残疾人保障法》修订通过前，中央7号文件就要求加强残疾人医疗康复和残疾预防工作，包括保障残疾人享有基本医疗卫生服务，逐步将符合规定的残疾人医疗康复项目纳入城镇职工基本医疗保险、城镇居民基本医疗保险和新型农村合作医疗范围，保障残疾人的医疗康复需求。健全残疾人康复服务保障措施，将残疾人康复纳入国家基本医疗卫生制度和基层医疗卫生服务内容，逐步实现残疾人人人享有康复服务。大力开展社区康复，推进康复进社区、服务到家庭。继续实施国家重点康复工程，着力解决农村及边远地区贫困残疾人康复难的突出问题。制定和完善残疾人康复救助办法，对贫困残疾人康复训练、辅助器具适配等基本康复需求给予补贴。优先开展残疾儿童抢救性治疗和康复，对贫困残疾儿童康复给予补助，研究建立残疾儿童康复救助制度。支持开展残疾人康复科学技

研究和应用，提高康复质量和水平。这些要求是对《残疾人保障法》相关内容的进一步阐释和落实。该文件的出台为《残疾人保障法》的修订和实施创造了良好的环境，对各地落实《残疾人保障法》是一个巨大的推动。其后，各地党委、政府按照中央7号文件的精神，纷纷出台了当地促进残疾人事业发展的意见，对残疾人康复服务相关政策进行了更为详细的制度安排，有力促进了《残疾人保障法》的贯彻落实和残疾人保障事业的发展。如上海提出要形成残疾人康复服务保障机制，将残疾人康复服务纳入政府相关部门工作，制定分类实施政策，为残疾人提供全程性的康复服务，实现残疾人人人享有康复服务的目标；大力推进康复进社区、服务到家庭，建立和完善社区卫生服务中心残疾人康复室、居（村）委会残疾人社区康复点，为残疾人提供可行、可及、便捷、有效的康复服务。

2. 各地人大出台实施办法，积极落实法律相关规定

1991年《残疾人保障法》实施后，各省（自治区、直辖市）均出台了残疾人保障法的实施办法，对贯彻落实残疾人保障法的各项内容进行部署，其中对贯彻康复相关内容也做出了进一步规定。如在康复医疗费用的承担方面，四川省1994年的实施办法中，对康复医疗费用的规定更为具体："残疾人进行康复医疗所需的医疗费用，按下列办法解决：（一）享受公费医疗待遇的残疾人，按照公费医疗的有关规定解决；（二）享受劳动保护待遇的残疾人，由所在单位按照有关规定解决；（三）其他残疾人，由本人或者其法定监护人承担，承担确有困难的，由所在单位给予补助，属民政救济对象的，由当地民政部门救济。"河南省1993年通过的实施办法中，除了对康复医疗费用承担作了与四川实施办法类似的规定外，还规定："卫生医疗和担负康复训练任务的单位，对残疾人康复医疗应当给予优先和优惠照顾。残疾人所在单位，对残疾人购置必备的专用辅助器具、康复器具有困难的，应当给予适当的经济补助。"这些实施办法根据《残疾人保障法》中的原则和内容将残疾人康复服务进行更为细致的规定，增加了法律规定的可操作性。

2008年《残疾人保障法》修订后，各地也纷纷修订了《残疾人保障法》的实施办法，结合各地的情况，使《残疾人保障法》的各项规定进一步落实。如北京市根据《残疾人保障法》关于残疾人享有康复服务权利的

内容，2011年修订的实施办法中进一步规定："各级人民政府和有关部门应当将残疾人康复纳入基本医疗卫生制度和基层医疗卫生服务体系，建立和完善以社区康复为基础、康复机构为骨干、残疾人家庭为依托的残疾人康复服务体系，保障残疾人享有康复服务的权利。"一些省（直辖市、自治区）特别对残疾儿童的康复进行了较为具体的规定，如宁夏的实施办法规定："新生儿疾病基本病种筛查、诊断、治疗实行免费制度，对六岁以下残疾儿童免费实施抢救性康复。"一些地区对康复费用的报销问题也做出了明确的规定，如广东的实施办法规定："县级以上人民政府应当将白内障复明手术、功能性肢体残疾矫治、小儿脑瘫治疗、精神病治疗等医疗康复项目纳入城镇居民基本医疗保险、城镇职工基本医疗保险、新型农村合作医疗范围。"这些规定将《残疾人保障法》的原则和内容进一步具体化和落实，有利于《残疾人保障法》中相关内容的实施。

3. 相关部门出台系列文件，着力提高康复服务水平

为保障《残疾人保障法》规定的残疾人享有的康复服务权利，相关政府部门出台了一些专门性的文件，对建设康复服务体系，提升康复服务水平做出了具体的安排。2002年8月，国务院办公厅转发卫生部、民政部、财政部、公安部、教育部、中国残联《关于进一步加强残疾人康复工作的意见》，对残疾人康复工作做出全面部署。文件中对残疾人康复工作的指导方针、总体目标、基本原则、主要措施及相关保障措施等进行了系统的规定，特别提出到2015年实现残疾人"人人享有康复服务"，为中国残疾人康复工作提出了明确的目标。在此基础上，2005年卫生部和中国残联联合发布了《关于进一步将残疾人社区康复纳入城乡基层卫生服务的意见》，提出依托基层卫生机构，加强残疾人社区康复服务工作，并对社区康复服务的内容进行了具体的规定。2006年6月，卫生部、民政部、财政部、公安部、教育部、中国残联又联合制定了《中国残疾人"人人享有康复服务"审评方案》，对各地区推动实现残疾人"人人享有康复服务"目标的工作情况进行评估。此外，卫生部、中国残联等部门还专门发文对精神残疾人的康复治疗（2004）、残疾人辅助器具服务工作（2005）等方面做出了具体的部署和规定。

4. 制定多个五年规划，对康复工作发展做出具体安排

为了推动中国残疾人事业的发展，国家连续出台了残疾人事业五年计划纲要或发展纲要，对残疾人康复工作做出了一些具体的计划安排，对落实《残疾人保障法》相关规定有直接的推动作用。《中国残疾人事业"九五"计划纲要（1996~2000年）》提出：要"完善社会化的康复服务体系，以社区和家庭为重点，广泛开展康复训练，使残疾人普遍得到康复服务"，"实施一批重点工程，使300万残疾人得到不同程度的康复"，并"开发供应100种、240万件残疾人急需、简便、适用的特殊用品和辅助用具"，"帮助残疾人补偿功能、增强能力"。《中国残疾人事业"十五"计划纲要（2001~2005年）》则明确提出："'十五'期间，继续实施一批重点工程，使510万残疾人得到不同程度的康复；进一步完善社会化的训练服务体系，残疾人普遍得到康复服务；加强预防残疾的宣传教育，强化预防措施，减少残疾发生；加强康复人才的培养，重视高新科技成果在康复领域的应用；落实各项康复经费，确保任务完成。"并提出了一些具体的措施。《中国残疾人事业"十一五"发展纲要（2006~2010年）》明确要求："加强社会化康复服务体系建设和康复服务人才培养，提高康复服务能力。城市和发达地区农村残疾人普遍得到康复服务，欠发达地区农村70%以上的残疾人得到康复服务。"同时，实施一批重点工程，开展残疾预防，减少残疾发生，并提出了以专业康复机构为骨干、社区为基础、家庭为依托，建立和完善社会化康复服务体系等主要措施。《中国残疾人事业"十二五"发展纲要（2011~2015年）》又提出了"完善康复服务网络，健全保障机制，加快康复专业人才培养，初步实现残疾人'人人享有康复服务'目标"，"全面开展社区康复服务；实施重点康复工程，帮助1300万残疾人得到不同程度的康复"，"构建辅助器具适配体系，组织供应500万件各类辅助器具，有需求的残疾人普遍适配基本型辅助器具"等主要任务，并提出了"建立健全社会化的残疾人康复服务网络"，"加强省、市、县三级专业康复机构的规范化建设"等一系列政策措施。在这些纲要的要求和推动下，《残疾人保障法》所确定的残疾人康复相关规定也日益被包含在更多社会发展规划和计划之中，有力地推动了残疾人"人人享有康复服务"目标的实现。

二、中央财政对残疾人康复的投入不断加大

"十一五"期间,中央财政安排残疾人康复专项补助资金 8.46 亿元,主要用于贫困残疾人的视力残疾康复、听力语言残疾康复、肢体残疾康复、智力残疾康复、精神病防治康复、残疾人辅助器具供应服务、社区康复(综合康复)等方面。另外,从 2009 年起,中央财政设立了"贫困残疾儿童抢救性康复项目",2009~2011 年安排专项补助资金 7.11 亿元,为符合条件的城乡有康复需求的视力、听力、语言、肢体、智力残疾和孤独症儿童提供资助,并安排康复人才培训专项资金 0.3 亿元。同时,结合医改意见和实施方案要求,2009 年,中央财政加大了对公共卫生的投入,支持实施贫困白内障患者复明,为孕前和孕早期农村妇女免费提供叶酸,预防出生缺陷等。2004~2011 年,中央财政在补助地方公共卫生专项资金中累计安排重性精神病监管治疗补助资金 3 亿元,支持卫生部门对重性精神病人进行规范化医疗救治。2010 年,中央财政一次性安排精神卫生体系建设补助资金 14.9 亿元,支持卫生系统 470 所市级以上(含县级市)精神卫生机构和地市级综合医院精神科、民政系统 112 所精神卫生机构、公安部门 26 所安康医院等购置必要的医疗设备[①]。

三、康复医疗保障制度有待进一步完善

尽管各类规章制度为残疾人享有康复权利提供了较为有力的保障,但是一些制度设计的缺陷及康复投入不足,仍然影响了残疾人康复服务需求的满足。

1. 基本医疗保障的保障力度不够

残疾人享有康复服务的关键一点,是要保证残疾人有能力承担康复服务的费用。但是,对于大多数残疾人而言,自身承担康复费用存在很大的困难,甚至根本没有能力承担,因此必须有一定的制度和机制来帮助残疾

---

① 财政部. 加大投入、完善政策,积极做好残疾人权益保障工作——中央财政支持残疾人保障工作有关情况. 2011 年 9 月。

人解决部分康复费用。2010 年，卫生部、人力资源和社会保障部、民政部、财政部、中国残联等部门共同下发了《关于将部分医疗康复项目纳入基本医疗保障范围的通知》，确定了将 9 项康复项目纳入城乡基本医疗保障的支付范围，同时指出，由于各地医疗保障筹资水平不同，《通知》中规定的医疗康复项目限定支付范围和支付时限仅是国家规定的最低标准，各省（区、市）残联可根据当地经济社会发展水平和残疾人的实际康复需求，协调卫生、人保等部门，适当扩大纳入城乡基本医疗保障范围的医疗康复项目的支付范围，延长支付时限。但在实际操作中，只有少数省份将支付范围有所扩大，大多数地区基本采用了《通知》中规定的 9 项康复项目和支付时限，但是，这一范围与残疾人的康复需求相比仍然有较大的差距，大多数省份对残疾人配备辅助器具也普遍缺乏必要的经济支持措施。

这次《残疾人保障法》实施状况调查显示，医疗保险报销比例过低是目前残疾人在医疗和康复方面面临的最主要困难。在有医疗康复需求的受访残疾人中，有 58.1% 的残疾人认为医疗保险报销比例过低是残疾人面临的一大困难，还有 29.6% 的残疾人认为医疗康复项目没有纳入报销范围是一个主要问题。

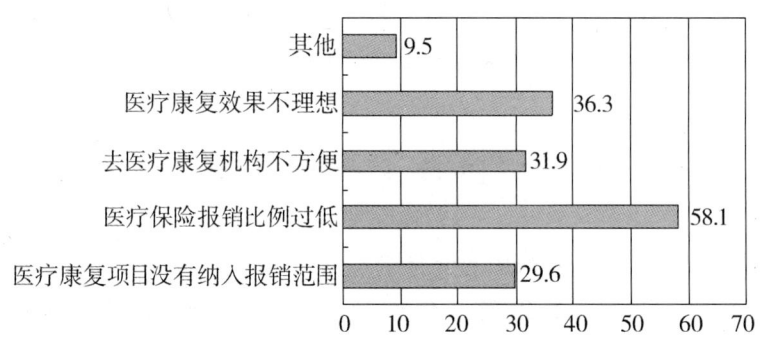

图 2-1　需要医疗康复者在医疗和康复中存在的主要问题

资料来源：《残疾人保障法》实施状况调查。

对于康复费用报销比例过低的问题，从事残疾人相关工作的政府工作人员也表示认同。有 57.4% 的受访政府工作人员认为报销比例过低是残疾人在康复医疗方面面临的最主要问题，居所有问题之首。

2. 康复投入总体上仍然不足

尽管从中央到地方对残疾人康复保持了较大的投入力度，但是，从实现 2015 年"人人享有康复服务"的目标和满足残疾人的需求来看，仍然存在投入不足的问题。总体上，康复经费投入表现出不稳定的特征，虽然卫生部等《关于进一步加强残疾人康复工作意见》早在 2002 年已经要求，"地方各级政府要将残疾人康复经费列入财政预算，根据经济和社会发展水平及残疾人康复工作的需要，提供经费保障。要按照国家残疾人事业发展计划规定的残疾人康复任务指标，安排落实康复经费"，但实际上，还有一些地区没有将康复经费纳入地方财政预算，即便是一些纳入了预算的地区，康复经费在财政预算中占比很小，大多数地区则依赖于彩票收入、项目、领导特批等形式，投入无法获得稳定保障。此外，从各地残疾人人均康复经费看，目前仍然只是人均 0.5 元的标准，这样的标准显然不足以满足残疾人的康复需求。

同时，康复经费的使用和管理机制也有待改善。目前，对残疾人康复的经费补贴形式主要是直接拨付给提供康复服务的康复机构，残疾人接受康复服务的可选择性很小，不利于各康复机构之间形成竞争局面，从而也不利于提高康复服务质量。应该建立一种机制，增加残疾人接受康复服务时的选择性，使康复机构之间形成良性的竞争局面。

第四节　实施绩效评估结果

一、康复服务覆盖面不断扩大

1. 康复管理、技术指导和服务网络初步形成

《残疾人保障法》规定，有关部门要建立和完善康复服务体系。自《残疾人保障法》实施以来，我国康复服务体系建设取得明显进展，建设了大量康复机构，培训了大量康复服务人员，康复服务能力不断提高。截至2010年底，全国共有各级各类康复服务机构1.5万个（不含社区康复服务站）[①]。

为了加强各部门之间的协调配合，"八五"期间我国成立了全国残疾人三项康复工作办公室，1992年更名为全国残疾人康复工作办公室，由中国残联、卫生部等15个部门组成。地方也设立了本地区的残疾人康复工作办公室，形成了自上而下的组织管理网络。由残疾人康复协会、各专项康复技术指导组和其他相关社会资源共同形成了康复技术指导网络。按照社会化原则，依托各级各类医疗卫生机构、社区服务机构、教育机构、福利企事业单位、工疗站、残疾人活动场所等现有机构、设施，形成了康复服务网络。

为加强康复机构的规范化建设，中国残联制定了《省级康复中心检查验收办法》、《残疾人辅助器具服务机构检查验收办法》等一系列规范性文件，有力地推动了康复机构的规范化发展。"十一五"期间，各地采取了多项措施加快康复机构规范化建设。江苏省下发《县级残疾人康复中心建设标准》，采取以奖代补的方式帮助经济薄弱地区建设残疾人服务设施，对未建康复中心的县（市、区），建成后给予20万元奖励，已建并发挥作

[①] 中国残疾人联合会编．中国残疾人事业"十二五"发展纲要辅导读本．华夏出版社，2011年5月．101．

用的县级康复中心给予 10 万元奖励；广东省出台《广东省肢体残疾儿童康复机构建设规范》、《广东省区县级康复技术指导中心建设规范》等文件，对肢体残疾儿童康复机构、智力残疾儿童康复机构、听力残疾儿童康复机构、康复技术指导中心、社区服务中心康复室、残疾人工疗站、残疾人社区康复站等 7 类康复机构建设提出规范化要求；北京市印发《北京市精神康复服务机构服务质量评估办法》，市残联和卫生局联合对 8 家精神康复服务机构的服务质量开展评估；上海、江苏等省市积极采取措施，努力探索成年智力残疾人康复养护机构和精神病康复托养机构试点工作。中国残疾人用品开发供应总站更名为中国残疾人辅助器具中心后，各省残联积极贯彻《关于进一步加强残疾人辅助器具服务工作的意见》，更名挂牌，落实编制，协调解决存在问题，提高辅助器具中心服务能力①。

2. 社区康复服务快速发展，服务覆盖面不断扩大

在残疾人康复服务体系中，社区康复具有十分重要的意义。卫生部、中国残联等部门发布的《关于进一步加强残疾人康复工作的意见》明确提出，要积极推进社区康复，把康复服务引入家庭。各级政府及有关部门在规划和部署社区建设工作时，要将残疾人康复工作列入总体规划，纳入社区建设内容。社区要组织调查摸底、建档立卡、掌握残疾人康复需求；开辟适合的场所，配置适宜的设备、器具，开展康复训练与服务。社区卫生服务机构要为残疾人提供康复服务，开展社区康复骨干培训，指导家庭进行康复训练，并做好与专业康复机构的转诊工作，逐步将康复服务引入家庭。

近年来，我国残疾人社区康复发展迅速。开展社区康复服务的市辖区数从 2006 年的 692 个增加到 2011 年的 874 个，开展康复服务的县（市）数从 2006 年的 1074 个增加到 2011 年的 1823 个，累计建立的社区康复站数从 2006 年的 4.2 万个增加到 2011 年的 18.6 万个，社区康复协调员从 2006 年的 6.8 万人增加到 31.4 万人（见图 2-2、图 2-3）。

---

① 各省"十一五"残疾人康复工作情况. http：//www.cdpf.org.cn/syfz/content/2005~12/08/content_ 30314852. htm.

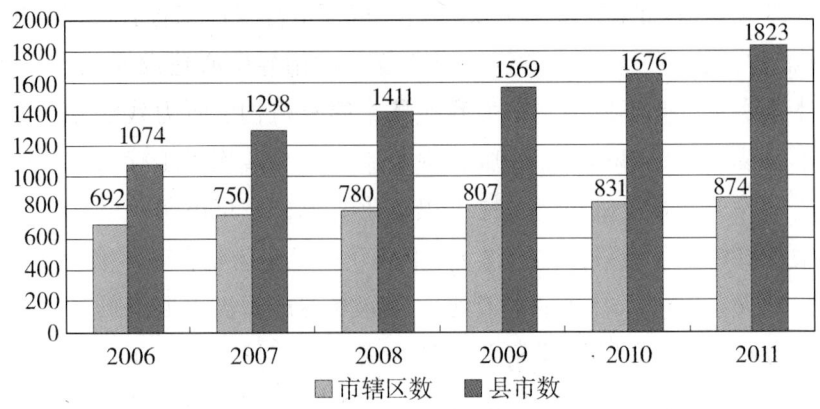

图 2-2　开展社区康复的地区数（个）（2006~2011）

资料来源：中国残联官方网站事业统计资料和统计公报。

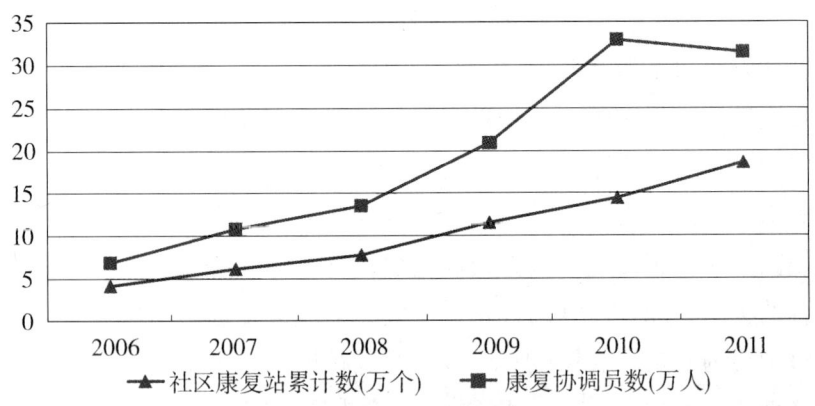

图 2-3　社区康复服务的发展情况（2006~2011）

资料来源：中国残联官方网站事业统计资料和统计公报。

随着开展残疾人康复服务的社区不断增加，覆盖的社区内残疾人数也随之增加，根据中国残联的相关统计，开展社区康复服务的社区康复建档人数从 2006 年的 559 万人增加到了 2010 年的 1672 万人，累计接受社区康复服务的残疾人数则从 2006 年的 394 万人增加到 2010 年的 1268 万人。

3. 各类残疾人接受康复服务人数保持较大规模

在视力残疾康复方面，根据中国残联的统计，2011 年，开展视力残疾康复的机构总数达到 991 个，完成白内障复明手术 75.8 万例，较 2010 年略有下降；为31.0万名贫困白内障患者免费施行复明手术，较2010年略有上升；为3.6万名低视力患者配用助视器，培训低视力儿童家长6997名有效开展家庭康复训练。同时，2011年对2.5万名盲人进行定向行走训练，维持了自2006年以来一直保持的快速增长趋势（见图2-4、图2-5）。

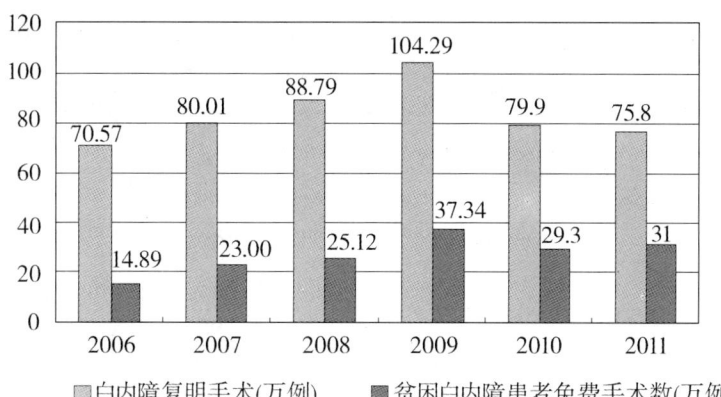

图2-4 白内障复明手术情况（2006~2011）

资料来源：中国残联官方网站事业统计资料和统计公报。

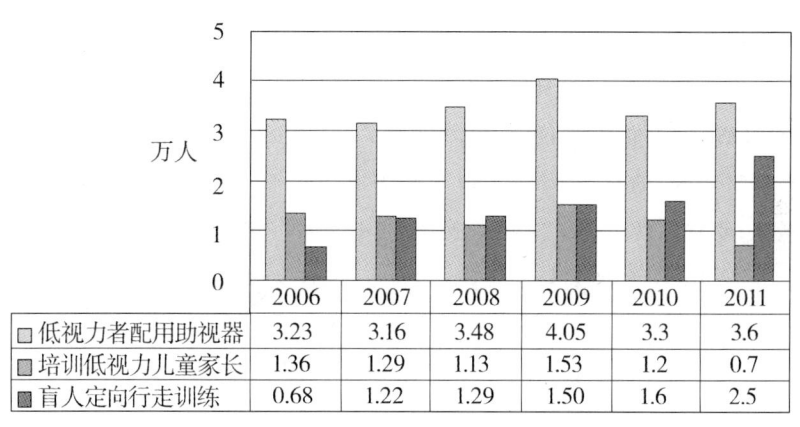

图2-5 低视力康复、盲人定向行走训练开展情况（2006~2011）

资料来源：中国残联官方网站事业统计资料和统计公报。

在听力语言康复方面，基层服务网络逐步完善。截至2011年底，已建设省级听力语言康复机构31个，基层听力语言康复机构1028个。2011年，全国通过机构训练和家庭训练，共对2.7万名聋儿进行了听力语言康复训练，较2010年增加了8000多人；共培训聋儿家长3.0万名，较前几年也有较大幅度的增加；培养各类专业人员5312人（见图2-6）。同时，2011年还通过实施贫困聋儿人工耳蜗、助听器抢救性康复项目，资助700名聋儿免费植入人工耳蜗，资助3000名聋儿免费配戴助听器。

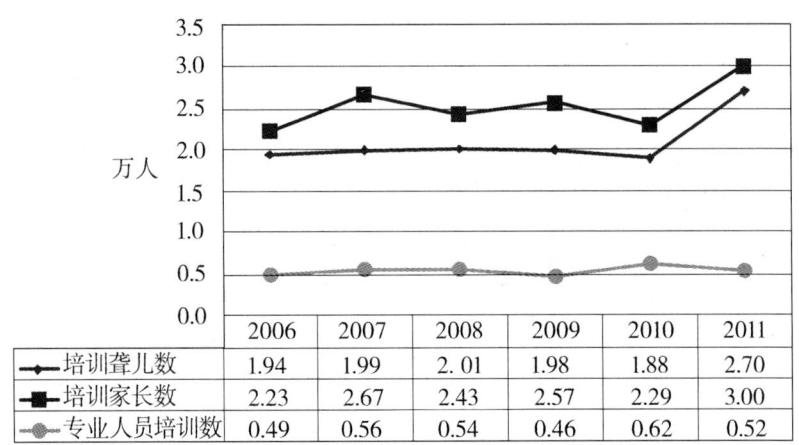

图2-6 听力语言残疾康复开展情况（2006~2011）

资料来源：中国残联官方网站事业统计资料和统计公报。

在精神病防治康复方面，开展工作的地区不断增加，综合防治的精神病患者数也不断增加。2011年，开展精神病防治康复的县市达到了2423个，较2006年增加了近1000个县市；对522.9万重性精神病患者进行综合防治康复，较2006年增加了近170万人；2011年的监护率达到80.5%，显好率达到55.1%，社会参与率达到43.4%，肇事率0.2%；解除关锁4836人；对35.6万贫困精神病患者进行医疗救助，较2006年增加了7.6万人（见图2-7）。

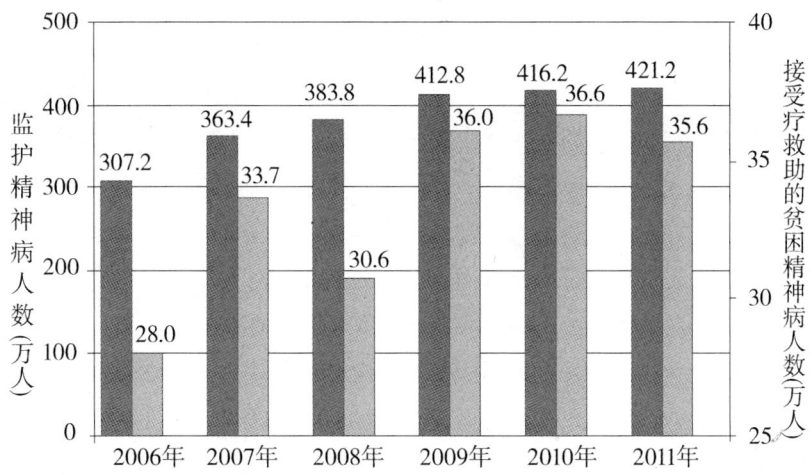

图 2-7 精神病人监护和救助情况 (2006~2011)
资料来源：中国残联官方网站2011年事业统计公报。

在肢体残疾康复方面，2011年开展肢体残疾康复训练服务的机构达到1106个，对1311名贫困肢体残疾儿童实施了矫治手术，为2.9万名肢体残疾儿童进行了康复训练，较2010年增加了约8000人，对13.7万名肢体残疾人开展社区康复训练，较2010年约增加了2.2万人。

在智力残疾康复方面，2011年开展智力残疾康复训练服务的机构达到798个；培训各级各类智力残疾康复人员1.9万名，对2.8万名智力残疾儿童进行了康复训练，较2010年增加约1000人。

4. 辅助器具供应体系逐步完善

辅助器具是部分残疾人恢复某些功能的必要支持，中国残疾人辅助器具供应体系正在日趋完善。2010年，全国共有地级辅助器具供应机构258个，县级辅助器具供应机构2076个（见图2-8）。

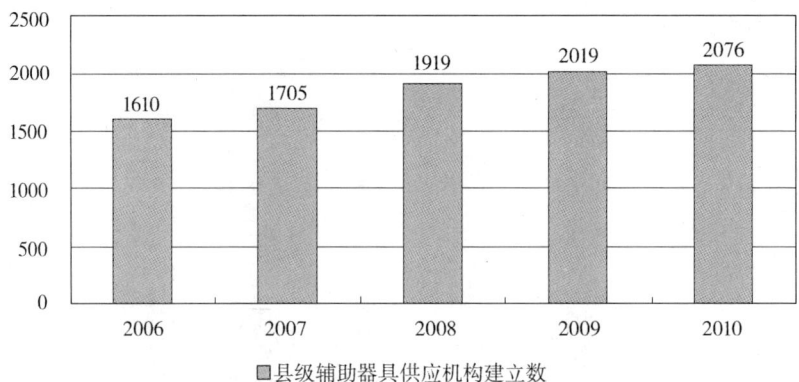

图 2-8 县级辅助器具供应机构变化情况（2006~2011）

资料来源：中国残联官方网站、《中国残疾人事业统计年鉴—2011》。

辅助器具供应总量不断增加。2010 年，辅助器具供应件数为 113.9 万，较 2006 年增加约 30 万件；其中，免费发放的辅助器具为 62.3 万件，较 2006 年增加 32.8 万件；装配矫形器 2.6 万例，较 2006 年增加 1.1 万例（见图 2-9）；为残疾人减免费用装配普及型假肢 3.0 万例，较 2006 年增加 1.4 万例。

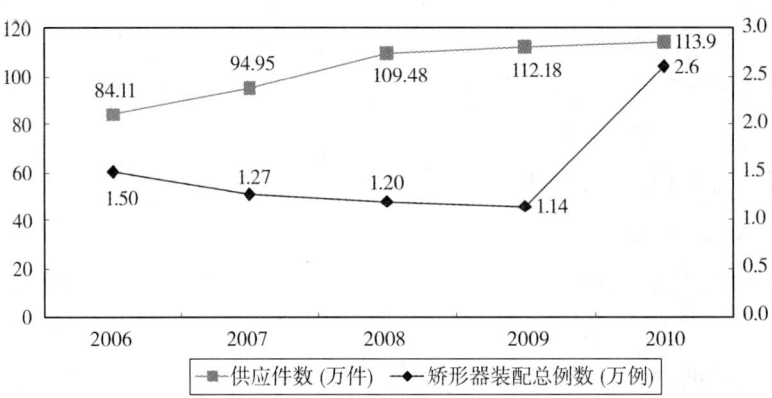

图 2-9 县级辅助器具供应机构变化情况（2006~2010）

资料来源：中国残联官方网站。

二、康复服务尚不能满足残疾人需求

尽管我国康复服务体系建设取得了很大进展,但目前的康复服务水平与实现"人人享有康复服务"、满足残疾人的康复需求仍然存在较大差距。

1. 仍有较大康复需求未得到满足

第二次残疾人抽样调查数据显示,曾接受过医疗服务和救助、康复训练和服务、辅助器具配备服务的残疾人比例分别为 35.6%、8.5% 和 7.3%,而有此需求的残疾人比例分别为 72.8%、27.7% 和 38.6%。2010 年的监测数据显示,2010 年度,残疾人接受过康复服务的比例为 33.5%,比上年度有较大提高,其中,城镇残疾人接受过康复服务的比例由上年度的 29.8% 上升到 38.5%,农村残疾人接受过康复服务的比例由上年度的 19.3% 上升到 30.8%[①]。但是,这次《残疾人保障法》实施状况调查显示,医疗康复是大部分残疾人的现实需求。在所有调查的残疾人中,只有 253 人表示不需要医疗康复,约占 20.8%,即约五分之四的残疾人需要医疗康复服务,有 22.7% 的受访残疾人表示最希望政府解决医疗服务的问题。受访居民中也有 36.3% 的人认为康复服务是残疾人面临的最主要问题之一。

这种差距产生的原因主要在于供需两个方面:在供给方面,康复服务体系的建设仍然滞后,康复机构和康复服务人员的数量与满足残疾人的需求之间存在差距,不能提供充分的康复服务;在需求方面,主要是康复费用的医疗保险报销范围过窄、报销比例过低,导致残疾人康复费用负担过重,影响了残疾人接受康复服务。

在这次《残疾人保障法》实施状况调查中,受访政府工作人员认为医疗费用和康复服务问题是残疾人面临的最主要困难之一,提及率均超过了 50%,仅次于就业问题,分别排在第二、三位。至于具体的问题,受访政府工作人员认为残疾人在医疗和康复方面面临的困难最主要的是医疗保险报销比例过低 (57.4%)、残疾人去医疗机构不方便 (51.1%)。其他被提及较多的困难还包括医疗康复项目没有纳入报销范围 (40.5%)、残疾人

---

① 2010 年度中国残疾人状况及小康进程监测报告。

因经济困难无法加入社会医疗保险（40.3%）（见表2-1）。

表2-1 政府工作人员对残疾人医疗和康复问题的判断

医疗康复困难	人数	比例（%）
医疗康复项目没有纳入报销范围	191	40.5
医疗保险报销比例过低	271	57.4
残疾人因经济困难无法加入社会医疗保险	190	40.3
残疾人去医疗康复机构不方便	241	51.1
政府缺少残疾人医疗康复优惠规定	131	27.8
政府现有残疾人医疗康复优惠规定难以落实	125	26.5
其他	6	1.3

资料来源：《残疾人保障法》实施状况调查。

2. 社区康复服务仍需大力推动

我国社区康复服务虽然取得了较快的发展，但仍然存在一些问题，需要大力推动：一是社区康复服务的覆盖面仍然有限。2010年在全国903个市辖区中，仍然有72个市辖区没有开展社区康复服务；在2268个县市中，仍然有592个县市没有开展社区康复服务；而全国54.7万个社区（村）中，仍有30.2万个社区（村）没有开展社区康复服务，约占全部社区（村）的55%。已经建有社区康复服务站的社区仅为14.5万个，仅占全部社区（村）的26.5%。二是社区康复服务的技术指导和服务能力有待加强。2010年，全国有社区康复协调员近32.9万人，平均每个开展社区康复服务的社区仅1.3人，显然不能满足服务残疾人的需要。三是服务内容和服务形式比较单一。目前的社区康复服务只能提供一些比较简单的康复服务，还无法满足残疾人的个性化需求。四是社区服务的地区差异十分明显，中西部地区和农村地区尤其薄弱。

3. 康复服务人才和科研力量严重不足

目前，我国近年来在康复人才培训培养上取得了明显的进展，2009年开始实施了"康复人才培养百千万工程"，截至2011年底，培养康复高端人才170人，培训3000名在岗康复专业技术人员，培训30万名社区康复协调员。但总体上看，我国的康复人才培训体制机制仍然不健全，我国康复服务人才的总量严重不足、结构不合理、技术水平不高的局面仍然没有改变，尤其是广大西部地区和农村的康复人才极度匮乏。造成这一局面的主要原因还在于长期以来对康复人才教育和培训能力建设的投入不足，目前全国能够培养康复人才的大中专院校仅几十所，每年培养相关专业人才仅两三千人，无法满足康复服务的需要。

此外，我国从事残疾人康复相关研究的科研技术力量也严重不足。康复技术和辅助器具等也要随着科学技术的发展进步和残疾人的需求变化不断实现更新换代，推陈出新，以更好地满足残疾人的需求。这就需要有一些专业性的研究机构致力于康复技术的研究，不仅能及时跟踪残疾人的需求变化，对现有的康复技术和器具进行升级，还能及时将最新的科学技术进步成果转化为可服务于残疾人的康复技术。我国目前康复技术和辅助器具的研究力量还比较薄弱，需要采取有力措施加强研究队伍建设。

第五节 相关建议

一、尽快出台残疾预防和残疾人康复条例

在保证《残疾人保障法》康复规定能够实施的制度体系中，还缺少一个行政法规。应该借鉴在残疾人就业、教育和无障碍环境建设等方面的经验，出台残疾预防和残疾人康复条例，对《残疾人保障法》中的有关内容做出进一步的具体规定，特别是对地方政府、康复机构的责任和义务予以进一步明确，对残疾人康复保障措施进行更为具体的安排，对康复服务的内容、提供方式、服务规范等做出相应的规定，同时，对康复服务的相关法律责任进行细化。

将来残疾预防和残疾人康复条例一旦出台，各地要尽快出台当地的实施办法，结合本地区实际情况，因地制宜，制定具体措施，尤其是在康复经费保证、康复机构建设、社区康复服务、康复人才培养和辅助器具供应等方面要重点保障。

二、通过社会化方式促进康复服务发展

1. 制定康复服务业专项发展规划

康复服务业的发展程度最终会影响残疾人康复服务的供给数量和质量。国家应该在科学评估残疾人康复需求的基础上，制定专项的康复服务业发展规划，确定合理的发展目标，采取强有力的保障措施，使整个行业处于目标引导、有序发展、保障供给的良性发展之中。发展规划建议中长期规划与短期规划相结合，应该针对不同类型的康复需求的不同特点制定目标和实施办法。

2. 多措并举，鼓励社会力量兴办康复服务机构

康复服务业面对的大多数残疾人经济条件较差，负担能力有限，而一些康复服务往往又是必需的，因此存在需求与购买能力脱节的问题。要解决这一问题，必须依靠政府的大力推动，鼓励社会力量从事康复服务：如可考虑对康复服务企业给予政府性支持，在工商登记、经营税费上予以适当减免；在土地使用及水、电等方面给予优先保证和适当政策倾斜；根据服务提供情况给予一定的财政补贴等等。尤其应该鼓励基层康复服务机构的建设，适当增加政策的支持力度。

三、完善康复经费投入和管理机制

1. 将康复经费纳入财政预算

为了保障康复经费的稳定投入，应该将康复经费纳入中央和地方各级财政预算，并规定康复经费应该占有财政收入（或支出）的一定比例，同时确定一个保障机制，加强对财政预算执行情况的监督，确保实际的经费安排实现财政预算所确定的份额。

2. 加大财政支持力度，减免部分康复项目和辅助器具费用

欧美一些发达国家对一些残疾康复技术和辅助器具一般会提供经费支持。我国也应该根据社会经济的发展，增加对残疾人享受康复服务和辅助器具的支持力度，在合理评估财政支持力度和残疾人需求状况的基础上，逐步扩大减免费用的康复服务范围和辅助器具种类。可根据残疾人的需求程度和经济状况确定不同的减免额度或比例。

3. 建立专项基金，支持残疾人康复服务的发展

鉴于康复服务的特点，建议建立一个专项的康复服务发展基金，用于支持康复服务的发展。基金筹集可考虑政府财政拨款和吸引社会捐赠相结合的方式，也可考虑将从康复服务业收取的相关税费直接纳入基金。基金的使用主要支持以下几个方面：一是康复技术的开发与应用，二是康复人才的培养与培训，三是支持部分康复项目的开展，四是资助部分残疾人的康复费用。

4. 提高康复经费使用效率

建议将各地对残疾人的康复经费补贴用康复券（也可用电子形式）发放给残疾人，残疾人持有康复券可选任何一家康复机构购买康复服务，这样可增加残疾人对康复服务机构的选择性，有利于康复机构之间开展竞争，提升康复服务质量，从总体上提升康复经费的使用效率。

四、建立残疾人康复服务信息管理系统

1. 完善包含康复需求的残疾人信息系统

应该利用发放二代残疾证的有利时机，完善全国残疾人信息系统，在此系统中，不仅应该包括全国残疾人基本状况，还应该包括残疾人的康复需求与接受康复服务的情况，信息动态更新，全国联网，随时可查，确保及时掌握残疾人的康复服务需求变化和接受服务情况。

2. 建立康复服务人员信息系统

开展一次摸底调查，收集全国康复服务人员的信息，包括基本状况、康复服务技能、康复服务开展情况等，建立一个类似于残疾人信息系统的康复服务人员信息系统，为及时了解各地区的康复服务提供情况。通过该系统与残疾人信息系统的对比分析，可及时了解各地区的康复服务供需状况。

3. 建立残疾人用具用品信息系统

应该借鉴国外经验，建立一个向社会开放的残疾人用具用品信息查询系统，系统中囊括尽可能多的残疾人用具用品信息，包括生产厂家、产品型号、功能、参数、价格、外观、适用人群等系列信息，在互联网上公开发布，供康复医生、服务人员、残疾人及其家属查询。

五、增加纳入基本医疗保障的康复项目

虽然，目前国家规定有9项纳入基本医疗保障的康复项目，但与残疾人在康复方面的需求差距甚远，应该进一步扩大。建议在进一步研究残疾人康复需求和医疗保险资金平衡的基础上，逐步扩大康复费用的医保报销

范围，包含更多的康复项目。考虑到扩大报销范围可能影响到部分地区的医保资金平衡，建议对江苏省和浙江省的康复费用医保报销情况进行一次具体研究，包括各类费用的具体发生比例和金额等，为扩大全国范围的医保报销范围提供依据。如果有些地区扩大报销范围对医疗保险制度的资金平衡确实有影响，可考虑适当提高筹资水平，或提高医保资金的统筹层次，实现地区间的互济。

此外，考虑到残疾人一般医疗费用较高和承担能力较低，医保报销范围也无法涵盖所有的康复项目和全部康复过程所发生的费用，因此，应该考虑对残疾人（尤其是重度残疾人）提高一定的医保报销比例。对不同残疾程度和不同经济状况的残疾人，提高的比例也应根据实际情况有所不同。甚至可以考虑建立残疾人的康复医疗费用二次报销制度，对残疾人按照医保政策应该自付的部分也按一定比例报销，相关经费在财政预算中予以安排。

第二部分 分报告

第三章

残疾人教育状况评估报告

第一节 评估意义

一、受教育是残疾人实现"平等 参与 共享"的前提

残疾人教育是国家教育体系的重要组成部分，是衡量一个国家或地区教育普及程度的一项重要指标，体现了全社会对残疾人这一弱势群体的人文关怀和对人权的尊重。接受教育不仅有助于残疾人提高素质和生存发展能力，还能补偿功能缺陷，克服自身障碍，拓展生存空间，更好地融入社会，实现"平等 参与 共享"社会发展成果，改善个人的康复、就业、经济等状况，并在一定程度上避免因残致贫的代际传递和代内转移，减轻家庭和社会负担，为全社会做出贡献。

二、受教育是残疾人的基本权利

我国宪法规定，公民有受教育的权利和义务。《残疾人保障法》明确规定，国家保障残疾人平等接受教育的权利。残疾人由于自身残疾和受一些条件制约，在接受教育时往往面临更多的困难，现实中往往会出现一些受教育机会不平等的现象，如没有适合残疾人的教学环境、教材、教师等等，使残疾人无法真正实现个人的受教育权利。受教育状况对残疾人实现自身价值有重要的影响。全面实现自身价值是残疾人发展的内在诉求和残疾人社会效用的外在凸显。残疾人要实现自身价值，不仅需要有利的外部环境（如无障碍设施和良好的医疗卫生条件等），更重要的是需要提升个人的综合素质和社会参与能力。通过接受教育，残疾人可以提高自身素质和服务社会的能力，进而全面实现自身价值。因此，采

取一些具体措施保障残疾人平等接受教育对残疾人发展具有十分重要的意义。

三、受教育是残疾人实现人力资本积累的重要途径

人力资本是指通过多种途径获得的凝结在人身上的技能、学识、健康状况和水平的总和。残疾人作为社会中的一员，必须实现自己的人力资本积累，不断提高自身的知识和技能，才能更好地参与社会生活和社会竞争。而教育是人们获取知识和技能、提高个人素质、实现人力资本积累的主要途径。教育对个人的人力资本积累起重要作用，通过教育，人们可以掌握和具备基本的语言、数学、认知、逻辑思维、理解、观察等知识与能力，从而能够在日常的学习和工作中，驾驭知识技能，发挥个人主观能动性和创造力，充分参与经济社会发展的全过程。残疾人受教育条件和状况的好坏，直接影响着残疾人的人力资本积累过程，进而会影响残疾人的社会竞争力，影响残疾人社会生活质量。

因此，对残疾人教育的评估有助于了解残疾人群体的生存发展能力，及时发现残疾人教育与培训中存在的问题，分析国家对残疾人教育的法律保障状况及不足之处，进而为相应的立法和政策设计提供参考和支持。

第二节 评估内容

一、《残疾人保障法》有关教育的主要内容

《残疾人保障法》自 1991 年施行以来,对促进残疾人教育事业发展、保障残疾人受教育的合法权益发挥了重要作用。2008 年修订后的《残疾人保障法》对教育部分并未增加新的条文,只是对原有的 9 条规定做了进一步的补充和完善,增强了法律的适用性和可操作性。修订后的《残疾人保障法》关于教育的主要内容有:

1. 明确了国家保障残疾人享有平等接受教育的权利。《残疾人保障法》第二十一条规定:"国家保障残疾人享有平等接受教育的权利。各级人民政府应当将残疾人教育作为国家教育事业的组成部分,统一规划,加强领导,为残疾人接受教育创造条件。"这条规定表明受教育权是残疾人和其他社会成员同等享有的基本公民权利,国家有义务保障残疾人受教育权利的实现,各级人民政府对残疾人接受教育负有主要责任,在制定地区教育发展纲要和编制年度计划时,应将残疾人教育作为重要组成部分列入工作议程,并承担制订教学计划和教学大纲、提供基础建设和经费保障等工作。

2. 明确了帮助残疾儿童、少年完成义务教育的责任主体。义务教育是国家统一实施的所有适龄儿童、少年必须接受的教育,是国家必须予以保障的公共事业。《残疾人保障法》第二十一条规定:"政府、社会、学校应当采取有效措施,解决残疾儿童、少年就学存在的实际困难,帮助其完成义务教育。"这条规定明确了政府和学校在保障残疾学生接受义务教育方面的义务。由于残疾学生接受教育面临着更多困难,需要无障碍设施和教学辅助用具,增加教育教学开支。因此,本法规定各级人民政府对接受义务教育的残疾学生、贫困残疾人家庭的学生提供免费教科书,并给予寄宿生活费等费用补助,要保证他们不因经济原因而无法上学。此外,对接受

义务教育以外其他教育的残疾学生、贫困残疾人家庭的学生,各级人民政府应按照国家有关规定给予资助,保障他们平等接受教育权利的实现。

3. 明确了残疾人教育实行普及与提高相结合、以普及为重点的发展方针。根据我国当前的经济社会发展水平,《残疾人保障法》明确了残疾人的教育发展方针,第二十二条规定:"残疾人教育,实行普及与提高相结合、以普及为重点的方针,保障义务教育,着重发展职业教育,积极开展学前教育,逐步发展高级中等以上教育。"普及是指普及残疾儿童、少年的义务教育;提高是指提高残疾人教育质量,并逐步提高高级中等以上教育发展水平。这表明,普及和巩固提高义务教育是残疾人教育发展的重中之重。

4. 明确了设置残疾人教育机构的责任主体。残疾人教育机构的不足制约了残疾人教育的发展,为保障残疾人平等接受教育的权利,《残疾人保障法》第二十四条规定:"县级以上人民政府应当根据残疾人的数量、分布状况和残疾类别等因素,合理设置残疾人教育机构,并鼓励社会力量办学、捐资助学。"

5. 明确了普通教育机构在残疾人教育方面的义务和责任。在普通教育机构随班就读是当前我国肢残儿童、少年接受教育的主渠道。为保障残疾儿童、少年在普通教育机构能平等地接受教育,《残疾人保障法》第二十五条规定:"普通教育机构对具有接受普通教育能力的残疾人实施教育,并为其学习提供便利和帮助。"该项条文不仅规定了普通教育机构的两项义务,同时还规定对于拒绝招收残疾学生的教育机构,当事人或其家属、监护人可以要求有关部门处理,有关部门应当责令该学校招收。

6. 明确了特殊教育机构的责任和义务。特殊教育机构和普通教育机构的特教班是我国适龄盲、聋和智力残疾儿童、少年接受义务教育的主体。这些残疾学生有生理或智力缺陷,需要采用一些特殊校舍建筑布局,提供各种特殊设备,在师资配备、课程教材、教学手段等方面也具有较大的特殊性。因此,《残疾人保障法》在规定特殊教育机构对残疾儿童、少年实施教育义务的同时,还要求"提供特殊教育的机构应当具备适合残疾人学习、康复、生活特点的场所和设施(第二十六条)",以改善教育环境,保证残疾人受教育权利的实现。

7. 明确了残疾人成人教育的责任主体。接受成人教育是成年残疾人的一项基本权利。成人教育可以为失去教育机会的残疾人创造享受各级各类科技文化和思想道德教育的新机会，全面提高个人素质，提升就业能力，促进社会公平与和谐发展。《残疾人保障法》第二十七条规定："政府有关部门、残疾人所在单位和有关社会组织应当对残疾人开展扫除文盲、职业培训、创业培训和其他成人教育，鼓励残疾人自学成才。"这项条文明确了残疾人成人教育的责任部门和组成内容，为残疾人成教工作的开展提供了依据。

8. 明确了国家培养特殊教育师资的责任。发展残疾人特殊教育，特殊教育师资是关键。《残疾人保障法》第二十八条规定："国家有计划地举办各级各类特殊教育师范院校、专业，在普通师范院校附设特殊教育班，培养、培训特殊教育师资。普通师范院校开设特殊教育课程或者讲授有关内容，使普通教师掌握必要的特殊教育知识。"同时，考虑到特殊教育教师和手语翻译工作是一种体力和脑力并用的复杂劳动，本条还规定"特殊教育教师和手语翻译，享受特殊教育津贴"。

9. 明确了组织和扶持特殊教育辅助手段研制、生产和供应的责任主体。《残疾人保障法》第二十九条规定："政府有关部门应当组织和扶持盲文、手语的研究和应用，特殊教育教材的编写和出版，特殊教育教学用具及其他辅助用品的研制、生产和供应。"特殊教育辅助手段是帮助残疾人接受教育的必要途径，包括盲文、手语、特殊教育教材等，这些都是无法依靠市场解决的领域，需要政府有关部门出面组织并给予资金、销售、税收和其他方面的扶持。

二、《残疾人保障法》有关教育规定的主要目的

《残疾人保障法》对教育的相关规定主要基于以下几个目的：

一是维护残疾人的平等受教育权利。教育是基本人权，缺少公平的教育机会将影响残疾人的一生。《残疾人保障法》首先明确了残疾人享有平等接受教育的权利，同时对残疾人教育的发展方针、教育模式、教育机构、师资培养和辅助用具的研发等方面都做出了具体规定，这为国家发展特殊

教育事业和实现残疾人的公平受教育权提供了法律依据和立法保障。

二是明确了不同主体对残疾人教育的责任和义务。首先,《残疾人保障法》明确了国家对残疾人受教育的责任,即国家通过立法和制度完善,保障残疾人平等受教育权的实现。其次,教育具有终生学习的特性,在不同的教育阶段,该项法律明确规定了政府、学校、用人单位和相关社会组织的基本义务和责任。这些规定有助于保障残疾人平等接受教育权利的实现。

三是提高残疾人的自身素质和参与经济社会发展的能力。残疾人通过教育,学习文化知识和专业技能,不断提高自身素质以融入社会,实现"平等、参与、共享"经济社会发展成果,是《残疾人保障法》对残疾人教育规定的根本目的。

三、残疾人教育评估的主要内容

本报告依据《残疾人保障法》的有关规定,结合我国经济社会的整体发展水平,将从以下两个方面对残疾人教育事业的发展情况进行评估:一是《残疾人保障法》关于残疾人教育发展的实施保障状况如何?包括配套制度建设、资源投入力度和保障措施等方面。二是《残疾人保障法》实施后的绩效评估。重点分析残疾人整体受教育水平的变化、残疾人教育体系的发展以及教育资源的分布、辅助用具的研发等方面的基本情况。下文的阐述将主要关注以下问题:

1. 《残疾人保障法》实施后,与残疾人教育相关的法律法规和政策文件等配套制度的建设和实施情况如何?重点梳理相关的法律制度,分析现有制度的进步和不足。

2. 残疾人教育事业发展的资金保障状况如何?从供给与需求的角度分析和评估资源投入力度。

3. 我国残疾人教育体系的建设情况如何?主要关注特殊教育体系建设的整体进展,特别是义务教育阶段的发展情况。

4. 残疾人的整体受教育水平是否有所提高?将从不同年龄、不同性别的视角分析残疾人受教育水平的进展和存在的问题。

5. 特殊教育资源的发展情况如何？包括教育机构的建设和师资力量的培养两方面内容。

6. 特殊教育的科学研究与开发应用情况。概述当前我国特殊教育辅助用具的研发情况，以及与残疾人实际需求间的差距。

7. 扶残助学情况的发展。

第三节 实施保障评估结果

一、残疾人教育相关法律制度逐步建立

随着社会主义民主法治进程的不断推进和立法的不断发展,残疾人教育的法律法规体系已基本形成,其内容不断深入和丰富,使残疾人教育事业逐步走上了依法治教、依法发展的轨道。

1. 残疾人教育法制建设进展明显

我国涉及残疾人教育的法律法规呈现出5个层次:宪法、专门法律、教育行政法规、部门规章和规范性文件、地方性法规和规章,基本覆盖了残疾人教育的各个领域和层次。

首先,我国在宪法中对残疾人教育作了规定。《中华人民共和国宪法》第45条规定:"国家和社会帮助安排盲、聋、哑和其他有残疾的公民的劳动、生活和教育。"

其次,专门法律关于残疾人教育的规定。《残疾人保障法》是我国保障残疾人公民权利的一部专项法律,第三章以教育为专题对残疾人教育的发展方针、教育机构建设、政府责任、特殊教育师资培养以及完善特殊教育辅助手段等做出了9条规定。我国教育基本法如《教育法》、《义务教育法》、《职业教育法》和《高等教育法》等,都从不同角度对残疾人教育的有关问题做出了规定或者涉及残疾人教育的有关方面。

第三,专项行政法规。1994年8月国务院颁发的《残疾人教育条例》,是我国第一部有关残疾人教育的专项行政法规,改变了残疾人教育法律法规嵌套于普通教育法的局面,标志着我国残疾人教育立法进入了专项立法阶段,也标志着我国残疾人教育进入了依法治教的新阶段。[①]《条例》共9

[①] 于靖. 中国特殊教育立法问题探讨 [J]. 社会科学战线,2010 (11):196~198.

章52条，分别对学前教育、义务教育、职业教育、普通高级中等以上教育及成人教育等各级残疾人教育的责任主体、教学模式、课程设置、师资保障、物资条件保障和奖励与处罚等做出了具体规定。该《条例》是对《教育法》和《残疾人保障法》的具体落实，对各级政府在保障残疾人受教育权利上具有重要的指导意义。

第四，部门规章和规范性文件。主要是以教育部门为主或联合其他相关部门发布的规章和规范性文件，针对残疾人教育的某一个方面或某阶段的残疾人教育发展做出具体规定或规划，如《特殊教育学校暂行规程》、《残疾儿童少年随班就读工作的试行办法》、《盲校义务教育课程设置实验方案》等。

第五，地方法规和规章。一般是地方人大和政府根据国家有关规定的要求，结合本地区的政治、经济和文化特点，为当地的特殊教育发展制定的规范性文件，是教育法体系的重要组成部分。如《上海市特殊教育三年行动计划（2009~2011年）》、《北京市特殊教育事业"九五"发展规划》等。

2. 残疾人教育立法的内容不断深入和丰富

依据《残疾人保障法》对残疾人教育发展的规定，相关的教育法律法规更加广泛地对残疾人教育的平等教育权、教育方式、师资培养、经费保障、无障碍环境建设、法律责任等多方面内容进行了完善。① 在平等受教育权方面，2006年修订的《义务教育法》第六条第一款规定："国务院和县级以上地方人民政府应保障残疾的适龄儿童、少年接受义务教育"。《高等教育法》第九条第三款规定："高等学校必须招收符合国家规定的录取标准的残疾学生入学，不得因其残疾而拒绝招收。"关于教育方式，《残疾人教育条例》第三条规定"残疾人教育应当根据残疾人的残疾类别和接受能力，采取普通教育方式或者特殊教育方式"，确立了我国关于开展残疾人教育采用普特结合的教育方式。关于特殊教育师资问题，《残疾人教育条例》第六章以"教师"为题，用8条对特殊教育教师的培养、培训、使用和待遇做出了较为详细的规定。关于办学经费保障，《残疾人教育条例》

---

① 郝晓岑. 我国特殊教育法制建设的回顾与反思 [J]. 中国特殊教育，2003 (6): 72~76.

规定:"残疾人教育经费由各级人民政府负责筹措,予以保证,并随着教育事业费用增加而逐步增加"(第四十四条),"国家鼓励社会力量举办残疾人教育机构或捐资助学"(第四十五条),确立了政府投入为主、社会捐助的经费保障机制。对于无障碍环境建设问题,《义务教育法》第十九条第一款规定:"特殊教育学校(班)应当具备适应残疾儿童、少年学习、康复、生活特点的场所和设施";《特殊教育学校暂行规程》规定:特殊教育学校的校园、校舍建设应执行国家颁布的《特殊教育学校建设标准》,学校应具备符合规定标准的教学仪器设备、专用检测设备、康复设备、文体器材、图书资料等。对于法律责任,《义务教育法》第五十七条规定,"拒绝接收具有接受普通教育能力的残疾适龄儿童、少年随班就读的学校"由县级人民政府教育行政主管部门责令限期改正,情节严重的,对直接负责的主管人员和其他直接人员依法给予处分。《残疾人教育条例》规定"拒绝招收按照国家有关规定应当招收的残疾人入学的","侮辱、体罚、殴打残疾学生的","侵占、克扣、挪用残疾人教育款项的",由有关部门对直接责任人员给予行政处分,构成犯罪的依法追究刑事责任。可以说,我国残疾人教育立法内容的不断丰富是理念更新的结果,也是全社会对残疾人重视程度提高的直接体现。

二、残疾人教育纳入国家教育总体规划

1. 教育部门制定了残疾人教育发展的专项规划

随着残疾人教育的不断发展,教育部门先后制定了多项残疾人教育发展规划。1991年7月,原国家教育委员会等八部门发布《关于切实做好"八五"期间残疾人教育工作的通知》,要求各地结合本地实际,认真总结残疾人教育工作的情况,制定本地区"八五"期间残疾人教育工作的计划,特别是关于盲、聋、智力残疾儿童初等义务教育的发展目标和措施。1996年5月,教育部颁布《残疾儿童少年义务教育"九五"实施方案》,对教育目标、教育质量和保障措施做出了具体规定,对残疾儿童少年义务教育的发展起到了巨大的推动作用。2001年11月,国务院办公厅转发教育部等部门《关于"十五"期间进一步推进特殊教育改革和发展的意见》,

提出了在大力普及残疾儿童少年义务教育的同时,进一步完善残疾人教育体系,提高残疾人教育的师资队伍素质和质量的要求。2006年教育部制定《全国特殊教育"十一五"发展规划》,首次提出构建残疾人终身教育体系的目标,并制定了保障残疾人教育事业发展的6项具体保障措施。

2. 将残疾人教育纳入了国家整体教育规划

2006年修订的《义务教育法》对残疾人教育的表述比以前更多、更有力,对残疾人义务教育的实施保障和法律责任作了规定,从法律上进一步保障了残疾儿童少年受教育的权利。同时,教育部等有关部委围绕《义务教育法》的实施,研究制定了一系列支持残疾人教育发展的政策,比如,将残疾儿童、少年入学情况作为普及九年义务教育检查验收的一项指标。2010年7月,国务院发布《国家中长期教育改革和发展规划纲要(2010~2020年)》,将特殊教育单列一章,提出发展目标,并要求各级政府要加快发展特教事业,要将特殊教育纳入当地经济社会发展规划,列入议事日程。

三、积极制定实施保障残疾人教育权利的政策和措施

我国残疾人教育事业的快速发展不仅得益于经济与社会的发展,更直接得益于《残疾人保障法》、《残疾人教育条例》等法律法规的颁布与实施。自《残疾人保障法》实施20年来,为贯彻落实该项法律,有关部门积极出台了多项与残疾人教育相关的配套法规、规章和重要政策文件,对残疾人教育事业发展的各个方面制定了具体规划和实施细则。

1. 残疾人教育受到各级党委、政府的高度重视

1989年5月,国务院办公厅转发了国家教委等部门《关于发展特殊教育的若干意见》通知(国办发〔1989〕21号),要求各级教育部门把残疾儿童少年教育同当地实施的义务教育工作统一规划,统一领导,统一部署,统一检查,采取多种渠道、多种形式的办学模式发展残疾儿童少年教育,并将残疾儿童少年教育发展的执行情况作为检查、验收普及初等教育的内容之一。1991年3月,国务院下发《关于贯彻实施<中华人民共和国残疾人保障法>的通知》(国发〔1991〕23号),要求各级教育部门深入贯彻

《关于发展特殊教育的若干意见》，把残疾儿童少年教育切实纳入义务教育的工作轨道，同时做好高校、中专、中技等普通学校残疾学生的录取和分配工作，开展残疾人职业技术教育。

2008年《残疾人保障法》修订通过前，中共中央、国务院出台了中央7号文件，对发展残疾人教育提出了一系列具体要求。比如，要求发展残疾儿童学前康复教育，加快发展高中阶段特殊教育，积极开展残疾人职业教育培训，鼓励和支持普通高等学校开办特殊教育专业；逐步解决重度肢体残疾、重度智力残疾、失明、失聪、脑瘫、孤独症等残疾儿童少年的教育问题；完善残疾学生的助学政策，保障残疾学生和残疾人家庭子女免费接受义务教育；支持师范院校培养特殊教育师资，加强师资队伍建设，提高特殊教育质量；实施中西部地区特殊教育学校建设工程，落实特殊教育学校教师特殊岗位津贴政策；各级各类学校在招生、入学等方面不得歧视残疾学生。2009年5月，国务院办公厅再次转发教育部等部门《关于进一步加快特殊教育事业发展的意见》，对健全残疾人教育体系、完善特教经费保障机制和提高保障水平、加强特殊教育针对性、加强师资队伍建设以及强化政府职能等提出了具体要求。

2. 地方实施办法对残疾人教育做出了更具体的规定

为贯彻落实《残疾人保障法》和《残疾人教育条例》中对教育内容的规定，全国各地区都出台了具体的实施办法，并对学前教育、义务教育、高级中等以上教育、职业培训和成人教育等方面内容做出了更为具体的规定和要求。比如，《河北省残疾人教育实施办法》规定，对因身体状况不便到学校就读的适龄残疾儿童、少年，可以采取巡回教学及家庭课堂等形式进行义务教育；残疾儿童康复机构应当结合康复训练，参照国家幼儿教学大纲实施残疾幼儿的学前教育；在残疾人教育岗位上连续工作满十年并从该岗位上退休的教师，其加发的残疾人教育津贴纳入退休费计发基数。《天津市残疾人保障条例》规定实施残疾学生高中阶段免费教育。江苏省提出"残疾人全面助学计划"，要求在2015年前将基本实现残疾学生接受包括学前教育、义务教育和高中职业教育在内的15年免费基础教育。浙江省《关于进一步加快特殊教育事业发展的实施意见》明确规定盲人教育以省办为主、聋人教育以市办为主、智力残疾教育以县办为主；义务教育阶段特教学校生均公用经费按当地普通同级学校的10倍以上拨付，并纳入义务教育经费保障体系；高中及以上特教学校生均公用经费按照当地普通同级学校5倍以上拨付；随班就读学生按同级特教学校标准执行。

3. 教育部门出台了一系列残疾人教育的相关规定

（1）加强对特殊教育学校的建设和管理。1994年7月，原国家教育委员会印发《特殊教育学校建设标准（试行）》，明确了我国盲、聋、智力残疾三类特殊教育学校的建设标准，为给残疾儿童创造适合其德、智、体全面发展的校园环境提供了依据。1998年12月，教育部又颁布了《特殊教育学校暂行规程》，对加强特殊教育学校内部的规范化管理，提高特殊教育学校的教育教学质量的相关重要事项做出了系统规定。

（2）颁布实施了一系列特殊教育课程实验方案。1994年10月，原国家教育委员会颁布《中度智力残疾学生教育训练纲要（试行）》，要求各地各类学校注意根据学生特点、需要和当地的实际，合理安排中度智力残疾学生的教育训练内容。2007年2月，教育部印发《盲校义务教育课程设置实验方案》、《聋校义务教育课程设置实验方案》和《培智学校义务教育课程设置实验方案》。三类特殊教育学校义务教育课题设置实验方案的出台，标志着我国特殊教育学校课程教学改革工作进入了实质性阶段。

（3）对随班就读教学模式做出规定。1994年7月，原国家教育委员会印发《关于开展残疾儿童少年随班就读工作的试行办法》，强调了随班就读是我国残疾儿童少年义务教育的一个主要办学形式，明确要求各地积极开展残疾儿童少年随班就读工作，并使其逐步完善。

目前，为贯彻落实教育规划纲要，根据我国特殊教育的发展需要，教育部正组织力量修订《残疾人教育条例》、《残疾儿童少年随班就读工作的试行办法》以及《特殊教育学校建设标准》等法规和政策文件。

4. 扶残助学力度加大

自《残疾人保障法》实施后，全国范围内扶残助学活动开展得如火如荼，既有政府部门的作为，也有社会力量的支持。1996年，中国残联与中国青少年发展基金会联合下发《关于进一步做好救助因贫失学残疾儿童工作的通知》，将因贫失学残疾儿童救助工作纳入全国"希望工程"予以救助。1998年2月，原国家教委基础教育司、民政部社会福利司和中国残联教育就业部联合下发《关于在部分地区开展资助残疾儿童少年接受义务教育试点的通知》，开展以减免家庭经济困难残疾学生的杂费、教材费或对家庭经济困难的寄宿制残疾学生提供生活补贴为主要内容的资助活动。同年，中国残联又与全国妇联共同下发《关于进一步做好救助贫困失学残疾女童工作的通知》，将因贫失学残疾女童救助纳入"春蕾计划"。2000年，中国残联与李嘉诚基金会共同开展了"长江新里程"计划，其中包括"中西部地区盲童入学项目"。2008年，国家发改委、教育部实施了"中西部地区特殊教育学校建设项目"。

多年来，以中国残联为主体会同各有关部门和社会团体共同实施的中西部盲童入学、扶残助学春雨行动、彩票公益金助学等公益项目，累计投入资金近1.2亿元，资助贫困残疾学生近5万人次，资助对象从义务教育年龄段的贫困残疾儿童拓展到贫困残疾高中和大学生及贫困残疾人子女。《中西部地区特殊教育学校建设项目》的实施，改变了中西部地区特殊教育学校数量不足的状况，改善了现有特教学校的办学条件，截至2011年，中央财政共投资47亿元，新建、改扩建了1183所特殊教育学校。项目的实施，基本实现了30万人口以上、残疾儿童较多的县都有一所特教学校的目标，为残疾儿童少年义务教育普及程度的提高奠定了良好基础。①

四、特殊教育的经费投入总量不断增长

特殊学校教育不同于普通学校教育的教学方式、手段和设施设备，其对教育投入的要求远远高于普通教育。中国统计年鉴的数据表明，在1996～2009年间，我国特殊教育的投入经费逐年增加，经费总数由64902万元增加到482850.8万元，增加了6.4倍；接受特殊教育学生的人均经费由2021元增加到11278元，增加了4.6倍。② 图3-1显示，2008年后特殊教育总经费投入的增加更为显著，仅两年间就增加了17.1亿元，略高于2003年的总经费投入。

---

① 教育部.《残疾人保障法》实施后特殊教育发展的有关情况（内部资料）。
② 国家统计局编.中国统计年鉴（2011）.中国统计出版社，2011.

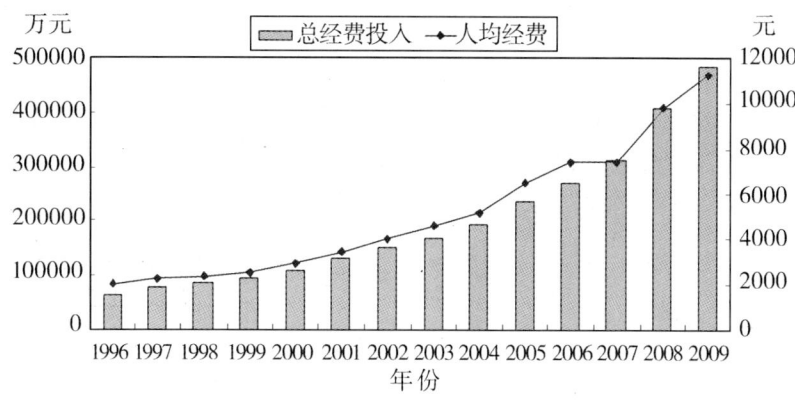

图 3-1 1996~2009 年特殊教育的经费投入

从特殊教育投入的来源构成看，国家财政性教育经费投入是特殊教育经费的主体，且所占比重日益增加，2009 年已达 94.2%；相应地，民办学校投入、社会捐赠经费、事业收入经费和其他教育经费的投入比例都呈现下降趋势。可见，残疾人教育已成为国家予以保障的公共事业，政府在残疾人教育事业发展中发挥着主导作用。

五、残疾人教育立法和经费保障有待加强

尽管我国现行的残疾人教育法律法规，极大地推动了残疾人教育事业的发展，但其法制建设中仍存在一些突出问题，导致法律法规和政策文件的执行力度弱。同时，资金投入的不足也在一定程度上阻碍了残疾人教育事业的发展。

1. 专门性的残疾人教育立法层次低

我国现行的教育法律法规从数量上看已初具规模，但在内部结构上分布不均衡。目前为止，我国仅有一部法律对残疾人教育做出专章规定，即《残疾人保障法》；一部有关残疾人教育的行政法规，即《残疾人教育条例》；其余则是大量的行政规章和其他规范性文件，立法数量少，层次不高。而与《义务教育法》、《职业教育法》、《高等教育法》等相并列的、独立的《特殊教育法》的缺失，导致残疾人教育立法缺乏平等的法律地位和应有的效力层次，使其他相关残疾人教育法规或政策文件等缺乏统一指导

思想，未形成有机的整体和合理的体系。①

2. 现行残疾人教育的法律或规范不够具体和细化

目前，我国现行的残疾人教育法律规范仍停留在宏观层面上，宣示性的规定和鼓励性用词相当普遍，内容过于原则、笼统、空洞，与现实生活和残疾人教育实践相脱节，很多规定的可操作性不强，严重影响法律的权威。很多条款带有"号召"、"鼓励"之意，缺乏强制性以及具体法律责任和惩罚措施。例如《残疾人教育条例》第44条第3款对残疾人教育发展的经费投入只是泛泛地规定为"地方各级人民政府用于义务教育的财政拨款和征收的教育附加税，应当有一定比例用于发展残疾儿童、少年义务教育"。既没有明确的比例又没有具体法律责任的约束，这种原则性的非强制性规定，导致具体操作上和监督上的困难。② 我国各地区间残疾人教育经费投入的严重失衡一方面与地区经济发展水平相关，一方面与这种不明确的非强制性规定有关。以2005年残疾人教育预算内事业性拨款为例，排在前十位的省份和排在后十位的省份在投入上相差105711.3万元，相当于当年全国预算内残疾人教育事业性拨款总额的64.4%。在2000~2006年间，内蒙古、海南、贵州、西藏、青海、宁夏、新疆等中西部省份在经济总量不断增长的情况下，残疾人教育投入却都出现过负增长的情况。③ 由于很多地方教育行政部门对残疾人教育认识不清，导致残疾人教育发展时冷时热，过度依赖于领导的意志和行政管理方式的变迁，进而出现了残疾儿童少年入学难、经费不到位、教育师资短缺等诸多问题。④

3. 残疾人教育的立法内容滞后

纵观我国残疾人教育立法的各项规定，基本上是模仿普通教育的立法内容建立起来的，一些内容既不健全又不符合实际，与残疾人的教育实践

---

① 汪海萍. 论加强特殊教育立法的必要性与可行性 [J]. 中国特殊教育，2007 (7): 3~6.

② 陈建军. 试论我国特殊教育立法的现状及完善 [J]. 绥化学院学报，2011 (2): 1~4.

③ 周晓红、李刚. 我国特殊教育经费投入的问题与对策解析 [J]. 2009年中国教育经济学学术年会论文集. 1593~1600.

④ 包万平、李金波、郭炜煜等. 我国特殊教育法律缺陷及其立法学术建议 [J]. 继续教育研究，2009 (12): 72~75.

存在一定差距。首先，相关法律法规中缺乏对随班就读的指导方针、教育对象、师资培养、设施设备、经费来源和教学过程等诸多内容的明确规定，导致很多学校的"随班就读"沦为"随班混读"，教育质量不高。其次，缺少对残疾教育对象的评估和鉴定制度，直接削弱了对普通学校招收残疾儿童少年入学的监管力度，降低了残疾儿童少年的入学率。再次，对特殊教育学校（班）设置、特殊教育教师的资格鉴定、考核等方面都没有做出明确规定或规定存在欠缺，导致特教机构不足、特教师资数量严重缺乏与师资质量低下现象并存。[①] 此外，一些条款已经过时，与整个教育发展不相适应，难以指导教育实践。如1994年颁布的《残疾人教育条例》第3条规定"逐步发展高级中等以上教育"，在我国高等教育快速发展、普通高等教育实现大众化的今天，对残疾人高等教育的立法定位显然不利于高等特殊教育的发展和残疾人受教育水平的整体提高。

4. 我国特殊教育经费的投入相对不足

虽然我国特殊教育的投入经费呈现逐年增加的趋势，然而，多年来特殊教育投入总经费占全国各类教育投入总经费的比重始终在2.6‰~3.0‰之间徘徊。这说明，特殊教育在我国教育体系中仍处于无足轻重的地位。有学者指出当前各级政府的经费投入仍不足以保证特殊学校教育的运转需求。[②] 生均经费是衡量教育投入水平的主要指标之一。熊琪等人（2012）的研究指出，特殊教育学校的生均经费支出至少应是普通学校的4倍才能满足特殊教育学校的课堂教学、康复、劳技和职业训练等需求。[③] 以2009年为例，我国特殊教育学校的生均费用为11278元，普通中学和普通小学的生均经费分别为6031元和4171元，前者仅是后两者的1.9~2.7倍，证明我国特殊教育经费投入的严重不足。特殊教育经费的不足会引发一系列问题，如学校基础设施设备配备不足、专业教师匮乏、辍学率高、学校无法提供学生所需要的特殊服务等，最终导致学生不能享有高质量的教育。因此，尽快加大对特殊教育经费的投入力度，是提高残疾人教育质量的基本保障。

[①] 陈久奎、阮李全. 特殊教育立法问题研究 [J]. 中国特殊教育, 2006 (6)：47~52.

[②] 谢敬仁、钱丽霞、杨希洁等. 国外特殊教育经费投入和使用及其对我国特殊教育发展的启示 [J]. 中国特殊教育, 2009 (6)：17~24.

[③] 熊琪、雷江华. 我国特殊教育学校教育经费支出结构探析 [J]. 中国特殊教育, 2012 (3)：21~27.

第四节　实施绩效评估结果

改革开放 30 多年来，我国残疾人教育事业取得了显著成就，特别是 20 世纪 90 年代《残疾人保障法》的颁布实施更加有力地促进了残疾人教育的地位确立和提高，使得残疾人教育成为我国教育体系的重要组成部分。目前，我国基本形成了从早期教育到高等教育齐备的残疾人教育体系，形成了以特殊教育学校为骨干，以随班就读为主体的残疾人教育格局，残疾人教育的事业规模和教育质量整体上处于历史最好水平。

一、残疾人教育状况明显改善

1. 残疾人的受教育程度显著提高，性别差异逐渐缩小

2006 年第二次全国残疾人抽样调查数据显示，我国 6 岁及以上残疾人口的受教育水平较低，45.1% 的人不识字或未上过学，具有小学、初中、高中/中专和大学专科及以上文化水平的人口比重分别为 32.1%、15.9%、5.5% 和 1.4%。与 1987 年全国第一次残疾人抽样调查结果相比，我国残疾人口的受教育程度在 19 年间有很大提高。每十万残疾人口中接受大学教育的人数从 1987 年的 287 人上升到 1139 人，提高了 3 倍；具有高中文化程度和初中文化程度的人数分别从 1165 人和 1156 人上升到 4893 人和 15039 人，分别提高了 3 倍和 12 倍；具有小学程度的人数也有一定提高。从文盲率看，2006 年全国 15 岁及以上残疾人口的文盲率为 42.39%，比 1987 年（59.0%）降低了 15.71 个百分点。[①] 可见，我国残疾人的受教育程度明显提高。

与此同时，随着年龄的不断降低，残疾人口受教育程度的性别差距亦在逐渐缩小。以小学受教育程度为例，65 岁以上组男性比例高于女性 27.7

---

① 张新龙. 残疾人受教育程度与 19 年前相比有很大提高 [Z]. 新华网，2007 年 5 月 29 日. http://news.xinhuanet.com/video/2007-05/29/content_6167875.htm.

个百分点，在55~64岁年龄组男性比例仅高于女性11.2个百分点，到45~54岁组男女比例基本持平。进一步观察6~24岁年龄组的残疾人口，男女两性的受教育水平在各个层次的差距甚微（见表3-1）。这表明，我国在保障女性残疾儿童少年的受教育权利方面取得了很大进步。

表3-1 分年龄组的残疾人口受教育水平　　　单位:%

年龄组	不识字或未上过学		小学		初中		高中/中专		大学专科及以上	
	男	女	男	女	男	女	男	女	男	女
6~14	34.32	35.62	58.93	57.81	6.67	6.57	0.07	0.00	—	—
15~24	34.94	39.00	27.56	29.19	29.82	24.71	6.95	5.88	0.72	1.21
25~34	27.22	38.83	30.29	30.50	32.29	22.60	8.32	6.03	1.88	2.04
35~44	20.74	33.72	30.68	33.31	35.56	24.59	10.99	7.51	2.03	0.87
45~54	20.79	42.54	33.96	31.87	30.72	17.68	13.07	7.29	1.47	0.62
55~64	23.62	50.27	45.81	34.66	22.28	11.21	6.35	3.14	1.93	0.73
65+	38.28	79.62	42.74	15.07	11.28	3.02	5.03	1.55	2.66	0.73
合计	30.05	61.04	39.38	24.48	21.20	10.22	7.32	3.46	2.05	0.80

资料来源：根据2006年第二次全国残疾人抽样调查数据计算。

2. 残疾儿童少年的义务教育发展较快

我国残疾儿童少年的义务教育体系是以随班就读和特教班为主体、特殊教育学校为骨干的格局。目前，全国普通学校附设特教班达2800多个，吸纳了在校接受义务教育的残疾儿童少年总数的70%。这种融合教育模式为残疾儿童少年营造了良好的学习和交往环境，有助于他们心理健康和个性的发展，进而增强其适应健全人社会的能力。

中国教育统计年鉴数据显示，改革开放后我国义务教育阶段的特殊教育在机构数量、在校生数和专任教师数三方面都逐年增加，且增量显著（见表3-2）。1978年全国特殊教育学校仅有292所，在校学生3.1万人，专任教师0.4万人；1990年全国特殊教育学校增至746所，在校学生达7.2万人，专任教师1.4万人。自《残疾人保障法》实施后，1990~1998年间特殊教育进入了快速发展时期，8年间学校数和专任教师数均增加了1倍，在校生数则扩充了4倍。此后，特殊教育稳步发展，截至2010年底，特殊教育学校扩至1706所，在校学生达42.6万人，专任教师4万人。中国残疾人事业统计年鉴数据显示，全国未入学适龄残疾儿童少年总数从 2000 年的 390611 人降至 2010 年的 144794 人，其中，视力残疾 16506 人（11.4%）、听力言语残疾 26727 人（18.5%）、肢体残疾 36789 人（25.4%）、智力残疾 36676 人（25.3%）、精神残疾 7895 人（5.5%）、多重残疾 20201 人（13.9%）。①

表 3-2　1978~2010 年我国特殊教育的学校数、在校生数和专任教师数　单位：所，万人

年 份	学校数	专任教师数	在校生数	年 份	学校数	专任教师数	在校生数
1978	292	0.4	3.1	1997	1440	2.9	34.1
1980	292	0.5	3.3	1998	1535	3.0	35.8
1985	375	0.7	4.2	1999	1520	3.1	37.2
1986	423	0.8	4.7	2000	1539	3.2	37.8
1987	504	0.9	5.3	2001	1531	2.9	38.6
1988	577	1.1	5.8	2002	1540	3.0	37.5
1989	662	1.2	6.4	2003	1551	3.0	36.5
1990	746	1.4	7.2	2004	1560	3.1	37.2
1991	886	1.6	8.5	2005	1593	3.2	36.4
1992	1077	1.9	13.0	2006	1605	3.3	36.3
1993	1123	2.0	16.9	2007	1618	3.5	41.9
1994	1241	2.3	21.1	2008	1640	3.6	41.7
1995	1379	2.5	29.6	2009	1672	3.8	42.8
1996	1428	2.7	32.1	2010	1706	4.0	42.6

资料来源：中国教育统计年鉴（2011）。

2007 年以来，随着义务教育阶段"两免一补"等教育救助政策的全面施行，残疾儿童接受义务教育的比例不断上升，由 2007 年的 63.3% 上升到 2010 年的 71.4%，农村残疾儿童接受义务教育的比例（70.5%）仍低于城市（75.7%）。② 与全国适龄儿童的义务教育水平相比仍有较大差距。

3. 学前教育和高中以上残疾人教育发展加速

---

① 中国残联编.《中国残疾人事业统计年鉴—2011》[M].中国统计出版社，2011.
② 2010 年度中国残疾人状况及小康进程监测报告.中国残联官方网站.2011 年 7 月 20 日，http://www.cdpf.org.cn/2007special/zkjc/content/2011-07/20/content_30347148.htm.

残疾儿童学前教育是一个新兴的事业和学科，以特殊学校设立的学前班和各种康复教育机构为主，以普通幼儿园为辅。中国残联与卫生部、公安部、国家统计局、联合国儿童基金会共同组织的中国 0~6 岁残疾儿童抽样调查数据显示，我国 3~6 岁残疾儿童接受学前教育的比例与全国 3~6 岁儿童入园率差距不大①。近几年，一些地区对我国残疾儿童学前教育进行了积极探索，并取得初步成效。比如，截至 2010 年，北京市教委授予全市 37 所幼儿园为"学前儿童特殊教育示范教育基地"园，确保全市每个区县都有特殊学前儿童随班就读示范基地园。当前这些示范基地已经发展成为北京市特殊学前教育随班就读教育训练基地、特教师资培训基地、特殊儿童教育研究基地，同时为区域内残疾儿童家庭开展教育咨询服务。②

20 世纪 90 年代初，我国高级中等特殊教育基本处于空白状态，进入 21 世纪后，发展十分迅速，为残疾人提供了进一步受教育的机会。2000~2011 年全国开办的特殊教育普通高中增加了 140 所，在校生数增加了 5398 人。截至 2011 年，全国特教普通高中班（部）达 164 个，在校生 7207 人；其中，聋高中 145 所，在校生 6198 人；盲高中 19 所，在校生 1009 人（见表 3-3）。

高等特殊教育是社会文明和时代发展的一个重要标志。目前，残疾人高等教育的发展也正处于上升阶段，全国有 33 所开办各类高等特殊教育的学校，具备博士、硕士、本科、专科四个办学层次，以本、专科为主，③残疾人既可以进入普通高等院校，也可以接受特殊高等教育。多年来，进入高等教育机构学习的残疾人数逐年增加，1996~2011 年全国共有 70806 名残疾人被高等教育机构录取。同时，各地兴办的成人教育、电视大学、高等教育自学考试均为残疾人接受高等教育提供了机会。

---

① 王培峰. 学前教育的结构性失调及其对策——兼论残疾儿童学前教育安排的政策思路 [J]. 中国教育学刊，2011（6）：9~12.

② 张磊. 我国残疾儿童学前教育开展状况述评 [J]. 上海教育科研，2011（10）：83~86.

③ 刘建岭. 高等特殊教育均衡发展探析 [J]. 教育科学，2012（1）：66~70.

表3-3　2000~2010年我国高级中等以上特殊教育的发展　　单位：所，人

年　份	高等院校录取人数	高级中等教育	
		特教高中	在校生数
2000	2329	24	1809
2001	2751	18	1561
2002	3456	27	1171
2003	3899	31	1698
2004	4946	53	2416
2005	5239	67	3891
2006	5134	69	4192
2007	6320	83	4978
2008	7305	95	5464
2009	7782	104	6339
2010	8731	99	6067
2011	8027	164	7207

资料来源：中国残疾人事业统计年鉴（2001~2011）。

4. 建立了特殊教育的师资培养体系

随着特殊教育的快速发展，对特殊教育师资的需求也极大地增加。1982年，我国建立了第一所中等特殊教育师资培训机构——南京特殊教育师范学校，为全国各地培养盲、聋、智力残疾三类特殊教育学校的教师。到1995年，这类特殊教育师范学校已基本遍布全国大多数省份，一些师范大学开始建立特殊教育专业。1986年北京师范大学教育系首先设立了特殊教育专业，首次在全国招收了15名特殊教育专业的本科生；1988年华东师范大学心理系、1990年华中师范大学教育系、1993年西南师范大学、陕西师范大学教育系相继建立特殊教育专业。在中等师范升格的过程中，原中等特殊教育师范学校也采取多种方式升格为高等师范教育。目前，很多师范大学还建立了特殊教育硕士点和博士点。30年来，中国特殊教育的师资培养从无到有，从仅有中师到建立高师、学院（系），从培养中师生、大学本科生到特殊教育硕士生、博士生，从地方自办到国家有计划举办，基本建立了特殊教育师资的培养体系，为残疾人教育事业的稳步发展提供

了保障。①

5. 特殊教育教学的研发工作稳步前进

特殊教育教材、学具、教具和其他辅助用品，是发展特殊教育的必备手段，也是特殊教育区别于普通教育的重要标志。我国对盲文和手语的研究应用已有多年历史，新中国成立之初全国已普遍推广现行盲文，之后，国家投入了大量人力、物力进行盲文改革，《中国盲文民族器乐符号集成》、《中国盲文数、理、化符号集成》已在全国推广使用。1988年，我国出版了统一规范的《中国手语》，1990年出版《中国手语（续）》。2001~2003年，中国残联又组织专家对《中国手语》进行了修订，此后相继编辑了《计算机专业手语》、《美术专业手语》、《理科专业手语》和《体育专业手语》，不断丰富手势词汇。为推广《中国手语》，中国残联于2006年组织专家编写《中国手语日常会话》及配套软件，拍摄了《牵手》系列情景剧。②

我国特殊教育的科研工作也取得了丰硕成果。全国最早的特殊教育研究中心于1988年在北京师范大学建立，同年，中央教科所也建立了特殊教育研究室。随后，一些大学和教育研究机构也纷纷建立了特殊教育研究所（室），积极开展特殊教育的教学科研工作和特殊教育辅助用具的研究开发，出版了大批特教教材和文集，内容涉及残疾儿童的康复训练、教育教学法、心理健康咨询、盲文课本、手语课本、智力残疾儿童辅读教材、特殊学校的管理等诸多方面，有效地将特殊教育学与医学、心理学、管理学等学科相融合，以满足不同类型残疾人的多样化需求，帮助残疾人接受教育。

二、残疾人教育整体水平有待提高

目前，我国正在大力发展残疾人教育，但由于一些政策的实施（如中小学撤并）和发展水平的制约，现实中残疾人教育仍然存在许多问题，影响了残疾人平等接受教育的机会。

---

① 朴永馨. 新中国特殊教育的十大变化 [J]. 教育学术月刊, 2009 (6)：3~6.
② 申知非主编.《中华人民共和国残疾人保障法》释义. 中国民主法制出版社, 2008年6月. 94~97.

1. 残疾人的受教育水平仍较低

与普通教育和社会平均受教育状况相比,我国残疾人的受教育水平仍滞后于教育改革发展目标的要求和广大残疾人参与社会生活的愿望。

首先,从不同受教育水平来看,2010 年第六次人口普查数据显示,我国 15 岁及以上人口的文盲率为 4.08%,而 15 岁及以上残疾人口的文盲率高达 44.28%,后者是前者的 10 倍。全国每十万人口中拥有大学、高中和初中文化的人数分别为 8930 人、14032 人和 38788 人,与 2006 年第二次全国残疾人抽样调查数据相比,分别是每十万残疾人口中相应文化程度人数的 7.8 倍、2.9 倍和 2.6 倍。可见,随着教育层次的提高,残疾人与健全人的差距越大,说明残疾人高等教育的发展更为薄弱。

其次,残疾儿童少年的义务教育入学率低。残疾儿童教育仍然是我国普及初等教育最薄弱的环节,他们的入学机会远远低于普通儿童,教育公平尚未落实。目前,全国普通适龄儿童接受义务教育的比例已达到 99.7%,而 2010 年残疾儿童接受义务教育的比例仅为 71.4%,还有超过 1/4 的残疾儿童无法接受教育。本次立法后评估的问卷调查结果显示,30 岁以下的残疾人中有 23% 的人从未接受过教育,农村地区的该项比例高达 33%。20 世纪末我国农村地区实行"撤点并校"政策,上学路途变远,交通安全风险和上学费用增加,是造成部分残疾儿童无法接受义务教育的原因之一。因此,提高我国农村地区残疾儿童少年的义务教育入学率是残疾人教育工作的重中之重。

再次,高级中等教育和高等教育的升学率更低。2010 年,我国普通学校的初中毕业生和高中毕业生的升学率分别为 87.5% 和 83.3%,而特殊高中教育仅仅面向盲生和聋生,升学率不足 5%,占比最高的智力残疾生的高中升学率为零,残疾高中毕业生接受高等教育的比例不及 40%,远远低于普通学生的升学率。日本文部省公布的统计数据显示,2003 年日本盲、聋、智力残疾三类残疾初中毕业生的升学率均为 100%,三类残疾高中毕业生的大学升学率分别达到:盲生 48.1%,聋生 52.6%,智力残疾生 1.5%。[①] 与日本相比,我国残疾青少年的初高中升学率明显偏低,很多残

---

① 王康. 日本的特殊教育及其对中国的启示 [D]. 延边大学硕士论文,2011.

疾学生初中毕业即失学或失业，甚至一些人在初中毕业后又回到了原来的生活状态，从整体上影响了残疾人素质的提高。形成这一局面的主要原因有两点：一是义务教育阶段的教学质量低，残疾儿童少年的前期教育积累少，不能适应更高层次的教育模式；二是学习内容有限，就业困难，致使一些残疾人放弃继续求学的机会。

2. 残疾人教育资源严重不足

我国的残疾人教育资源主要集中在义务教育阶段，其余各个教育层次的资源都非常匮乏，成为残疾人公平接受教育的最大阻碍。

以学前教育为例，听障儿童、智障儿童、肢残儿童接受学前教育的比例较高，盲童的学前教育机构很少。据不完全统计，国内长期开办的盲童学前教育机构仅有9所。①

从职业教育看，存在的问题不仅是学校数量少，同时还由于我国开展的中等职业特殊教育在课程设置和教育方式上对残疾人的特点考虑不全面，导致教学内容与就业衔接性不强，影响残疾人的就学选择；加之职业学校硬件设施不达标、专业教师数量不足以及缺乏教育主管部门的政策导向和统一管理②，使得全国中等职业特殊教育的发展处于低迷状态，发挥作用有限。

残疾人可选择的高等教育资源更为贫乏，全国以残疾人高等教育为主的院校只有16所，每年招生人数不超过1500人。同时，特殊高等教育专业设置单一也是残疾人高等教育的突出问题。很多院校专业设置雷同，有些学校近乎照搬已有院校的教学模式，一方面不能为残疾人提供更多的选择，另一方面加剧了各院校之间的恶性竞争，有限专业的人才饱和还造成了残疾学生的就业障碍。实际上，残疾人的学习范围和可以从事的工作种类很广。以聋生为例，在国内聋人所选择的系或者专业主要为工科或者美术类等专业；而在美国、日本等发达国家，许多聋人选择学习语言、法律、心理咨

---

① 王培峰. 学前教育的结构性失调及其对策——兼论残疾儿童学前教育安排的政策思路[J]. 中国教育学刊，2011（6）：9~12.

② 李霞、曲学利. 浅谈残疾人中等职业教育的现状与发展[J]. 基础教育参考，2009（8）：4~7.

询等专业,但是,在我们的观念里,聋人是基本不能选择这些专业的。① 因此,应当继续拓宽残疾人高等教育的专业设置,以增强其就业竞争力。

此外,我国目前对残疾人辅助教学用具、教材等的开发主要围绕学龄前、小学和初中阶段开展,且以课堂教学的辅助用具为主,层次较低,无法满足残疾人日常生活中的学习实践活动和追求更高文化层次的需求。

3. 残疾人教育资源的地区分布不均衡

受地区经济社会发展水平的影响,我国残疾人教育资源的区域分布极不均衡。中国残疾人事业统计年鉴数据显示,义务教育阶段的特教学校在东中西部的比例分布为 44.9%、32.2% 和 22.9%,而东中西部地区学龄残疾儿童少年的比例分布为 34.1%、35.4% 和 30.5%。可见,东部地区的教育资源较为丰富,西部地区的教育资源比较缺乏,教育资源的分配不均直接影响适龄残疾儿童的入学情况。比如,2010 年未入学适龄残疾儿童少年有 50% 在西部。此外,我国已建立的几所特殊高等教育学校全部在东部或中部省份。有学者指出,我国急需在西部高校增设特殊教育专业教育硕士的培养,以促进特殊教育在各地区的协调发展②。《残疾人保障法》实施状况调查结果显示,有 17.2% 的残疾人在教育中面临的主要问题是没有特殊教育机构,而位于中西部的湖南省和四川省的该项比例则明显较高,达 25%,且农村的比例更高,接近 1/3。因此,应关注中西部地区特殊教育的发展,中西部的农村地区更是重中之重。

4. 残疾人教育的师资力量薄弱

我国残疾人教育的教师队伍力量薄弱,主要体现在以下几个方面:(1) 教师缺口较大。生师比是用来衡量学校办学水平是否合格的重要指标。教育部门提供的统计数据表明,1990 年我国义务教育阶段特教学校的生师比为 5.22:1,2010 年这一比例上升为 13.09:1,略低于当前我国义务阶段普通在校生的生师比 16.5:1,但远远高于国家规定的标准 4:1。依据国家规定,我国义务教育阶段特教教师的缺口近 9 万人。(2) 专业化水平不高。我国残疾人教育的教师初始学历以中师中专为主,占 42.3%,大专及

---

① 胡春萌. 残疾人高等教育现状调查 [N]. 天津日报,2012 年 4 月 27 日. 第 019 版.
② 汪丽娟、赵斌、吴金航. 论西部高校增设特殊教育专业教育硕士培养的必要性和可行性 [J]. 中国成人教育,2011 (1):90~92.

以上学历占 54.7%。初始学历专业以非特殊教育专业为主，占 68.1%，导致半数以上的特教教师专业知识不足、专业技能欠缺，还有 38.8% 的教师处于消极工作状态。① 也就是说，相当一部分教师不能适应残疾人的教育教学工作。影响教师从事残疾人教育工作的主要因素是社会认可度低、政策倾斜不够和教师的职后培训不足。② 比如，目前多数地区还在执行上世纪 50 年代制定的特种岗位津贴标准，特教教师的工作积极性不能充分调动；很多地区只有特教教师有编制，而物理治疗师之类的康复师以及社工，都无法通过编制进入学校，而他们又是特殊教育所必需的。③

5. 经济困难仍然是残疾人教育面临的最大障碍

虽然扶残助学活动已开展多年，北京、天津、安徽等各地区颁布的《残疾人保障条例》也将资助残疾学生和残疾人家庭的学生作为重要内容。但是，由于我国残疾人基数大，扶残助学活动的覆盖范围有限，加之残疾人的学习还需要各种特殊支持（如购置辅助的用具用品），开销远远大于普通学生，即使免掉了学杂费和书费，家长也承担不起住宿费、伙食费、交通费等费用。比如，盲童学习需要用盲文写字板和盲文纸，而最便宜的盲文纸一张也要 0.15 元。本次立法后评估问卷调查发现，66.2% 的残疾人表示在接受教育时遇到的主要困难是经济问题，农村地区的残疾人面临经济问题的比例为 69.5%，略高于城镇地区的该项比例（63%）。可见，经济困难仍然是残疾人教育面临的最大障碍。

随着我国经济社会发展水平的不断提高，以及人们对待残疾人教育观念的转变，残疾人教育将越来越受到党和政府各级部门的重视。中国残疾人事业"十二五"发展纲要明确提出了新时期残疾人教育的主要任务："完善残疾人教育体系，健全保障机制，提高残疾人受教育水平；适龄残疾儿童少年普遍接受义务教育，提高残疾儿童少年义务教育质量；发展残疾儿童学前康复教育；大力发展残疾人职业教育，加快发展残疾人高中阶段

---

① 王雁、肖非、朱楠等. 中国特殊教育学校教师队伍现状报告 [J]. 现代特殊教育, 2011 (10): 4~9.

② 陈韵竹. 教师专业发展背景下特殊教育教师继续教育问题及对策研究 [D]. 四川师范大学硕士论文, 2010: 21~24.

③ 王砚文. 特殊教育急需增容增编 [N]. 北京日报, 2012 年 1 月 16 日. 第 005 版.

教育和高等教育；减少残疾人青壮年文盲。"残疾人接受教育的需求正在逐步增加，今后残疾人教育将在数量上进一步发展，在教育体系、教育观念、办学模式、办学质量和理论探索等方面逐步完善，我国残疾人教育的发展将迎来新时期。

6. 教育歧视问题仍然存在

教育歧视的存在已成为制约我国残疾人事业发展的瓶颈。残疾人的教育歧视体现在招生、学校管理、师生关系、同学关系等多个方面。2009年开展的一项抽样调查结果显示，受访者认为残疾人在招生入学、学校管理、同学关系和师生关系中受到歧视的比例分别是75.5%、25%、16%和23%。[①] 本次立法后评估中对政府工作人员的调查也发现，51.2%的人认为"残疾人在学校容易受歧视"，还有26.6%的人认为"学校不愿意接受残疾人入学"。而对残疾人的问卷调查显示，教育歧视现象的发生率大为降低，只有1/5的残疾人表示在学校接受教育时受到过歧视，城镇和农村地区的残疾人受到教育歧视的比例分别为16.0%和24.2%，城乡差异明显。尽管残疾人自身对教育歧视的体会远远低于社会公众的感受，但是残疾人的教育歧视问题仍不容忽视，还需通过完善残疾人教育的法律制度、提高残疾人的维权意识和增强社会公众的支持等手段来消除教育领域对残疾人的歧视。

[①] 王治江、张源等. 残疾人教育歧视现状调查及对策研究 [J]. 中国残疾人联合会编. 中国残疾儿童现状与需求调查研究 [M]. 华夏出版社，2011：182~222.

第五节 相关建议

《残疾人保障法》对教育部分的规定是对《宪法》和《残疾人权利公约》有关条款的延伸和具体化,基本涵盖了较为全面的教育内容。但是,《残疾人保障法》和相关的法规政策文件在制度设计上仍存在一些不足之处,比如,倡导性强,约束性小,法律法规的可操作性差和执行力度弱。特别是《残疾人教育条例》已出台十多年,其内容明显滞后于经济社会的快速发展和残疾人事业的进步。为更好地贯彻落实《残疾人保障法》,保障残疾人的受教育权利,提出以下几条建议。

一、促进残疾人教育法律法规的完善和实施

1. 细化或增加相关法律条款,明确法律责任

首先,应明确各级人民政府、社会、学校、残疾人及其家庭等各行为主体在残疾人教育中的权利和义务,重点加强对政府和普通教育机构应承担的责任规定,并增加对未履行法律规定义务的问责条款,突出法律条款的指导性,避免有关部门执行时以"不知道该怎么具体操作"、"没有可以借鉴的模式"等为借口,相互推诿。同时,努力构建政府、社会、学校、家庭一体化的残疾人教育综合支持体系。

其次,细化残疾儿童随班就读的具体办法、程序和保障体系,详细规定残疾儿童少年教育师资的培养、培训和聘任办法等方面内容,从立法层面保障残疾儿童少年的教育质量。

再次,应针对3岁以前残疾婴幼儿早期康复和教育干预、残疾学生评估鉴定、残疾学生在不同教育阶段之间的转衔服务等方面增加具体规定,

明确政府、教育机构、医疗机构等部门的职责和具体程序。①

2. 进一步落实残疾人教育的各项法律规定和政策措施

一是要加强执法检查。重点检查各地对《残疾人保障法》、《义务教育法》、《残疾人教育条例》等法律法规的相关规定的落实情况，尤其应重点检查残疾人教育经费的落实情况、残疾人教育资源配置情况以及残疾人教育的特殊保障措施落实情况等。二是建立残疾人教育的考核机制。对各地区残疾人教育规划制定和目标实现进行监督，督促各地区出台符合法律法规要求、符合残疾人教育发展实际和社会经济发展状况的残疾人教育发展规划目标，并对规划目标的实现进行中期和期末考核，并建立以考核结果为基础的奖惩、问责机制。

二、加大特殊教育经费投入和管理

我国整体财政性教育支出占 GDP 的比重一直低于国际平均水平，在这一背景下，残疾人教育的投入也是捉襟见肘，而且使用不规范的情况时有发生。残疾儿童少年的教育具有特殊性，需要一些专用的教育设备，推行个性化教育教学，师生比例低于普通中小学，这些因素决定了需要比普通教育更多的经费投入。因此，进一步加大财政投入，健全特殊教育经费的投入和使用保障机制是实现特殊教育社会功能的根本所在。建议在相关法律法规中增加如下几方面的具体规定：（1）进一步明确政府在残疾人教育投入方面的职责。（2）在教育财政投入中单列残疾人教育经费，并根据各地具体情况规定残疾人教育经费投入占全部教育投入的最低比例；尤其应增加随班就读残疾儿童少年的教育经费投入。（3）制定各级各类学校残疾学生的生均教育经费标准。如新疆维吾尔自治区从 2010 年起残疾儿童少年的生均公用经费按照普通学校学生的 5~8 倍拨付。（4）提高特教师资的津贴水平。我国现行的特教津贴仍为教育部 1956 年印发的《关于 1956 年全国普通教育、师范教育事业工资改革的指示》标准，其中规定："对于盲聋哑中小学的员工，按中小学工资标准评定外，对教员、校长、教导主任

---

① 庞文. 我国特殊教育法律研究综述及立法建议 [J]. 宁波大学学报（教育科学版），2011（4）：13~16.

还应按评定之等级工资，另外加发15%，以表示鼓励。"一些地区已根据当地的实际情况，对此进行了调整，如新疆将特殊教育教师的补助费在现行15%的基础上又增加了15%；福建省将津贴标准从15%提高到25%。(5) 建立残疾人教育经费的使用和监督管理制度，确保残疾人教育能得到足够的资金支持，也确保经费用在了每位残疾儿童少年身上。

此外，目前我国残疾人教育经费的投入主要依靠国家和政府，还要鼓励和引导社会力量参与到残疾人教育事业中来，在法律法规和政策文件中给予优惠和支持，建立多元化的投入保障机制。

三、加快残疾人教育的基础设施建设

基础设施建设是残疾人教育的基本保障。针对我国残疾人教育资源匮乏、学校建设不符合标准的现状，提出以下几点建议：（1）加强特教学校建设，提高特教学校的数量和软硬件质量，特别重视中西部地区特教学校的新建、改建和扩建工作。（2）加快普通学校的无障碍环境改造。按照《特殊教育学校建设标准》，在残疾人教育投入中列出专项经费用于无障碍设施的改造，确保残疾人拥有无障碍的教育环境。（3）鼓励民营资本参与残疾人教育事业的发展，在政策上给予优惠和支持。当前在以政府为主，加快发展残疾人教育的同时，还应鼓励民营资本共同参与残疾人教育，不仅可以弥补教育经费的不足，而且有助于形成残健融合的文明进步的社会环境。

四、加强残疾人职业教育

发展残疾人职业教育与培训，是适应市场经济需求，提高残疾人职业技能和整体素质的重要途径。从当前我国残疾人职业教育的发展状况看，应将以下两方面作为工作的重点。

1. 增加学校数量、扩大招生范围

残疾人职业教育面临的主要问题是学校数量少、招生范围窄。受师资、教学设备等软硬件教育资源的限制，建议在有条件的地区增加学校数量，扩大办学规模；而在教育资源短缺地区可将现有的成人职业技术学校、农业技术学校等资源进行整合，共同开展残疾人职业教育。其次，要放宽职业学校的招生范围，将学员界定为最广大的有劳动条件、有劳动愿望的所有残疾人，并根据他们的残疾程度，开展合适的技能培训项目。

2. 合理设置专业方向，加强职业教育与就业的衔接

我国残疾人职业教育的突出问题是与劳动力市场的联系不紧密，开展的技能培训不能满足残疾人就业市场的需求，尚未形成与企业合作的订单式培训模式。残疾人职业教育的目的就是就业。因此，开展残疾人职业教育和培训，要不断深入调查了解就业市场的变化，根据就业市场需求确定培养目标，合理设置专业方向，使残疾学员的知识结构、能力结构与社会需求相吻合，以满足市场的需求，从而促进残疾人充分就业。

五、重视特殊教育师资力量培养和教材开发

师资的专业化水平是决定残疾人教育质量的关键因素。随着我国残疾人教育事业的发展，残疾儿童少年的入学人数逐渐增多，再加上高级中等以上教育的推进，现有的师资力量难以满足残疾人受教育的需求。为提高特教教师的数量和专业化水平，稳定教师队伍，建议：（1）在普通师范院校或综合类院校的课程设置上增加部分特殊教育课程；（2）制定特教教师的专业标准，实施特教教师资格证书制度；（3）增加教师培训投入，调整培训内容结构，提高培训层次；（4）提升特教教师的专业地位，营造有利于其发展的立体化环境。

特教教材对发展残疾人教育具有重要意义。在信息技术广泛应用的时代，相关部门应积极探索和推动现代化教学手段在残疾人教育中的应用，吸收电子通讯、网络工程等现代化教育方式，使特教教材更适合残疾人的特点，方便其快捷地接受现代信息，提高教育质量。

六、加大残疾儿童教育资助力度

随着我国经济社会发展，人民的生活水平不断提高，实现了由温饱到总体上达到小康的历史性跨越。然而，在这样的经济社会背景下，经济困难依然是残疾人接受教育的最大障碍，这一现实与我国社会经济的总体发

展水平不相适应。当前各级政府和有关部门实行的"减、免、补、奖、助"政策都是零星分散于相关法律法规或政策文件中，多以项目或试点的形式在执行，尚未形成长效机制，导致覆盖范围有限，缺乏可持续性。同时，现行的"两免一补"政策在解决残疾儿童少年接受教育的经济负担方面所发挥的作用微不足道。因此，亟须建立专项残疾儿童教育资助制度，整合现有资源，增加补助项目，如对交通费、住宿费和学习用品用具费用等都给予一定补贴，扩大补助范围，提高补助标准，逐步实现面向全体残疾学生、包含各级各类特殊教育的免费教育，彻底解决残疾人"上得了学"的问题。

第二部分　分报告

第四章

残疾人就业状况评估报告

第一节 评估意义

一、就业是残疾人平等参与社会生活的重要体现

实现残疾人平等参与社会是我国残疾人工作的核心目标,就业则是残疾人平等参与社会的重要体现。实现就业机会和权利的平等则是残疾人平等参与社会的重要内容。对于大多数具有劳动能力的残疾人,可以按照工作标准从事劳动,实现其就业机会和权利的平等,保障其平等地参与就业,不仅就业过程本身是在促进其平等参与社会,同时还可增强其自立能力和经济独立,进一步促进其获得其他平等参与社会的机会。

二、就业是残疾人的基本权利

联合国《残疾人权利公约》明确提出,缔约国确认残疾人在与其他人平等的基础上享有工作权,包括有机会在开放、具有包容性和对残疾人不构成障碍的劳动力市场和工作环境中,为谋生自由选择或接受工作的权利。为保障和促进工作权的实现,包括在就业期间致残者的工作权的实现,缔约国应当采取适当步骤。我国是《残疾人权利公约》的缔约国。我国2008年修订的《残疾人保障法》第三十条明确规定:"国家保障残疾人劳动的权利。"

三、就业是残疾人参与社会分配的重要方式

在现代社会经济生活中,社会大分工的发展使人们的大部分需求满足必须通过货币化的交易来实现,获取收入则往往是进行这类交易的前提,就业则是人们获取收入的一般途径。残疾人要获取收入,也大部分必须通

过劳动就业来实现。同时，在国民经济分配格局中，初次分配是最主要的一个环节。初次分配指国民总收入直接与生产要素相联系的分配。初次分配解决的主要是货币资本所有者与人力资本所有者的利益分配问题。残疾人要参与社会分配，也必须参与初次分配过程，即需要通过就业，投入一定的人力资本，参与按生产要素投入所进行的初次分配过程，获取相应的报酬。

四、就业是改善残疾人状况的重要途径

随着社会的发展，不仅要改善残疾人的生存状况，而且要保障残疾人的发展权，促进残疾人发展。就业是改善残疾人状况和促进残疾人发展的一个重要途径。实现残疾人就业可以提高残疾人的收入水平，增强残疾人解决自身问题的能力，改善残疾人的生活质量，提升残疾人的社会地位，促进残疾人全面融入社会生活；同时，实现残疾人就业也有助于解决残疾人在医疗、教育、社会保障、文化生活等方面遇到的困难和问题。总之，对于具有劳动能力的残疾人，改善其状况、促进其发展的根本出路还在于促进其就业。

因此，残疾人就业状况评估对全面评估《残疾人保障法》而言十分重要。残疾人就业状况不仅关系到残疾人的个人生存状况、价值实现和社会参与，而且关系到残疾人问题的解决和社会稳定及社会发展。本报告试图通过对残疾人就业状况的评估，发现目前残疾人就业方面的问题，进而提出相关政策建议，以推动残疾人就业保障工作，改善残疾人就业状况。

第二节 评估内容

一、《残疾人保障法》有关就业的主要内容

1991年实施的《残疾人保障法》以及2008年修订后的《残疾人保障法》中，关于残疾人就业的规定均在"第四章劳动就业"中。

1991年实施的《残疾人保障法》关于残疾人就业的内容在第二十七条到第三十五条中进行了规定，涉及残疾人的劳动权利、解决残疾人就业的方针和措施、安排残疾人就业的方式、对残疾人福利企业和残疾人个人的就业优待措施以及残疾人职业培训等方面。为了适应社会发展的新变化，2008年修订后的《残疾人保障法》关于残疾人就业的内容进一步丰富，更加明确了国家实行按比例安排残疾人就业的制度，并根据社会经济的发展情况，对残疾人就业的优待措施进行了一定程度的调整，增加了残疾人就业服务的相关内容，同时明确提出了禁止强迫残疾人劳动。修订后的《残疾人保障法》关于残疾人就业的主要内容有：

1. 明确了国家保障残疾人劳动权利的职责。劳动权利是我国宪法规定的基本公民权利之一。《残疾人保障法》第三十条第一款明确规定，"国家保障残疾人劳动的权利"。同时，残疾人实现劳动权利，必须具有一定的条件和环境，本法第三十条第二款规定，"各级人民政府应当对残疾人劳动就业统筹规划，为残疾人创造劳动就业条件"，明确了各级人民政府应该将残疾人劳动就业纳入国民经济和社会发展规划，纳入劳动规划和计划，统筹安排，并在此基础上，制定相应的政策和措施，为残疾人就业创造条件和机会，使更多的残疾人能实现平等就业和参与社会生活。

2. 明确了解决残疾人就业的基本方针和原则。《残疾人保障法》第三十一条规定："残疾人劳动就业，实行集中与分散相结合的方针，采取优惠政策和扶持保护措施，通过多渠道、多层次、多种形式，使残疾人劳动就

业逐步普及、稳定、合理。"本条明确了以下几点：一是残疾人劳动就业，实行集中与分散相结合的方针。集中就业是指国家和社会通过举办福利性企业和事业单位等，并确定一定比例的岗位，集中招用、聘用残疾人就业。分散就业是指国家机关、社会团体、企事业单位、民办非企业单位按一定比例，相对分散地安排残疾人就业，以及残疾人个体就业、自主创业和农村种植、养殖、家庭手工业等生产劳动①。二是对残疾人就业应该采取优惠政策和保护措施。《残疾人保障法》对残疾人劳动就业的优惠措施还做出了具体的规定（见后文）。三是国家通过多渠道、多层次、多种形式解决残疾人就业问题。多渠道是指国家实施残疾人就业保护政策和就业促进政策，拓宽残疾人就业渠道。多层次是指各级政府应该加强统筹规划和协调，社会各方面应该共同努力营造良好就业环境。多种形式是指集中就业、按比例就业、鼓励和支持自主就业、扶持农村残疾人从事生产劳动等形式解决残疾人就业问题。四是要使残疾人劳动就业逐步普及、稳定、合理。普及就是要提高残疾人的劳动就业率，稳定就是使残疾人能稳定地保持已经获得的就业机会和岗位。

3. 明确了集中安排残疾人就业的福利性单位范围和优惠措施。《残疾人保障法》第三十二条规定："政府和社会举办残疾人福利企业、盲人按摩机构和其他福利性单位，集中安排残疾人就业。"明确了集中安排残疾人就业的用人单位范围。同时，为了发挥上述用人单位稳定安排残疾人就业的作用，《残疾人保障法》还规定对残疾人福利性单位给予优惠和支持，根据本法第三十六条的规定，包括：税收优惠；生产、经营、技术、资金、物资、场地使用等方面的扶持；县级以上地方人民政府及其有关部门应当确定适合残疾人生产、经营的产品、项目，优先安排残疾人福利性单位生产或者经营，并根据残疾人福利性单位的生产特点确定某些产品由其专产；政府采购，在同等条件下应当优先购买残疾人福利性单位的产品或者服务。

4. 明确了国家按比例安排残疾人就业的制度。《残疾人保障法》第三十三条第一款规定："国家实行按比例安排残疾人就业制度。"第二款进一步对用人单位按比例安排残疾人就业的责任和义务作了明确规定："国家

---

① 申知非主编.《中华人民共和国残疾人保障法》释义. 中国民主法制出版社，2008.6：100.

机关、社会团体、企业事业单位、民办非企业单位应当按照规定的比例安排残疾人就业，并为其选择适当的工种和岗位。达不到规定比例的，按照国家有关规定履行保障残疾人就业义务。国家鼓励用人单位超过规定比例安排残疾人就业。"实际上，本条款已列举的方式明确了应当按照规定比例安排残疾人就业的单位。对于这些单位具体按照什么比例安排残疾人就业，《残疾人保障法》并没有做出具体直接的规定，而是在第三款规定"残疾人就业的具体办法由国务院规定"。按照国务院《残疾人就业条例》第八条的规定，安排残疾人就业的比例不得低于本单位在职职工的1.5%，同时授权省、自治区、直辖市人民政府根据本地区的具体情况规定具体比例。

5. 明确了支持残疾人自主就业从事生产劳动的责任主体。《残疾人保障法》第三十四条规定："国家鼓励和扶持残疾人自主择业、自主创业。"自主择业、自主创业是残疾人就业的重要方式，是按比例安排残疾人就业的重要补充。第三十五条规定："地方各级人民政府和农村基层组织，应当组织和扶持农村残疾人从事种植业、养殖业、手工业和其他形式的生产劳动。"农村残疾人占我国残疾人的比例近75%，由于长期受城乡二元体制等因素的影响，他们的生存状况更为困难，因此，对农村残疾人从事生产活动进行组织和扶持十分重要。《残疾人保障法》明确提出各级地方政府在此方面的责任和义务，有利于保障农村残疾人的劳动权利，促进农村残疾人的平等社会参与。第三十六条规定：国家对从事个体经营的残疾人，免除行政事业性收费；对申请从事个体经营的残疾人，有关部门应当优先核发营业执照；对从事各类生产劳动的农村残疾人，有关部门应当在生产服务、技术指导、农用物资供应、农副产品购销和信贷等方面，给予帮助。

6. 明确了就业服务机构为残疾人服务的职责。《残疾人保障法》第三十七条第一款规定："政府有关部门设立的公共就业服务机构，应当为残疾人免费提供就业服务。"该款一是明确了服务义务的承担者是政府有关部门设立的公共就业服务机构，二是明确了残疾人接受就业服务的无偿性，应当免费为残疾人提供就业服务。第二款规定："残疾人联合会举办的残疾人就业服务机构，应当组织开展免费的职业指导、职业介绍和职业培训，为残疾人就业和用人单位招用残疾人提供服务和帮助。"该款对残疾人联合会举办的残疾人专门就业服务机构的职责作了明确规定,首先明确了责任主体是残疾人联合会举办的残疾人就业服务机构,其次明确了服务的无偿性,再次明确了服务的内容和范围包括组织开展职业指导、职业介绍和职业培训,为残疾人就业和用人单位招用残疾人提供服务和帮助等。

7. 明确了残疾人用工单位的权利和义务。《残疾人保障法》第三十八条第一款规定:"国家保护残疾人福利性单位的财产所有权和经营自主权,其合法权益不受侵犯。"第二款规定:"在职工的招用、转正、晋级、职称评定、劳动报酬、生活福利、休息休假、社会保险等方面,不得歧视残疾人。"第三款规定:"残疾职工所在单位应当根据残疾职工的特点,提供适当的劳动条件和劳动保护,并根据实际需要对劳动场所、劳动设备和生活设施进行改造。"第三十九条规定:"残疾职工所在单位应当对残疾职工进行岗位技术培训,提高其劳动技能和技术水平。"

8. 明确禁止强迫残疾人劳动。《残疾人保障法》第四十条规定:"任何单位和个人不得以暴力、威胁或者非法限制人身自由的手段强迫残疾人劳动。"禁止强迫残疾人劳动的义务主体是所有单位和个人,任何单位和个人都不得以任何理由强迫残疾人劳动。任何以暴力、威胁或者非法限制人身自由的手段强迫残疾人劳动的行为都是法律所禁止的。

二、《残疾人保障法》有关就业规定的主要目的

《残疾人保障法》劳动就业相关规定主要基于以下三个目的:

一是维护残疾人的劳动就业权利。维护残疾人的劳动就业权利既是《残疾人保障法》就业相关规定的主要目的,也是其主要内容。2008年修订后的《残疾人保障法》在劳动就业部分明确了国家保障残疾人的劳动权利,是按照《宪法》公民享有劳动权利的规定,对残疾人的劳动权利的进一步明确,也是对联合国《残疾人权利公约》相关内容的进一步确认。

二是明确保障残疾人劳动就业权利的责任主体。第一,在总体上明确了国家对残疾人劳动权利的保障;第二,是规定了各级政府为残疾人就业创造条件和环境的义务;第三,明确了各级政府和相关组织为残疾人就业进行扶助和提供服务的职责;第四,明确了用人单位保障残疾人平等就业

的责任和义务；第五，明确了所有单位和个人不得强迫残疾人劳动的责任和义务。这些规定，从不同角度明确了各社会主体保障残疾人就业的相关责任，有利于保障残疾人的劳动就业权利的实现。

三是改善残疾人的就业状况，促进残疾人的社会参与。残疾人劳动就业相关规定的根本目的是提高残疾人的劳动就业率，增强残疾人的自强自立能力，促进残疾人平等参与社会生活。

三、残疾人就业评估的主要内容

根据《残疾人保障法》关于残疾人劳动就业的上述规定内容和立法目的，本次立法后评估将主要评估以下主要问题：

1. 《残疾人保障法》关于就业规定的实施保障状况如何？包括配套制度建设、资源投入力度等。

2. 残疾人就业服务体系的建设情况如何？重点关注残疾人就业服务体系建设的进展和就业服务的提供情况。

3. 城镇残疾人就业情况如何？重点关注集中就业和按比例安排就业的落实情况。

4. 农村残疾人就业情况如何？重点关注对农村残疾人就业的支持和扶助情况。

第三节 实施保障评估结果

一、促进残疾人就业的法律制度相对完善

1.《残疾人就业条例》进一步明确和细化了相关法律规定

为了落实《残疾人保障法》,促进残疾人就业,保障残疾人的劳动权利,2007年2月14日国务院第169次常务会议通过《残疾人就业条例》,自2007年5月1日起施行。《残疾人就业条例》以就业保护和就业促进为宗旨,对保护和促进残疾人就业的形式、内容、政府职责、社会义务、组织实施、保障措施和应当遵循的原则等做出了明确规定。主要在几个方面对残疾人就业进一步做出了明确和具体的规定:

第一,用人单位的责任。《残疾人就业条例》第二章对此进行了规定,主要内容包括:1)按比例安排残疾人就业的责任。《残疾人就业条例》要求,用人单位应当按照一定比例安排残疾人就业,并为其提供适当的工种、岗位;用人单位安排残疾人就业的比例不得低于本单位在职职工总数的1.5%;用人单位安排残疾人就业达不到其所在地省、自治区、直辖市人民政府规定比例的,应当缴纳残疾人就业保障金。2)安排残疾人集中就业的责任。《残疾人就业条例》规定,政府和社会依法兴办的残疾人福利企业、盲人按摩机构和其他福利性单位,应当集中安排残疾人就业;集中使用残疾人的用人单位中从事全日制工作的残疾人职工,应当占本单位在职职工总数的25%以上。3)保障残疾人正规、平等就业的责任。《残疾人就业条例》规定,用人单位招用残疾人职工,应当依法与其签订劳动合同或者服务协议;用人单位应当为残疾人职工提供适合其身体状况的劳动条件和劳动保护,不得在晋职、晋级、评定职称、报酬、社会保险、生活福利等方面歧视残疾人职工。4)提供职业培训的责任。《残疾人就业条例》规定,用人单位应当根据本单位残疾人职工的实际情况,对残疾人职工进行上岗、

在岗、转岗等培训。

第二,保障措施。《残疾人就业条例》第三章对此进行了规定。主要内容包括:1)开拓就业渠道和就业岗位。《残疾人就业条例》规定,县级以上人民政府应当采取措施,拓宽残疾人就业渠道,开发适合残疾人就业的公益性岗位,保障残疾人就业;县级以上地方人民政府发展社区服务事业,应当优先考虑残疾人就业。2)规范就业保障金管理和使用。如《残疾人就业条例》规定,依法征收的残疾人就业保障金应当纳入财政预算,专项用于残疾人职业培训以及为残疾人提供就业服务和就业援助,任何组织或个人不得贪污、挪用、截留或私分。3)对残疾人就业和从事生产劳动的扶持措施。包括对用人单位、残疾人的一系列税收优惠、免收部分行政事业费、信贷支持、技术支持等。

第三,就业服务。《残疾人就业条例》第四章对此进行了规定,本章重点对各级残联所属残疾人就业服务机构的免费就业服务进行了列举,包括:1)发布残疾人就业信息;2)组织开展残疾人职业培训;3)为残疾人提供职业心理咨询、职业适应评估、职业康复训练、求职定向指导、职业介绍等服务;4)为残疾人自主择业提供必要的帮助;5)为用人单位安排残疾人就业提供必要的支持。

第四,违法责任。《残疾人就业条例》第五章对此进行了规定,主要包括:1)对相关行政主管部门及其工作人员违法责任的规定。2)对贪污、挪用、截留、私分残疾人就业保障金的单位和责任人违法责任的规定。3)对用人单位未按规定缴纳就业保障金和弄虚作假的违法责任的规定。

《残疾人就业条例》的实施,对落实《残疾人保障法》中就业有关规定具有十分重要的作用。

2. 中央、国务院相关文件有力推动了相关规定的落实

1991年3月28日,《残疾人保障法》实施前,国务院就下发了《关于贯彻实施<中华人民共和国残疾人保障法>的通知》(国发〔1991〕23号文),要求各省、自治区、直辖市人民政府,国务院各部委、各直属机构全面贯彻落实残疾人保障法,各级政府和有关部门要实行优惠政策和扶持保护措施,通过集中与分散的多种途径,促进残疾人劳动就业逐步普及、稳定、合理。扶持民政部门、残疾人组织和社会举办残疾人福利企业,兴办

福利事业；鼓励、帮助残疾人个体开业和农村残疾人参加多种形式的生产劳动；地方政府要推动按比例安排残疾人就业，抓好调研、试点和推广，制定具体比例和实施办法。

2008年《残疾人保障法》修订通过前，中共中央、国务院出台了中央7号文件，要求认真贯彻促进残疾人就业的法律法规和政策措施，保障残疾人平等就业的机会和权利。依法推进按比例安排残疾人就业，鼓励和扶持兴办福利企业、盲人按摩机构、工（农）疗机构、辅助性工场等残疾人集中就业单位，积极扶持残疾人自主择业、自主创业。多形式开发适合残疾人就业的公益性岗位。党政机关、事业单位及国有企业要带头安置残疾人。完善资金扶持、税费减免、贷款贴息、社会保险补贴、岗位补贴、专产专营等残疾人就业保护政策措施。同等条件下，政府优先采购残疾人集中就业单位的产品和服务。将难以实现就业的残疾人列入就业困难人员范围，提供就业援助。加强残疾人职业培训和就业服务，增强残疾人就业和创业能力。切实将国家关于农村扶贫开发政策措施和支农惠农政策落实到农村贫困残疾人家庭，制定和完善针对残疾人特点的扶贫政策措施。扶持农村残疾人从事种养业、手工业和多种经营，有序组织农村残疾人转移就业，促进残疾人收入增加。

其后，各地党委、政府按照中央7号文件精神，纷纷出台了当地促进残疾人事业发展的意见，对残疾人就业相关政策进行了更为详细的制度安排，有力促进了《残疾人保障法》的贯彻落实和残疾人保障事业的发展。一些地区提出了更为具体的促进残疾人就业的措施，如北京市提出从2009年到2011年，对招用残疾人一年以上的各类用人单位，签订固定期限劳动合同的，给予每人每年3000元的岗位补助；签订无固定期限劳动合同的，给予每人每年5000元岗位补助；对超比例安排残疾人就业的用人单位，在现有奖励政策基础上，按照规定比例每超过1人再给予3000元岗位补助。

3. 各地出台实施办法等法规规章增加了相关法律规定的可操作性

1991年《残疾人保障法》实施后，各省（自治区、直辖市）均出台了残疾人保障法的实施办法，对贯彻落实残疾人保障法的各项内容进行部署，做好社会就业保护和就业促进工作是其中的重要内容，这些规定往往比

《残疾人保障法》更具体。如江苏省1993年通过的实施办法专门规定，国家分配的各类院校残疾毕业生，有关单位不得因其残疾而拒绝接收。河南省1993年通过的实施办法规定，对残疾职工做出辞退、除名等决定，应当征求其所在单位工会的意见，并告知当地残疾人联合会。

2008年《残疾人保障法》修订后，各地也纷纷修订了《残疾人保障法》的实施办法。根据《残疾人保障法》中劳动就业相关内容的修改，各地在实施办法中也作出了相应的调整，重点主要是加强了对按比例安排残疾人就业的相关规定和为残疾人就业提供服务和扶助的相关规定。如广东省修改后的实施办法，对用人单位按比例安排残疾人就业的比例及就业保障金的征收标准做出了具体规定，其中根据用工形式的变化，对以劳务派遣方式用工的也做出了规定：以劳务派遣形式用工的，应当由用人单位履行按比例安排残疾人就业或者缴纳残疾人就业保障金的义务。劳务派遣单位可以在劳务派遣协议中与用工单位约定残疾人就业保障金的缴纳事项。北京市修改后的实施办法要求，本市国家机关、事业单位、国有及国有控股企业安排残疾人就业未达到规定比例的，招录工作人员时应当单列一定数量的岗位，依照公开、平等、竞争、择优的原则和程序定向招录符合岗位要求的残疾人。

根据《残疾人保障法》要求，各地应该对用工单位安排残疾人就业的比例做出具体的安排。因此，在《残疾人保障法》实施后，在出台实施办法之外，各地还纷纷出台了《按比例安排残疾人就业办法》，按照要求对按比例安排残疾人就业的单位范围、残疾人比例、就业保障金的征收及其管理等做出了明确具体的规定，进一步增加了《残疾人保障法》相关规定的可操作性。如北京市1994年按比例安排残疾人就业办法中要求本市行政区域内的机关、团体、企业（福利企业除外）、事业单位都应当按照不少于本单位在职职工总数1.7%的比例安排残疾人就业。湖南省2006年的实施办法还明确给出了残疾人就业保障金的计算公式。特别是各地办法一般对残疾人就业保障金的使用范围进行了明确的规定，有利于充分发挥就业保障金的作用。

4. 各项具体政策和发展计划推动了相关法律规定的进一步落实

为保障《残疾人保障法》规定的残疾人享有的劳动就业权利和就业优

惠措施，相关部门出台了一系列文件，对残疾人就业做出了一些针对性的制度安排。如财政部 1995 年发布了《残疾人就业保障金管理暂行规定》，对各地收取的残疾人就业保障金收支管理进行了规范。1999 年，国务院办公厅转发劳动保障部等部门《关于进一步做好残疾人劳动就业工作若干意见的通知》（国办发〔1999〕84 号），对扶持残疾人集中就业、按比例安排残疾人就业、个体就业、农村残疾人从事生产劳动等做了进一步明确和强调。财政部、国税总局 2007 年发布了《关于促进残疾人就业税收优惠政策的通知》（财税〔2007〕92 号），对残疾人就业单位和残疾人个人的税收优惠条件和优惠办法等均做出了进一步的明确规定。国家税务总局、民政部、中国残联发布《关于促进残疾人就业税收优惠政策征管办法的通知》（国税发〔2007〕67 号），进一步明确了促进残疾人就业税收优惠政策的具体征管办法。

为了推动中国残疾人事业的发展，有关部门出台了多个残疾人事业五年计划纲要或发展纲要，在纲要中对残疾人就业问题做出了一些具体的计划安排，对落实《残疾人保障法》中就业相关规定起到了直接的推动作用。《中国残疾人事业"九五"计划纲要（1996~2000 年）》提出：要"完善残疾人就业服务网络，全面实施按比例安排残疾人就业，稳定福利企业，扶助残疾人个体开业、从事农业生产劳动，使残疾人就业率达到 80% 左右"。在《残疾人事业"十五"计划纲要（2001~2005 年）》则明确提出："采取积极的扶持和保护措施，规范残疾人就业服务体系；加强残疾人职业培训，使登记失业的残疾人都能得到职业指导和职业培训；就业率达到 85% 左右。"《中国残疾人事业"十一五"发展纲要（2006~2010 年）》明确提出了残疾人就业的多项目标及主要措施："完善残疾人就业的法律、法规和政策体系。城镇新增残疾人就业 75 万人，农村残疾人稳定就业 1800 万人。残疾人就业服务机构服务能力显著提高，残疾人就业服务需求得到基本满足。登记失业、求职的残疾人普遍得到职业指导和职业培训。培养、培训盲人按摩人员 5 万名，其中医疗按摩人员 1 万名、保健按摩人员 4 万名，使盲人按摩人员总数达到 14 万名。"《中国残疾人事业"十二五"发展纲要（2011~2015 年)》又提出了"完善残疾人就业促进和保护政策措施，稳定和扩大残疾人就业，提高残疾人就业质量，鼓励残疾人创业,城镇新就业残疾人100万人","规范残疾人就业服务体系,有就业需求的各类残疾人普遍获得就业服务和职业技能培训"等主要任务,并提出了"全面推进按比例安排残疾人就业政策的落实"、"实施百万残疾人就业工程"等一系列政策措施。在这些纲要的要求和推动下,《残疾人保障法》所确定的残疾人就业相关规定也日益被包含在更多社会发展规划和计划之中,有力地推动了残疾人就业状况的改善。

5. 就业保障金制度等形成了就业投入保障的长效机制

在残疾人各项事业的投入保障中,残疾人就业的投入保障属于制度较为规范、投入保障较为有力的一项,主要原因是建立了残疾人就业保障金制度。为了落实《残疾人保障法》规定的按比例安排残疾人就业的制度,我国建立了残疾人就业保障金制度,规定凡安排残疾人就业比例达不到省、自治区、直辖市规定比例的机关、团体、企事业单位和城乡集体经济组织,应按照标准缴纳残疾人就业保障金,专项用于补贴残疾人职业培训、扶持残疾人集体从业、个体经营、奖励超比例安排就业的单位等支出。缴纳标准主要是按照各地区应安排就业的比例计算出应安排就业的人数,并和实际安排就业人数比较计算出年差额人数,然后结合上年度本地区职工年平均工资计算应缴纳保障金数额。

各地区的缴纳标准根据本地区的情况略有差异。如北京市规定,未安排残疾人就业或安排残疾人就业未达到规定比例的单位,每少安排1名残疾人就业,应按市统计局公布的上年度本市职工平均工资的60%缴纳残保金。安排比例不足1人的,按实际差额比例计算。安排1名盲人就业,按安排2名残疾人就业计算。具体缴纳标准为:缴纳残保金金额=(上年单位在职职工总数<即平均人数>×1.7%—在职残疾人职工数)×上年度本市职工平均工资×60%[1]。如深圳市的征收标准为:用人单位应缴保障金金额:(应安排残疾人就业人数—在岗残疾职工人数)×本市上一年度在岗职工年平均工资(宝安、龙岗两区分别按该区公布的统计数字)×60%,应安排残疾人就业人数=上年度在岗职工平均人数×0.5%[2]。

---

[1] 北京市残疾人就业保障金缴费指南. http://xicheng.tax861.gov.cn/cbjzl/03.htm.
[2] 深圳市社会保险基金管理局关于征收残疾人保障金的通告. http://www.szsi.gov.cn/sbjxxgk/tzgg/201107/t20110711_4134.htm.

就业保障金制度的建立使残疾人就业工作有了较为充足的经费保证，有力地推动了各地残疾人就业工作的开展。

此外，国家还实施了一系列政策，通过一些直接和间接的途径为残疾人就业也提供了一些投入保障。一是实施一系列涵盖残疾人的就业促进政策：实施积极就业政策，通过税收减免、小额贷款等政策鼓励自谋职业和自主创业；通过职业培训补贴、职业技能鉴定补贴、免费公共就业服务等，提高就业能力；实施就业援助政策，通过社会保险补贴和公益性岗位补贴等鼓励用工单位吸纳包含残疾人在内的就业困难人员。二是出台了对残疾人从事个体经营实施收费优惠政策。根据财政部和发改委 2008 年发布的《关于对从事个体经营的有关人员实施收费优惠政策的通知》，规定残疾人凡从事个体经营的，三年内免交登记类、管理类、证照类的有关行政事业性收费。

当然，在上述对残疾人就业的投入中，残疾人就业保障金制度是最核心的制度和措施。

二、具体法律规定的落实亟待加强

尽管在法律法规和政策层面各有关部门已经出台了大量的残疾人就业保障和就业促进措施，但从残疾人就业目前依然面临诸多困难来看，促进残疾人就业的有效措施仍然不足。当前，残疾人就业有集中就业、按比例就业和灵活就业等几种不同的形式，但是在制度安排上，各种就业形式下的就业保障和就业促进政策仍然有待完善和进一步落实。

1. 福利性企业的优惠措施有待进一步落实

《残疾人保障法》第三十六条规定了一系列对残疾人福利性企业的优惠措施，包括：税收优惠；生产、经营、技术、资金、物资、场地使用等方面的扶持；县级以上地方人民政府及其有关部门应当确定适合残疾人生产、经营的产品、项目，优先安排残疾人福利性单位生产或者经营，并根据残疾人福利性单位的生产特点确定某些产品由其专产；政府采购，在同等条件下应当优先购买残疾人福利性单位的产品或者服务。但是，从调研情况来看，大多数措施并没有得到很好的落实，特别是其中关于确定残疾人专产的产品,政府采购优先采购残疾人福利性单位的产品和服务等方面基本没有落实,这不仅影响了残疾人福利企业的生存与发展,而且进一步影响了残疾人的就业。据统计①,近年来,我国社会福利企业的数量和安排残疾人就业人数一直处于萎缩状态。社会福利企业数量从1995年超过6万个下降到2010年的2.22万个,残疾职工人数从1995年的93.9万人下降到2010年的62.5万人。

2. 就业保障金制度仍然有待完善

目前,就业保障金制度是保障残疾人就业的一项重要制度安排,是确保按比例安排残疾人就业的一项重要措施,其目的是为了督促各用工单位完成安排残疾人就业的任务,但在实际运行中还是存在一些缺陷。

一是就业保障金的征收和奖励标准制定不合理,没有真正达到促进残疾人就业的目的。首先是对未达到残疾人就业比例的单位征收标准过低,达不到督促用工单位聘用残疾人的目的。一些单位宁愿缴纳就业保障金,也不聘用残疾人,实际上是一种以缴纳保障金代替安排就业的行为,虽然收取了一定额度的就业保障金,但安排就业的目的并没有实现。其次是对超过比例安排就业的单位,奖励机制不健全,有些没有奖励,有些奖励过低没有吸引力,不利于残疾人就业的稳定。同时,在征收环节也缺乏相应的奖惩机制。近年来,按比例就业增长乏力,说明就业保障金在促进残疾人就业上仍有明显不足。

二是就业保障金的管理和使用不够规范。为加强残疾人就业保障金的管理,财政部曾专门发布了相关管理规定,对规范各地的就业保障金收支有一定的积极作用。但是,各地区未对保障金的使用范围予以细化,对保障金支出的重点及各项支出的比例也未做出具体规定,因此,在管理和使用上容易出现随意性。根据调研和一些地方反映的情况来看,仍然存在一些管理和使用不规范的地方,就业保障金超范围使用的情况也时有发生。

3. 对灵活就业和农村残疾人的支持力度有待加大

《残疾人保障法》明确规定,支持残疾人自主择业和自主创业。同时,还规定,地方各级人民政府和农村基层组织,应当组织和扶持农村残疾人

---

① 中国统计年鉴2011. 中国统计出版社. http://www.stats.gov.cn/tjsj/ndsj/2011/indexch.htm.

从事种植业、养殖业、手工业和其他形式的生产劳动,并规定了一些具体的优惠措施,如:国家对从事个体经营的残疾人,免除行政事业性收费;对申请从事个体经营的残疾人,有关部门应当优先核发营业执照;对从事各类生产劳动的农村残疾人,有关部门应当在生产服务、技术指导、农用物资供应、农副产品购销和信贷等方面,给予帮助。但从目前的情况来看,残疾人灵活就业和从事农业生产劳动获得的支持还十分有限,特别是对农村残疾人的各种服务和帮助没有制度化的保障,法律规定没有落实为具体的政策,大多数农村残疾人从事生产劳动面临诸多困难。这次立法后评估的调查显示,农村残疾人中,57.4%的受访农村残疾人表示自身完成生产劳动有困难,48.6%的受访农村残疾人表示缺乏专业知识和技能。

第四节 实施绩效评估结果

一、残疾人就业状况不断得到改善

1. 残疾人就业服务体系建设取得明显进展

对残疾人开展就业服务是2008年《残疾人保障法》修改的重要内容之一。就业服务体系建设的进展情况直接关系到对残疾人就业服务的质量,影响着残疾人就业状况。

目前,我国各地普遍建立了残疾人就业服务机构。截至2010年底,全国共有残疾人就业服务机构3019个,基本覆盖了全国县级以上的行政区域,初步形成了省、地、县三级的就业服务体系。其中,省级残疾人就业服务机构31个,地区(州、盟)残疾人就业服务机构55个,市(含地级市、县级市)残疾人就业服务机构634个,县残疾人就业服务机构1506个,市辖区残疾人就业服务机构793个。各地残疾人就业服务机构的建设情况(见表4-1)。

表4-1 各地区的残疾人就业服务机构数(2010) 单位:个

地区	服务机构数	地区	服务机构数	地区	服务机构数
北京	19	安徽	115	四川	162
天津	19	福建	93	贵州	89
河北	185	江西	104	云南	146
山西	129	山东	158	西藏	2
内蒙古	89	河南	160	陕西	118
辽宁	115	湖北	111	甘肃	95
吉林	74	湖南	142	青海	55
黑龙江	135	广东	135	宁夏	25
上海	16	广西	126	新疆	101
江苏	118	海南	21	新疆建设兵团	19
浙江	103	重庆	39	黑龙江农垦	1

资料来源:中国残联编《中国残疾人事业统计年鉴——2011》,中国统计出版社,2011年8月。

从近年来的发展来看，残疾人就业服务机构数量先升后降，呈倒"U"型发展趋势。2003 年残疾人就业服务机构数量刚刚超过 3000 个，2005 年上升至接近 3050 个，2007 年则超过 3100 个，达到了 3127 个，2008 年的数量与 2007 年持平，2009 年则出现了下降，为 3043 个，2010 年进一步下降至 3019 个（见图 4-1）。

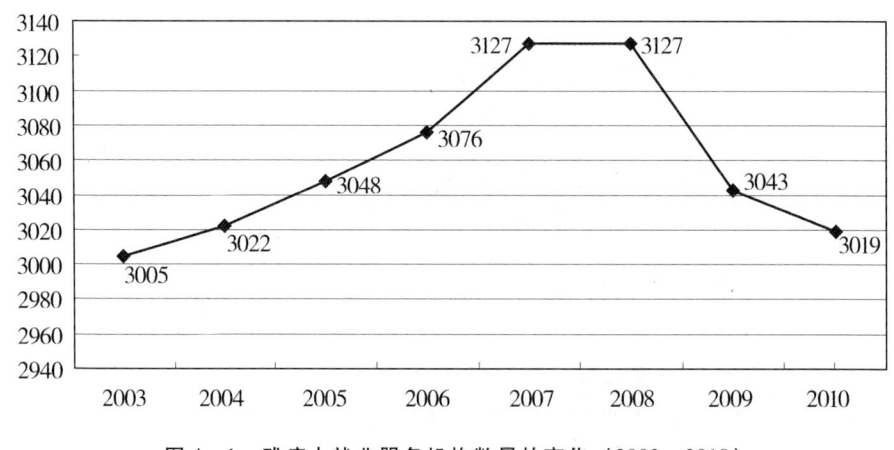

图 4-1 残疾人就业服务机构数量的变化（2003~2010）

资料来源：中国残联官方网站事业统计、中国残联编《中国残疾人事业统计年鉴—2011》。

从经费来源分析，可见近年来各级政府对残疾人就业服务的支持力度在加大，其中一个突出的表现是全额预算残疾人就业服务机构的数量和比重均出现了较快增长。全额预算服务机构从 2003 年的 1463 个增长到了 2010 年的 1916 个，该类机构占全部残疾人就业服务机构的比例也从 2003 年的 48.7% 增长到了 2009 年的 63.5%。同时，差额预算和自收自支类服务机构的数量和比重则均出现了下降，差额预算服务机构从 2003 年 356 个下降到 2010 年的 244 个，占比从 11.8% 下降到 8.1%；自收自支服务机构的数量从 2003 年的 1186 个下降到 2009 年的 859 个，占比则从 39.5% 下降到 28.5%（见图 4-2）。

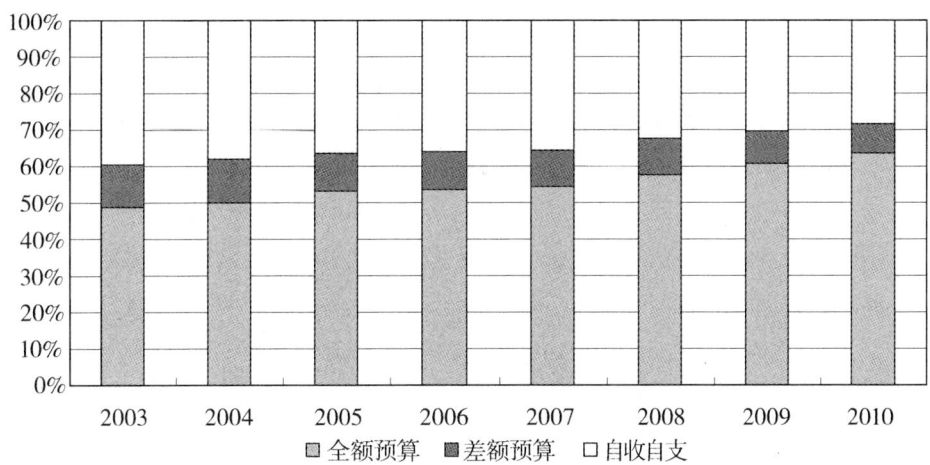

图 4-2 不同缴费来源残疾人就业服务机构的构成（2003~2010）

资料来源：中国残联官方网站事业统计、中国残联编《中国残疾人事业统计年鉴—2011》。

2. 城镇残疾人就业情况基本稳定

（1）城镇残疾人就业总量保持基本稳定

近年来国际国内经济形势的变化引起了我国总体就业形势的不断变化，但城镇残疾人就业规模保持了相对稳定。残疾人事业统计数据显示，自2004年以来，城镇残疾人就业人数一直稳定在430万人以上，其中2005年就业规模到达了463.59万人，为期内最高，2010年就业规模为441.2万人（见图4-3）。根据残疾人状况及小康进程监测报告，2010年度，劳动年龄段生活能够自理的城镇残疾人就业比例为34.0%。

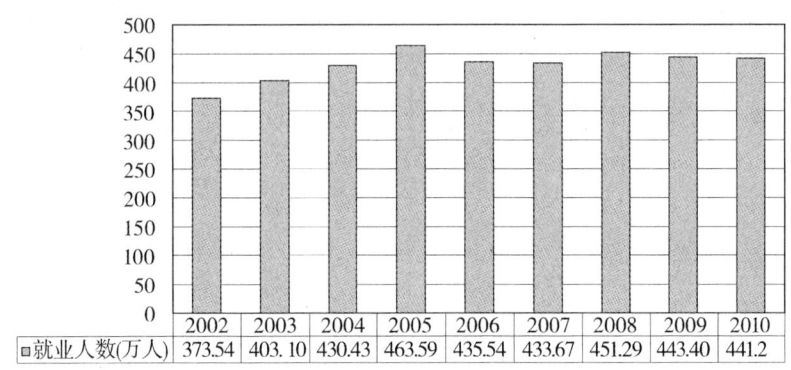

图 4-3 残疾人就业人数的变化（2002~2010）

资料来源：中国残联官方网站事业统计、中国残联编《中国残疾人事业统计年鉴—2011》。

(2) 就业方式日趋多样化，个体和其他形式就业稳步增长

集中与分散相结合是《残疾人保障法》规定的解决残疾人就业问题的基本方针。在这一方针的指引下，我国形成了多种残疾人就业方式，集中就业、按比例安排就业和个体就业等均是残疾人就业的重要方式。

近年来，残疾人就业的显著特点是：个体和其他形式就业持续增长，集中就业和按比例就业则增长相对乏力。个体及其他形式就业残疾人从2002年的158.49万人稳步增长到2010年的212.8万人；集中就业尽管2009年较2002年有所增长，但期内高点在2005年，2010年就业人数甚至还低于2004年就业人数；按比例就业的发展趋势与集中就业类似，期内高点也在2005年，2010年就业人数甚至低于2003年就业人数（见图4-4）。从构成上看，个体及其他形式就业人数占比从2002年的42.4%上升到了2010年的48.2%，集中就业人数的占比则从2002年的27.1%下降到2010年的25.4%，按比例就业人数的占比从2002年的30.5%下降到2010年的26.3%。

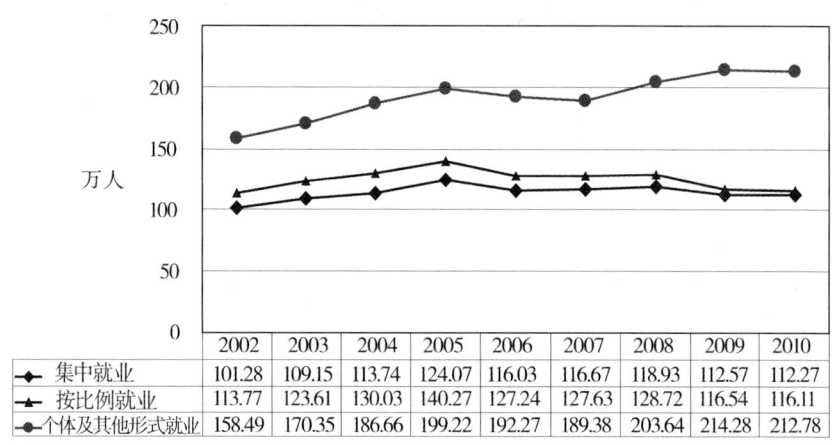

图4-4 不同形式就业残疾人数的变化（2002~2010）

资料来源：中国残联官方网站事业统计、中国残联编《中国残疾人事业统计年鉴—2011》。

从新安排残疾人就业来看，2002年以来，个体及其他形式就业的人数一直高于集中就业人数和按比例安排就业人数（见表4-2）。

表4-2 新安排不同形式就业的残疾人数　　　　单位：万人

	集中就业	按比例就业	个体及其他形式就业
2002	8.53	7.15	14.58
2003	9.76	8.40	14.50
2004	10.85	8.81	18.13
2005	11.35	11.01	16.68
2006	10.27	9.94	16.01
2007	11.96	11.50	15.85
2008	11.34	9.86	15.57
2009	10.48	8.90	15.64
2010	10.16	8.56	13.68

资料来源：中国残联官方网站事业统计、中国残联编《中国残疾人事业统计年鉴——2011》。

3. 农村残疾人就业人数有所增长

残疾人事业统计数据显示，近年来农村残疾人实际就业人数稳步增长。2006年农村残疾人实际就业人数为1672万人，2008年突破1700万人，2009年达到了1757万人，2010年稳定在1750万人。其中，从事农业生产劳动的残疾人数和从事其他形式就业的残疾人数均保持增长，分别从2006年的1168.5万人和313.6万人增长到2010年的1347.3万人和402.5万人（见表4-3）。根据残疾人状况及小康进程监测报告，2010年度，劳动年龄段生活能够自理的农村残疾人就业比例为49.2%。农村残疾人找工作的主要途径是通过熟人介绍，比例达60.9%。

表4-3 农村残疾人就业情况（2006~2010）　　　　单位：万人

	实际就业人数	从事农业生产劳动	从事其他形式就业	未就业人数
2006	1672.08	1168.45	313.56	433.66
2007	1696.57	1204.38	338.53	444.93
2008	1717.07	1323.34	393.72	473.55
2009	1757.03	1355.54	401.50	520.11
2010	1049.73	1347.26	402.48	—

资料来源：中国残联官方网站事业统计、中国残联编《中国残疾人事业统计年鉴——2011》。

二、残疾人就业仍面临诸多问题

1. 残疾人未就业人数仍然保持较大规模,失业率较高

目前,我国未就业残疾人数仍然保持较大规模,促进残疾人就业的任务仍然十分艰巨。残疾人事业统计数据显示,城镇未就业残疾人从 2003 年的 100.42 万人一直增加到 2007 年的 146.03 万人,此后虽然有所减少,到 2009 年仍然有 136.03 万人。残疾人未就业比例(未就业人数占就业人数及未就业人数之和的比例)从 2004 年以来也一直维持在 20% 以上(见图 4-5)。

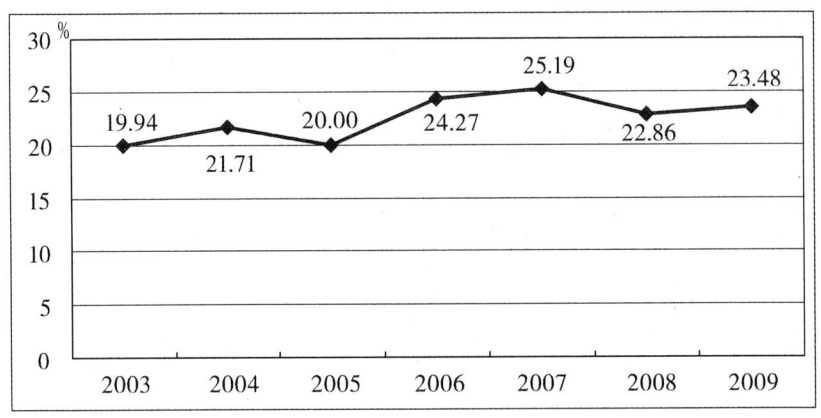

图 4-5 城镇残疾人未就业比例的变化(2003~2009)

资料来源:中国残联官方网站。

根据残疾人状况及小康进程监测报告,在 2010 年度生活能自理的 18 到 59 岁的男性和 18 到 54 岁的女性残疾人中,城市残疾人未就业原因的前三位依次为丧失劳动能力(27.1%)、其他原因(20.4%)、离退休(18.0%)。与上年度相比,城镇和农村未就业原因的排序相同,比例略有变化(见表 4-4)。

表 4-4 残疾人未工作原因构成 单位:%

未工作原因	城镇				农村			
	2007年	2008年	2009年	2010年	2007年	2008年	2009年	2010年
在校学生	0.8	1.3	1.0	1.0	1.0	1.3	1.5	1.5
离退休	21.2	23.1	17.1	18.0	0.6	0.8	0.3	0.3
料理家务	12.1	15.8	13.5	14.5	34.6	32.9	32.8	31.8
丧失劳动能力	20.9	19.8	28.8	27.1	40.8	38.1	37.3	33.6
毕业后未工作	3.2	2.6	2.7	2.4	1.0	0.9	1.2	0.9
因单位原因	18.6	15.6	11.2	8.8	0.8	0.6	0.4	0.4
因个人原因	9.2	7.2	7.3	7.3	3.7	3.3	2.7	2.9
承包土地征用	1.5	0.3	0.7	0.4	1.3	0.9	0.8	0.8
其他	12.6	14.3	17.8	20.4	16.1	21.2	23.5	27.8

注:城镇"承包土地被征用"是指居住在城乡结合部或镇的农业人口,他们承包的土地被征用。

资料来源:2010年中国残疾人状况和小康进程监测报告。

与此同时,农村未就业人数也保持上升态势。2006年未就业农村残疾人为433.7万人,2009年上升到520.1万人。身体条件对农村残疾人从事农业生产和其他形式就业有明显的影响,根据残疾人状况及小康进程监测报告,2010年农村残疾人未就业原因中,依次为丧失劳动能力(33.6%)、料理家务(31.8%)、其他原因(27.8%)。而本次《残疾人保障法》实施状况调查也显示,21.7%的受访农村残疾人认为就业面临的困难是完成工作有困难,而高达83.8%的受访居民认为农村残疾人从事农业劳动面临的主要问题是受身体条件的限制。

此外,城镇实际登记失业人数呈上升趋势,登记失业率较高。残疾人事业统计数据显示,自2006年以来,残疾人实际登记失业人数呈较快增长趋势。2006年残疾人实际登记失业人数为22.95万人,到2010年已经增长到34.17万人,其中增长较快的是2008年,受金融危机引起的就业形势变化的影响,残疾人实际登记失业人数较上年增加了近10万人。本年度新登记失业人数在近几年则处于波动状态,2006年和2008年均超过了8.7万人,而2007、2009、2010年则均低于8万人(见图4-6)。2010年,城镇残疾人登记失业率为 8.6%，远高于当年全国总人口 4.1% 的城镇登记失业率。

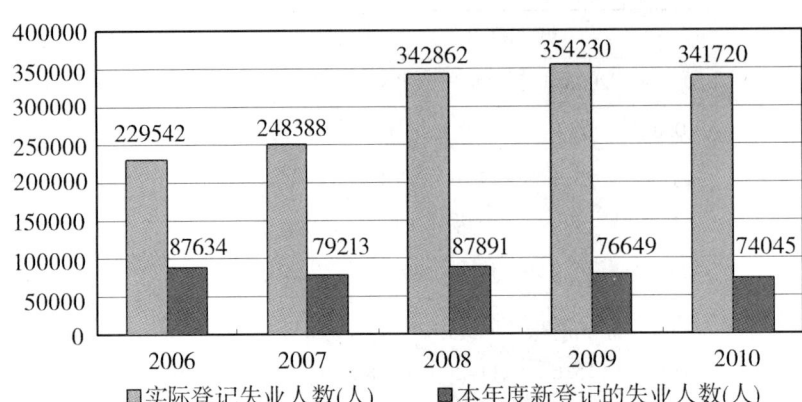

图 4-6　城镇残疾人登记失业状况（2006~2009）

资料来源：中国残联官方网站事业统计、中国残联编《中国残疾人事业统计年鉴——2011》。

城镇残疾人失业率高、就业困难有诸多原因。在本次《残疾人保障法》实施状况调查中，68.3% 的受访居民认为城镇残疾人就业面临的主要问题是一些单位不愿意接受残疾人就业。工资待遇低和工作不稳定也是城镇残疾人就业面临的主要问题，分别有 41.7% 和 41.4% 的调查对象选择这两个选项。还有 22.7% 的调查对象认为政府缺少促进残疾人就业的措施。

值得注意的是，目前对残疾人未就业人数的统计数据可能偏低。计入就业统计的残疾人被限定为有劳动能力和就业意愿的劳动年龄段残疾人，当前我国没有劳动能力鉴定机构，如何界定残疾人的劳动能力难免有一定的随意性，因而统计数据也有一定的随意性，现实中可能符合就业统计的未就业残疾人没有被计入，而被有劳动能力的条件排除了。

2. 就业服务仍不到位，残疾人就业困难重重

尽管残疾人就业服务机构建设取得明显进展，但由于目前对残疾人就业的各项服务仍然不能满足残疾人的需要，残疾人就业仍然面临诸多困难。

一是当前的职业培训覆盖面小、形式简单，内容单一，没有根据残疾人的特点，进行有针对性的课程设计和选择培训内容，职业培训与就业缺

乏有效衔接。中国残联的统计数据显示①，近几年，每年培训的城镇残疾人约27万人，农村残疾人约7万人，与众多残疾就业人口相比，仍然显得规模过小，覆盖人群有限。调查发现，一些残疾人职业培训大多短平快，达不到帮助残疾人就业的目的，尤其是一些针对农村残疾人的职业培训表现得更为明显。一份对四川省通江县的调查报告显示②，当前农村残疾人职业培训存在培训模式单一、培训时间短、培训内容单调、授课方式教条、跟踪服务不够、缺少培训基地等一系列问题。

实际上，缺乏专业知识和技能已经成为制约残疾人就业的最主要因素。本次《残疾人保障法》实施状况调查显示，残疾人自己认为就业面临的最主要困难是缺乏专业知识和技能，有46.4%的受访残疾人选择这一选项。42.8%的受访残疾人认为残疾人"完成工作有困难"也是一个主要困难和问题（见图4-7）。在接受调查的政府工作人员中，则有68.1%的人认为残疾人面临缺少专业知识和技能的困难。这表明，残疾人对结合自身特点的培训方式和专业知识技能需求较大。

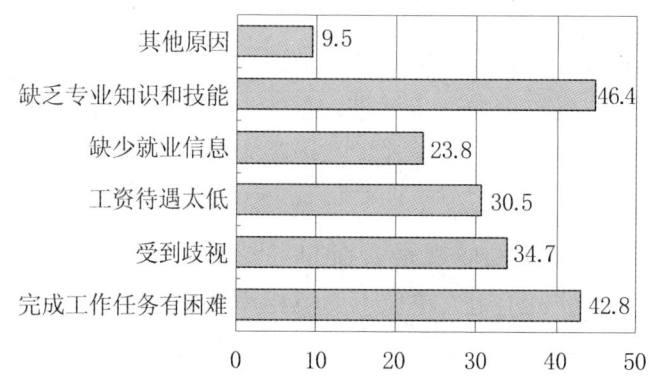

图4-7 受访残疾人认为就业存在的主要困难和问题
资料来源：《残疾人保障法》实施状况调查。

二是就业信息缺乏，渠道不畅。本次《残疾人保障法》实施状况调查显示，23.8%的受访残疾人认为缺少就业信息，而受访的从事与残疾人事业相关的政府工作人员中，则有47.4%的人认为残疾人面临缺少就业信息

---

① 中国残联官方网站事业统计、中国残联编《中国残疾人事业统计年鉴—2011》。
② 庞济韬. 农村残疾人职业培训工作刍议. 中国残疾人，2012，1.

的问题。根据残疾人状况及小康进程监测报告,残疾人找工作的主要途径是熟人介绍,其中城镇达62.6%,农村达60.9%(见表4-5),这反映出残疾人就业信息仍然主要依靠传统的人际关系获取,而非正常的公共就业服务和残疾人就业服务。

表4-5 残疾人找工作的途径 单位:%

	全 国	城 镇	农 村
网络就业信息	2.0	3.3	0.9
公共就业服务机构	12.2	19.4	5.6
残疾人就业服务机构	38.1	42.2	34.3
招聘会	11.3	19.0	4.3
熟人介绍	61.7	62.6	60.9
自主创业或灵活就业	16.9	23.7	10.7
其他	33.3	19.4	45.9

资料来源:2010年中国残疾人状况和小康进程监测报告。

3. 社会歧视仍较严重,就业环境有待优化

社会歧视是残疾人就业面临的长期问题,虽然随着社会进步和人们思想观念的转变及各项反歧视政策的逐步推进,总体上残疾人就业社会歧视问题有所缓解,但在一定程度上仍然存在,其中最主要的表现是用人单位不愿意招用残疾人。本次《残疾人保障法》实施状况调查结果显示,接近35%的受访残疾人表示就业受到歧视是面临的主要就业问题之一,高达76.6%的受访政府工作人员表示用人单位不愿意招用残疾人是残疾人就业面临的主要问题(见表4-6)。在调查中发现,即便是一些政府部门,也很少招用残疾人。本次《残疾人保障法》实施状况调查的6个省(直辖市)的省、地、县三级共27个行政区域,区域内党政机关干部中残疾人的比例均不足1%;只有5个行政区域党政机关公开招聘过残疾人。

表4-6 政府工作人员对残疾人就业问题的判断

就业困难	人数	比例（%）
残疾人缺少专业知识和技能	343	68.1
残疾人缺少就业信息	239	47.4
用人单位不愿意招用残疾人	386	76.6
残疾人难以胜任工作	159	31.5
政府缺少残疾人就业扶助规定	121	24.0
政府现有残疾人就业扶助规定难以落实	157	31.2
其他	6	1.2
不清楚	9	1.8

资料来源：《残疾人保障法》实施状况调查。

同时，胁迫残疾人劳动的情况也时有发生。一是胁迫残疾人乞讨的案件在全国各地屡见报道，如深圳王清臣、宫继兰强迫残疾儿童乞讨的全国首例组织残疾人、儿童乞讨案；北京刘社会、张新丽、刘会民、王丽强迫4名盲人乞讨案；二是黑砖窑胁迫智力残疾人劳动的案件也在全国多个省区发生，如河南阎成、邝华、刘贺案[1]等多起类似事件[2]；山西[3]、陕西[4]、安徽[5]、湖北[6]等地也均有类似事件报道。

就业歧视的存在和胁迫残疾人劳动情况的发生，说明整个社会还没有给残疾人创造一个良好的就业环境。

当前，残疾人就业状况仍然不甚理想。在本次《残疾人保障法》实施状况调查中，政府部门工作人员和社区居民均认为就业是目前残疾人面临的最主要问题。调查中，认为就业问题是残疾人面临主要问题的政府工作

---

[1] 河南曝"黑砖窑"奴役智障人员事件三凶手领刑. http：//www.chinanews.com/fz/2012/02-11/3661192.shtml.

[2] 河南发现多处智障奴工黑砖窑警方已解救17人. http：//news.ifeng.com/mainland/detail_2011_09/06/8970935_0.shtml.

[3] 山西解救黑砖窑农民工359人65人是智障人员. http：//news.sina.com.cn/c/l/2007-06-22/153013289669.shtml.

[4] 陕西黑砖窑智障工人面临救助迷局. http：//news.sina.com.cn/c/sd/p/2011-01-27/101421884310.shtml.

[5] 安徽现"黑砖窑"智障人员当苦力干活不给钱. http：//bjyouth.ynet.com/article.jsp?oid=69762682&pageno=3.

[6] 武汉一黑砖窑骗智障者残疾人做苦力. http：//v.news.163.com/video/2010/1/S/7/V5SVD04S7.html.

人员达到77.6%，高于医疗费用、康复服务、教育、职业培训、社会保障和社会歧视等其他问题。有64.8%的受访居民认为残疾人面临的主要困难是就业问题，超过了医疗费用问题、社会保障问题、康复服务问题及教育等其他问题（见表4-7）。

表4-7 政府工作人员和社区居民对残疾人面临问题的总体判断

残疾人面临主要困难	政府工作人员		社区居民	
	人数	比例（%）	人数	比例（%）
医疗费用	274	54.4	381	61.8
康复服务	261	51.8	224	36.3
教育	243	48.2	146	23.7
职业培训	233	46.2	160	25.9
就业	391	77.6	400	64.8
社会保障	231	45.8	253	41.0
无障碍建设/出行	139	27.6	184	29.8
社会歧视	195	38.7	134	21.7
其他	2	0.4	17	2.8

资料来源：《残疾人保障法》实施状况调查。

与此同时，受访居民对残疾人目前的就业状况的评价也一般。29.8%的受访居民表示自己了解的残疾人就业或从事农业劳动的状况"很差"或"比较差"，46%的调查对象认为"一般"，只有19.3%的调查对象认为"比较好"或是"很好"。另有4.9%的调查对象表示"不清楚"（见图4-8）。

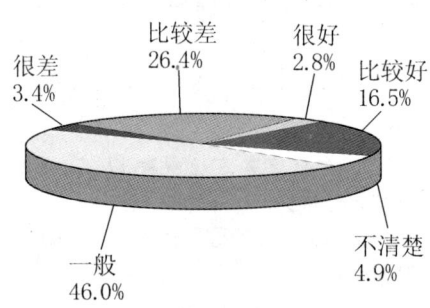

4-8 受访居民对残疾人就业状况的评价

资料来源：《残疾人保障法》实施状况调查。

第五节 相关建议

一、加大残疾人就业工作监管力度

继续抓执行、抓落实,特别是要加大残疾人就业的执法力度,规范用工行为、杜绝各种弄虚作假现象。包括:

1. 加强残疾职工就业真实性的核查工作

进一步加强对福利企业残疾职工的认证和权益保护情况检查工作,对签订虚假劳动合同或服务协议、虚报残疾人比例、伪造或重复使用残疾人证、残疾人挂名而不实际上岗等弄虚作假行为,加大执法力度,并根据违法程度追究相关单位和责任人的责任,对已取得的不当利益坚决予以查处。

2. 加大对用工规范性的检查力度

进一步加强对劳动合同或服务协议签订情况的检查,遵照《劳动合同法》相关规定,对用工单位与残疾职工签订用工合同的情况、工资、劳动时间等情况进行定期检查和不定期抽查,确保用工单位规范用工。严厉打击胁迫残疾人劳动的行为,一经发现,应从严从重处罚违法用工人员,并追究当地监管者和主要负责人的相应责任。

二、切实落实残疾人就业促进措施

1. 进一步落实各种残疾人就业优惠措施,拓展就业渠道

切实落实所有企事业单位按比例安排残疾人就业的政策规定,对用工单位积极安排吸纳残疾人就业的,除享受税收优惠外,还要实行必要奖励措施。劳动部门和残联要研究探索新时期残疾人就业工作特点,努力开发适合残疾人就业的岗位,要鼓励残疾人自主创业,并适当提供项目、技术、资金、政策、设备扶持。各级残疾人就业服务中心要积极搭建创业服务平

台，为残疾人提供创业指导、政策咨询和技术支持等服务。

各级政府应根据《残疾人保障法》的要求确定本地区适合残疾人福利企业专产专营的产品，并在政府采购中同等条件下优先采用残疾人福利企业生产的产品和提供的服务。为了保障上述优惠措施切实得到落实，各地应该出台具体的残疾人专产专营产品和服务目录，并确定一个政府采购中包含残疾人福利企业产品和服务的最低比例。

2. 继续完善就业服务体系建设，为残疾人提供必要的就业服务

要继续加强各级残疾人就业服务机构建设，根据社会发展形势，逐步增加服务内容，提高服务质量。残疾人就业服务机构应承担起为有需求的残疾人提供必要就业服务的职能，为残疾人从事各种形势就业提供职业指导和培训服务。

同时，要逐步提高公共就业服务机构和其他就业服务机构为残疾人就业服务的能力，通过政策引导更多就业服务机构和人员参与残疾人就业服务。

3. 各党政机关带头安排残疾人就业

解决残疾人就业需要全社会共同参与，各党政机关应该成为安排残疾人就业的倡导者和实践者。调查发现，各地党政机关安排残疾人就业的情况并不理想。建议从中央政府开始，在今后的公开招聘中，预留部分残疾人专属岗位或在招聘中同等条件下优先录用残疾人，尤其对残疾人就业比例未达到要求的部门，在核准编制和聘用人员时，应加大残疾人预留岗位或优先录用岗位的数量。对安排残疾人就业成绩突出的单位和部门，也给予适当的表彰和奖励。

三、开展适合残疾人特点的职业培训

1. 进一步完善职业培训机制

要加快建设各级残疾人职业技术培训中心，以就业需求为出发点，以岗位技能为目标，统筹规划，有针对性地为残疾人提供免费培训。各级残联要进一步加强对残疾人职业培训的规划、组织、协调等工作，要确保残疾人职业培训经费需要，使更多适训残疾人得到适合其劳动需要的职业培

训,并充分发挥成人教育机构、职业教育机构、农业科技推广部门等的作用,发挥各自优势,利用各自资源为残疾人职业培训服务。

2. 开展个性化的培训服务

考虑到残疾人的特点,残疾人职业培训应该采用灵活、就近的原则,开展个性化的培训服务。职业培训宜采用集中和分散相结合的方式,对残疾人面临的一些共性问题,开展集中培训,集中解决问题,同时将职业培训贯穿于残疾人就业的整个过程,不同时期的培训针对残疾人面临的不同问题,对残疾人的一些特殊需求,则需要建立灵活的职业培训机制,开展单独的、分散的培训和指导,及时解决残疾人面临的职业知识和技能等各种问题。由于单独、分散培训的成本相对较高,应该利用就业保障金及其他资金来源加大对此类培训的支持力度。

四、加大残疾人就业的财政支持

1. 建立残疾人就业的财政补贴机制

当前残疾人就业对就业保障金的依赖过大,下一步应该建立残疾人就业的财政补贴机制,通过加大对残疾人就业培训的补贴力度和加大对残疾人就业岗位的补贴力度,既能改善残疾人的就业能力,又能增加用工单位的用人意愿,实现促进残疾人就业的目的。在目前的财税体制下,考虑到解决发展水平的地区差异,避免过于加大县级财政的负担,建议由中央财政对中西部地区经济困难地区实行一定的转移支付,加大对这类地区的补贴力度。

2. 建立残疾人就业的财政投入动态调整机制

为了更好地促进残疾人就业,还应该建立财政投入的动态调整机制。各级政府应该根据本地区社会经济发展状况和残疾人数变化,适时调整财政投入的环节、方向和规模等,充分发挥财政投入的就业保护和就业促进作用。特别是要根据职业培训内容和成本的变化,调整对职业培训的补贴力度,并根据就业形势和用工成本的变化,调整对残疾人就业岗位的补贴力度。

3. 加大对农村残疾人劳动就业的支持力度

目前出台的残疾人就业支持措施,大多主要针对城镇残疾人,对农村残疾人的支持力度明显不够。根据本次《残疾人保障法》实施状况调查结果,农村残疾人在就业上最大的困难依次是完成工作任务有困难(占57.4%)和缺乏专业知识和技能(占48.6%)。因此,应该在改善生产条件和生产技能方面为农村残疾人提供更多的支持。一是可以通过资金支持,为农村残疾人购买生产资料和参加生产技能培训提供补贴;二是鼓励建立农村生产互助或是服务组织,通过政府购买服务的形式为残疾人家庭提供必要的生产服务;三是积极支持适合残疾人从事农业生产的农业机械和生产技术的推广和应用,对相关机械和技术的开发应用提供政策支持。

五、尽快修订残疾人就业保障金管理办法

1. 适当提高保障金的缴纳标准

现有的残疾人就业保障金征收标准普遍偏低,达不到督促用工单位安排残疾人就业的目的,建议适当提高缴纳标准,并适当提高对超比例安排残疾人就业的单位的奖励标准。考虑到对小微企业生存比较困难,需要一定的扶持,在标准调整时,该类企业的征收标准可适当降低,奖励标准可适当提高。

2. 加强对残疾人就业保障金的监管力度

进一步加强残疾人就业保障金的征收工作,建议全面推广由地税部门代征就业保障金的做法,收支两条线,进一步规范就业保障金的使用范围和使用程序,真正将就业保障金用于促进残疾人就业。目前,由于缺少有效的监督管理制度,残疾人就业保障金未能实现专款专用,有法不依、执法不严的现象时有发生。因此,应严肃执法,对贪污、挪用残疾人保障金等违法行为发现一起,查处一起。

第二部分 分报告

第五章

残疾人社会保障状况评估报告

第一节 评估意义

一、社会保障是保障残疾人生活的基础性制度

社会保障制度是人类社会发展到一定阶段（工业革命和社会化大生产）的产物，是社会进步的一种表现。社会保障制度实质上是一种社会共济制度、社会收入再分配制度，是在部分社会成员依靠自身力量无法应对疾病、衰老、伤害等风险挑战时，依靠社会（政府）的力量建立一种风险化解机制，避免社会成员因此而陷入贫困的机制。因此，现代社会保障制度自产生以来，迅速成为一项重要的社会制度，并在社会发展过程中发挥着重要的作用，具有保障公民基本生活、维护社会稳定、促进经济发展、保持社会公平和增进国民福利等功能。

残疾人是社会中的一个特殊群体。他们由于身体残缺及功能障碍的影响，在参与社会生产与日常生活中较健康人往往处于不利的地位。总体而言，残疾人是当代社会的一个弱势群体，需要有特殊的制度安排才能实现其平等、参与、共享的权利。实际上，残疾人的社会保障问题涉及两个层面：第一个层面是残疾人作为一个平等的社会成员享有与其他社会成员相同的参与社会保障制度、受到该制度保障的权利。这个层面的社会保障制度是一种普适性的社会保障制度，尽管并未单独针对残疾人而设计，却是保障残疾人权益的一项基础性制度安排。第二个层面是残疾人由于其弱势地位，应该享有某些特殊的制度安排，以保障他们能够参与到普适的社会保障制度之中或是弥补普适性社会保障制度保障的不足之处，是一种特殊性的社会保障制度。这两个层面的社会保障制度共同构成了对残疾人的社会保障，并通过其收入再分配功能，实现对残疾人的基本生活保障，促进社会公平。

二、社会保障状况直接关系残疾人
生存发展权利的实现

残疾人由于其特殊性,在整个国民收入初次分配中往往处于不利地位,收入水平往往低于其他人群,贫困发生率相对较高。第二次全国残疾人抽样调查数据表明,全国有残疾人的家庭户2005年人均全部收入在城镇为4864元、农村为2260元,而当年全国城镇人均收入水平为11321元,农村为4631元,残疾人家庭人均收入不足全国人均水平的一半。这次《残疾人保障法》实施状况调查也发现,被调查的残疾人家庭户2010年人均收入城镇为8708.4元,农村为3629.9元,均大大低于当年城镇和农村居民家庭人均收入水平(分别为19109元和5919元)。因此,在这种低收入状况下,是否有社会保障将直接关系到残疾人的生存质量和权利实现。

三、残疾人社会保障水平
是社会文明进步的重要标志

在国际上,重视残疾人社会保障不仅构成了残疾人事业发展的基础性内容,更被视为一个国家或地区经济发展与文明进步的重要标志[1]。1982年,联合国通过《关于残疾人的世界行动纲领》,要求各国政府采取措施,增强残疾人的自立能力,使残疾人享有充分参与社会的平等权利和机会。自此以后,这一社会参与模式突出了国家责任,正在成为世界各国制定包括社会保障制度在内的公共政策的重要依据。中国经过三十年多年的持续高速增长后,特别是在以人为本、科学发展观逐渐深入人心,建设和谐社会成为我国社会发展的重要目标后,残疾人社会保障事业的发展同样构成了衡量社会公正与文明进步程度的基本指标。

---

[1] 郑功成. 中国残疾人社会保障的宏观思考. 河南师范大学学报(哲学社会科学版), 2007, 6.

因此，残疾人社会保障状况评估对全面评估《残疾人保障法》具有十分重要的意义。通过全面评估，发现相关问题，并提出有针对性的建议，将有利于《残疾人保障法》的进一步完善和更好地贯彻实施，进而继续推动残疾人社会保障事业的发展，改善残疾人的生存状况，促进社会公平、社会和谐和社会进步。

第二节 评估内容

一、《残疾人保障法》有关社会保障的主要内容

1990年通过、1991年实施的《残疾人保障法》中，关于残疾人社会保障的规定主要在"第六章福利"，2008年修订后的《残疾人保障法》则把第六章直接明确为"社会保障"。

1990年《残疾人保障法》关于残疾人社会保障的内容涉及社会保险、社会救助、社会福利、社会优待等内容。关于社会保险，第四十二条规定："残疾人所在单位、城乡基层组织、残疾人家庭，应当鼓励、帮助残疾人参加社会保险。"关于社会救助和社会福利，第四十条规定："国家和社会采取扶助、救济和其他福利措施，保障和改善残疾人的生活。"第四十一条规定："国家和社会对生活确有困难的残疾人，通过多种渠道给予救济、补助。国家和社会对无劳动能力、无法定扶养人、无生活来源的残疾人，按照规定予以供养、救济。"第四十三条规定："地方各级人民政府和社会举办福利院和其他安置收养机构，按照规定安置收养残疾人，并逐步改善其生活。"关于社会优待，第四十四条规定："公共服务机构应当为残疾人提供优先服务和辅助性服务。残疾人搭乘公共交通工具，应当给予方便和照顾；其随身必备的辅助器具，准予免费携带。盲人可以免费乘坐市内公共汽车、电车、地铁、渡船。盲人读物邮件免费寄递。县级和乡级人民政府应当根据具体情况减免农村残疾人的义务工、公益事业费和其他社会负担。"

为了适应社会发展的新变化，2008年修订后的《残疾人保障法》关于社会保障的内容进一步丰富，关于社会保障的主要内容有：

1. 明确了国家是保障残疾人享有各项社会保障的权利的责任主体。《残疾人保障法》第四十六条规定："国家保障残疾人享有各项社会保障的

权利。政府和社会采取措施，完善对残疾人的社会保障，保障和改善残疾人的生活。"也就是说，享受各项社会保障是残疾人的法定权利，国家有义务保障残疾人作为受益人，参加社会保险，接受社会救助，享有社会福利，获得慈善捐赠以及其他社会保障性利益的权利；为了保障和改善残疾人的基本生活，各级政府和社会组织应当采取有效措施，不断改进残疾人社会保障体系，使其日益完善。

2. 明确了不同主体在残疾人参加社会保险上的责任。社会保险具有强制性，它通过国家立法强制设立，保险的项目、费用的缴纳标准、保险金的领取等一般法律统一界定。《残疾人保障法》第四十七条规定："残疾人及其所在单位应当按照国家有关规定参加社会保险。"为了避免部分残疾人因不了解社会保险或因经济困难而无法参保，或残疾人工作单位逃避残疾人参加社会保险的责任，本条还规定，残疾人所在城乡基层群众性自治组织、残疾人家庭，应当鼓励、帮助残疾人参加社会保险。对生活确有困难的残疾人，按照国家有关规定给予社会保险补贴。

3. 明确了政府对生活困难残疾人的社会救助义务。社会救助作为"最后一道防线"对于保障社会公平和维护社会成员的基本生活需求具有重要的作用。《残疾人保障法》第四十八条规定："各级人民政府对生活确有困难的残疾人，通过多种渠道给予生活、教育、住房和其他社会救助。县级以上地方人民政府对享受最低生活保障待遇后生活仍有特别困难的残疾人家庭，应当采取其他措施保障其基本生活。"残疾人的基本医疗、康复服务和必要的辅助器具需要支付一定的费用，一些贫困残疾人往往没有能力支付，因此，本条还规定，各级人民政府对贫困残疾人的基本医疗、康复服务、必要的辅助器具的配置和更换，应当按照规定给予救助。对生活不能自理的残疾人，护理是一项关系到其生活质量和权利实现的关键环节。但生活不能自理的残疾人，往往不能通过就业获得稳定的收入，生活上需要他人照顾，有的甚至还会影响家人去获得收入。因此，对这类残疾人，本法规定，地方各级人民政府应当根据情况给予护理补贴。

4. 明确了政府供养"三无"残疾人的义务。对无劳动能力、无扶养人或者扶养人不具有扶养能力、无生活来源等所谓的"三无"残疾人，政府是供养的责任主体。《残疾人保障法》第四十九条规定："地方各级人民政府对无劳动能力、无扶养人或者扶养人不具有扶养能力、无生活来源的残疾人，按照规定予以供养。"为了促进残疾人供养、托养机构的发展，本条规定，国家鼓励和扶持社会力量举办残疾人供养、托养机构。同时，为了保障残疾人在供养、托养机构中的权利得到保障，本条还规定，残疾人供养、托养机构及其工作人员不得侮辱、虐待、遗弃残疾人。

5. 明确了残疾人应该享受的必要社会优待内容及责任主体。残疾影响或社会障碍可能会给残疾人带来一些不利影响或事实上的不平等，社会优待在一定程度上可减轻这些不利影响或不平等状况。公共交通是残疾人最经常使用的公共服务设施之一，《残疾人保障法》第五十条规定："县级以上人民政府对残疾人搭乘公共交通工具，应当根据实际情况给予便利和优惠。残疾人可以免费携带随身必备的辅助器具。"一些类别的残疾人面临一些特殊的困难，需要给予特殊的照顾和优待，本条规定："盲人持有效证件免费乘坐市内公共汽车、电车、地铁、渡船等公共交通工具。盲人读物邮件免费寄递。国家鼓励和支持提供电信、广播电视服务的单位对盲人、听力残疾人、言语残疾人给予优惠。"同时，随着社会发展，各项条件的改善，对残疾人社会优待的内容也应该与时俱进，本条还规定，"各级人民政府应当逐步增加对残疾人的其他照顾和扶助"。

6. 明确了政府有关部门和残联组织应该创造良好的社会助残环境。政府应该是帮助残疾人的第一责任主体，但残疾人事业也离不开社会各界的大力支持。调动社会力量，挖掘民间资源，将有力推动残疾人事业的发展。《残疾人保障法》第五十一条规定："政府有关部门和残疾人组织应当建立和完善社会各界为残疾人捐助和服务的渠道，鼓励和支持发展残疾人慈善事业，开展志愿者助残等公益活动。"

二、《残疾人保障法》社会保障相关规定的主要目的

《残疾人保障法》社会保障相关规定主要基于以下三个目的：

一是维护残疾人的社会保障权利。维护残疾人的社会保障权利既是《残疾人保障法》社会保障相关规定的主要目的，也是其主要内容。2008

年修订的《残疾人保障法》在社会保障部分明确了残疾人享有各种社会保障的权利，是对残疾人社会保障权利的一次明确确认，同时对残疾人享有参加社会保险、社会救助、社会福利、优抚安置和慈善捐赠等具体的社会保障权利作了进一步规定。通过专门立法保障残疾人的社会保障权利，是由残疾人群体的特性决定的，也是由社会保障的性质决定的。

二是明确残疾人社会保障的责任主体。首先，在总体上明确了国家的社会保障责任，即国家有义务采取措施，完善残疾人社会保障制度，使残疾人的社会保障权利得以实现；其次，在不同的社会保障领域，明确规定了政府和其他社会组织或个人的相应义务。这些规定，厘清了相关责任，有利于保障残疾人的社会保障权利的实现。

三是改善残疾人的生活状况。残疾人社会保障相关规定的根本目的是保证残疾人的基本生活和改善残疾人生活状况，使残疾人能够公平地参与社会生活，分享社会发展成果。

三、残疾人社会保障评估的主要内容

根据《残疾人保障法》关于残疾人社会保障的上述规定内容和立法目的，本次立法后评估将主要评估以下主要问题：

1. 《残疾人保障法》关于社会保障规定的实施保障状况如何？包括配套制度建设、资源投入力度等。

2. 残疾人社会保障体系建设状况如何？重点关注社会保障体系建设的进展。

3. 残疾人参加社会保险的状况如何？主要包括残疾人养老保险和医疗保险的参保率及保障标准。

4. 残疾人享受最低生活保障的情况如何？主要关注残疾人享受最低生活保障的覆盖率及标准等。

5. 残疾人应享受的特惠政策落实状况如何？如生活补贴和护理补贴的享受状况及标准等。

第三节 实施保障评估结果

一、残疾人社会保障制度基本建立

《残疾人保障法》实施后,我国各级党政机关、立法机构和残联系统出台的一系列相关政策和制度,为《残疾人保障法》的实施创造了条件。

1. 各级党委、政府的高度重视,有力地推动了社会保障规定的实施

1991年《残疾人保障法》实施前,国务院就发出了《关于贯彻实施＜中华人民共和国残疾人保障法＞的通知》(国发〔1991〕23号文),要求各省、自治区、直辖市人民政府,国务院各部委、各直属机构全面贯彻落实残疾人保障法,通过多种渠道,采取扶贫、救济、补助、供养和其他福利措施,保障和改善残疾人的生活;地方政府要落实盲人免费乘坐市内公共交通工具和对残疾人搭乘公共交通工具的照顾,酌情减免农村残疾人的义务工及其他社会负担,逐步增加对残疾人的照顾和扶助;有步骤地实行方便残疾人的城市道路和建筑物设计规范,采取无障碍措施;不断改善残疾人参与社会生活的物质条件和精神环境。

2008年《残疾人保障法》修订通过前,中共中央、国务院出台了中央7号文件,要求做好残疾人生活救助工作、完善残疾人社会保险政策、发展残疾人社会福利和慈善事业,保障残疾人基本生活。文件对完善残疾人社会保障制度提出了一系列具体要求,如要按照重点保障和特殊扶助的要求,研究制定针对残疾人特殊困难和需求的社会保障政策措施;要落实城镇贫困残疾人个体户参加基本养老保险补贴政策,鼓励并组织个体就业残疾人参加社会保险;已开展试点的地区帮助农村残疾人参加农村社会养老保险;完善残疾人社会福利政策,逐步扩大残疾人社会福利范围,适当提高残疾人社会福利水平等,这些要求比《残疾人保障法》的部分内容规定

更为具体，是对《残疾人保障法》相关内容的进一步阐释和落实。该文件的出台为《残疾人保障法》的修订和实施创造了良好的环境，对各地落实《残疾人保障法》是一个巨大的推动。

其后，各地党委、政府按照中央7号文件的精神，纷纷出台了当地的促进残疾人事业发展的意见，对残疾人社会保障相关政策进行了更为详细的制度安排，有力地促进了《残疾人保障法》的贯彻落实和残疾人保障事业的发展。如北京市提出支持残疾人参加城乡居民养老保险，按照个人最低缴费标准对参保的重度残疾人给予全额补贴，对参保的轻度残疾人给予50%补贴，进一步提高城乡残疾居民参保比例。湖南省提出提高对重度残疾人的救助水平，对其本人的救助上浮比例不低于30%，并要随着当地经济社会发展，不断提高对残疾人的救助标准。

2. 各地人大纷纷出台实施办法，增强了法律规定的可操作性

1991年《残疾人保障法》实施后，各省（自治区、直辖市）均出台了残疾人保障法的实施办法，对贯彻落实残疾人保障法的各项内容进行部署，做好社会保障工作、保障残疾人的基本生活是其中的重要内容。这些实施办法一般在社会保险、社会救助、社会福利、社会优待方面对《残疾人保障法》所确认的残疾人权利进行了重申和强调，同时根据本地区的情况，对一些内容进行了更为具体的规定和要求。如四川省在实施办法中对残疾人的社会优待做出了比《残疾人保障法》更为具体的规定，如：残疾人专用车在公共场所免费存放；卫生医疗单位应当对残疾人就医提供方便和辅助性服务，对残疾人挂号、就诊、住院优先；残疾人可凭《残疾人证》免费进入收费的公共厕所等。

2008年《残疾人保障法》修订后，各地也纷纷修订了《残疾人保障法》实施办法。基于《残疾人保障法》社会保障相关内容的修改，在这些新的实施办法中对相关内容作了调整，调整后的实施办法对残疾人社会保障相关内容规定更为符合各地区社会保障制度发展的实际，也更为具体、更为可行。如北京市修订后的实施办法，对残疾人参加社会保险的补贴范围进一步明确为"对残疾人参加城乡居民养老保险、城镇居民基本医疗保险、新型农村合作医疗给予补贴"，与北京市目前的社会保险制度发展进程相衔接，具有明显的北京特色。同时，还提出"建立对残疾人参加公共

活动和接受公共服务的意外伤害保险制度",将残疾人的社会保险拓展到商业保险领域。此外,在社会救助方面,提出"完善城乡最低生活保障制度,按照分类救助原则,适当提高城乡重度残疾、一户多残、老残一体等特殊困难对象的救助标准","对符合条件的重度残疾人家庭优先配租、配售保障性住房,并对行动不便的残疾人家庭予以照顾","根据残疾人的残疾程度和就业及收入状况,建立残疾人生活补贴制度"等都是对《残疾人保障法》关于残疾人社会救助政策的落实。

3. 多个五年计划或发展纲要的出台,做出了不同时期的具体部署

为了推动中国残疾人事业的发展,国家连续出台了多个残疾人事业五年计划纲要或发展纲要,对残疾人社会保障发展做出了一些具体的计划安排,对落实《残疾人保障法》社会保障相关规定有直接的推动作用。《中国残疾人事业"九五"计划纲要(1996～2000年)》提出,要"采取专项补助办法,保障300万特困残疾人基本生活",要求"已经实行城市最低生活保障制度的地方,要将特困残疾人生活保障纳入其中;暂未实行的地方,当地政府应视情况按月给特困残疾人一定补助",并"探索残疾人养老、失业、医疗保险制度和社会救济办法"。《中国残疾人事业"十五"计划纲要(2001～2005年)》明确提出,"切实将残疾人纳入社会保障体系,保障残疾人基本生活。在国家社会保障制度不断完善过程中,要不失时机地大力推进残疾人社会保障工作",并就社会保险、社会救助、社会福利等提出了一些具体的要求。《中国残疾人事业"十一五"发展纲要(2006～2010年)》明确要求:"完善残疾人社会保障政策。促进城镇残疾职工按规定参加社会保险,扩大自谋职业残疾人社会保险覆盖面;按规定将残疾人纳入社会保障体系,实施分类救助,适当提高符合条件的残疾人的社会保障水平。"并提出了主要措施。《中国残疾人事业"十二五"发展纲要(2011～2015年)》又提出了"残疾人基本生活得到稳定的制度性保障","城乡残疾人普遍按规定加入基本养老保险和基本医疗保险","逐步扩大残疾人社会福利范围,提高社会福利水平"等主要任务,并提出"将残疾人普遍纳入覆盖城乡居民的社会保障体系并予以重点保障和特殊扶助,落实并完善针对残疾人特殊困难和需求的生活补助、护理补贴、社会保险补贴、生活救助等专项社会保障政策措施"等一系列政策措施。在这些纲要的要求和推动下，保障法所确定的残疾人社会保障相关规定也日益被包含在更多社会发展规划和计划之中，有力地推动了残疾人社会保障权利的实现。

4. 各主管部门出台系列文件，进行了一些具体的制度安排

为保障《残疾人保障法》规定的残疾人享有的各项社会保障权利，国务院及社会保障部门、民政部门等相关主管部门在建立普适性的社会保障制度时，对残疾人参加社会保障制度、享受社会保障权利进行了一些政策上的倾斜，做出了一些针对残疾人的特殊制度安排。

如社会保险方面，1999年中国残联与劳动和社会保障部联合发布《关于做好下岗残疾职工基本生活保障和再就业的通知》，其中规定："残疾职工离岗退养期间，所在企业应继续按规定为其足额缴纳社会保险费。"2005年，劳动和社会保障部发布《关于城镇贫困残疾人个体户参加基本养老保险给予适当补贴有关问题的通知》，其中规定："残疾人就业保障金有结余的地方，可对具有当地城镇户口、持残疾人证从事个体经营并领取工商营业执照、经所在地有关部门确认的贫困残疾人个体户基本养老保险费给予适当补贴。"2007年，国务院发布《关于开展城镇居民基本医疗保险试点的指导意见》，明确提出，在对试点城市参保居民的补助之外，"对属于低保对象的或重度残疾的学生和儿童参保所需的家庭缴费部分，政府原则上每年再按不低于人均10元给予补助"，"对其他低保对象、丧失劳动能力的重度残疾人、低收入家庭60周岁以上的老年人等困难居民参保所需家庭缴费部分，政府每年再按不低于人均60元给予补助"。2009年，国务院发布的《关于开展新型农村社会养老保险试点的指导意见》，明确提出："对农村重度残疾人等缴费困难群体，地方政府为其代缴部分或全部最低标准的养老保险费。"

再如社会救助方面，2010年，民政部下发《关于进一步加强城市低保对象认定工作的通知》，规定："家庭生活确有困难，且已丧失劳动能力的成年重度残疾人，应在单独立户后申请低保。"这一规定实际上放松了对残疾家庭的人均收入的审核，有利于更多残疾人享受低保待遇。

二、残疾人社会保障投入逐步加大

一定的财政投入是落实《残疾人保障法》、促进残疾人社会保障事业发展的物质基础和有力保证。自《残疾人保障法》实施以来，各级政府对残疾人社会保障事业的投入力度不断加大。"十一五"期间，中央财政通过多种渠道，共安排残疾人事业补助资金56.37亿元，比"十五"时期增长189.97%，对残疾人社会保障的投入也随之增多[1]。

1. 参加社会保险的补贴力度持续增强

《残疾人保障法》规定，对生活确有困难的残疾人，按照国家有关规定给予社会保险补贴。在养老保险方面，主要是根据两个政策对残疾人参保进行补贴。一是残疾人个体户基本养老保险费补贴政策。根据国办发〔2004〕76号文件有关规定，残疾人就业保障金有结余的地方，可利用残疾人就业保障金对城镇贫困残疾人个体户缴纳城镇企业职工基本养老保险费给予补贴。二是关于重度残疾人参加新型农村和城镇居民养老保险试点代缴费政策。根据国发〔2009〕32号文和〔2011〕18号文，对于农村和城镇重度残疾人等缴费困难群体参加新型农村和城镇居民养老保险试点，地方政府为其代缴部分或全部最低标准的养老保险费。这两项政策已经在一些试点地区得到实施。在医疗保险方面，城镇就业残疾人可参加城镇职工医疗保险，城镇非就业残疾人和农村残疾人可分别参加城镇居民医疗保险和新型农村合作医疗保险。根据财政部提供的数据，2003～2011年，中央财政共安排新农合补助资金1891亿元；2007～2011年，中央财政共安排居民医保补助资金291亿元[2]。一些地方政府也对残疾人参加养老保险和医疗保险给予补贴，如北京市每年投入2亿元，对17.9万城乡残疾人参加养老和医疗保险给予补贴[3]。

---

[1] 财政部. 加大投入、完善政策，积极做好残疾人权益保障工作——中央财政支持残疾人保障工作有关情况. 2011年9月.

[2] 财政部. 加大投入、完善政策，积极做好残疾人权益保障工作——中央财政支持残疾人保障工作有关情况. 2011年9月.

[3] 丁向阳. 以人为本、率先发展，建设残疾人工作的首善之区——在第四次全国残疾人事业工作会议上的发言. 2011年6月9日.

就业保障金补贴残疾职工参加社会保险的资金额不断增加。2010年，全国各地区残疾人就业保障金补贴金额为7031.9万元，比2009年增加2000多万元，增长了41.1%，较2006年增加了近4500万元，增长了177.6%。在各地区中，2010年北京市残疾人就业保障金补贴金额达到了2010万元，安徽省达到了1364.6万元①。

2. 各项社会救助投入力度不断加大

《残疾人保障法》规定，各级人民政府对生活确有困难的残疾人，通过多种渠道给予生活、教育、住房和其他社会救助。"十一五"期间，以中央财政为例，对残疾人的社会救助投入力度明显加大。一是对城乡最低生活保障制度的补助。我国先后于1999年和2007年发布《城市居民最低生活保障条例》、《国务院关于在全国建立农村最低生活保障制度的通知》，建立城乡最低生活保障制度是我国保障困难群体基本生活的重要制度，也是保障残疾人基本生活的重要制度，符合低保条件的残疾人均可按规定享受城乡低保待遇。为了切实保障包括贫困残疾人在内的城乡困难群体的基本生活，各级财政不断加大资金投入，其中，中央财政2009~2011年共安排城乡低保补助资金1998.3亿元。二是发放物价补贴。为了避免优抚对象、低保对象和农村"五保"对象的基本生活受物价上涨影响，中央财政多次发放临时补贴。如2010年11月，中央财政一次性安排补助资金3.5亿元，为中西部地区农村五保供养对象发放价格临时补贴。2011年春节前，中央财政安排104亿元补助资金，为8600多万城乡低保对象、农村五保供养对象和优抚对象等困难群体发放一次性生活补贴。三是开展医疗救助。2003~2011年，中央财政共安排城乡医疗救助资金432亿元。贫困残疾人可在参加医保或新农合时通过城乡医疗救助对其个人缴费获得帮助；因患大病没有能力负担医疗费的贫困残疾人，还可通过城乡医疗救助再次获得帮助。四是开展住房救助，实施农村危房改造工程。从2008年起，国家开展农村危房改造试点工作。贫困残疾人家庭作为危房改造的重点补助对象，各地在确定补助范围和分类救助标准时均予以优先考虑。2009~

---

① 中国残联编. 中国残疾人事业统计年鉴—2011. 中国统计出版社. 2011年8月。

2011年，中央财政共安排农村危房改造补助资金281亿元①。

《残疾人保障法》规定，地方各级人民政府对无劳动能力、无扶养人或者扶养人不具有扶养能力、无生活来源的残疾人，按照规定予以供养。农村五保供养制度是我国重要的社会福利制度。2006年3月，国家实施了新的《农村五保供养工作条例》，重点修改了有关农村五保供养资金渠道的规定，明确今后五保供养资金要在地方政府预算中安排，中央财政对财政困难地区的农村五保供养给予补助。这一规定将农村一部分有特殊困难的群众纳入了公共财政的保障范围，实现了五保供养从农民集体内部的互助共济体制，向国家财政供养为主的现代社会保障体制的历史性转变。符合条件的农村残疾人可享受农村五保供养待遇。农村五保供养资金在地方人民政府财政预算中安排，中央财政通过农村税费改革转移支付安排补助资金。"十一五"时期，全国农村五保供养事业快速发展。五年来，全国累计投入农村五保供养资金358亿元，年均增长18%；平均供养标准由每人每年1064元提高到2246元，提高了111%；供养对象由328万人增加到2010年的554万人②。其中，2010年，全年各级财政共发放农村五保供养资金98.1亿元，比上年增长11.4%，其中中央财政首次安排五保对象临时物价补贴3.5亿元③。

3. 社会福利设施建设投入力度明显加强

近几年，福利机构建设资金的投入力度明显加大。民政部门通过福利彩票公益金、中央预算内专项投资以及地方配套投入，积极推动福利机构建设。2010年民政系统共支出彩票公益金121.2亿元，其中用于福利收养性单位51.1亿元，占42.2%。实施"儿童福利机构建设蓝天计划"，资助建设改造了453个孤残儿童福利机构以及综合性社会福利机构儿童部；实施"全国县区社会福利中心建设计划"，资助地方建设了600多个县级综合性社会福利中心。精神卫生机构设施建设也得到较为有力的资金支持。中

---

① 财政部. 加大投入、完善政策，积极做好残疾人权益保障工作——中央财政支持残疾人保障工作有关情况. 2011年9月.

② 全国农村五保供养工作会在江西召开李立国出席并颁奖罗平飞、王军讲话. http://mzzt.mca.gov.cn/article/wbgygzhy/hyxw/201012/20101200117798.shtml.

③ 民政部. 2010年社会服务发展统计报告. 来自民政部官方网站. http://www.mca.gov.cn/article/zwgk/mzyw/201106/20110600161364.shtml.

央下达预算内投资补助资金4.37亿元支持20个省（市、区）26个民政部门精神卫生专业机构建设；下达3.24亿元专项补助资金，支持27个省（市、区）112个民政系统精神疾病服务机构的医疗设备购置。

根据《残疾人保障法》"国家鼓励和扶持社会力量举办残疾人供养、托养机构"的规定，2009年中央财政专门设立了"阳光家园计划——智力、精神和重度残疾人托养服务项目"专门资金6亿元，从2009~2011年，每年安排2亿元，用于补助各地开展残疾人托养服务工作。目前，该计划已经直接资助1244家机构的3万多名残疾人接受机构托养服务[①]。

三、残疾人社会保障体系有待完善

尽管《残疾人保障法》社会保障相关规定的实施得到了各部门的大力推动，也保持了一定的资金投入力度，但仍然存在一些需要改进之处：

1. 信息体系和监督机制仍然有待加强

《残疾人保障法》关于残疾人社会保障的相关规定实际上是基于整个社会的保障体系之上，一方面依赖于整体社会保障体系的建设，另一方面也可以对残疾人社会保障做一些特殊安排，实际上是一种"统分结合"的机制，比任何单一的系统更为复杂，因此必须做好一些配套制度建设，才能保证这种"统分结合"的机制能更好地发挥作用。从目前来看，还存在一些缺陷：一是缺乏一个全国统一的"统分结合"的信息统计体系。如一些地方缺乏残疾人参加社会保险的人数、享受城乡低保人数、获得相关补贴人数等详细信息，在这次立法后评估对地方政府部门的调查中，一些地方表示没有相关统计口径的数据，大多相关信息都只有总人数，而没有关于残疾人和非残疾人的区分；从中央到地方都存在社会保障领域到底有多少经费落实到残疾人统计不清的情况。信息统计体系的不完备影响了对残疾人社会保障详细情况的掌握，势必会进一步影响一些关于残疾人的特殊制度安排的实施，影响其实施效果。二是缺乏保障残疾人社会保障权利的监督机制。残疾人社会保障权利的保障状况应该有一个从中央到地方、多部

---

① 财政部. 加大投入、完善政策，积极做好残疾人权益保障工作——中央财政支持残疾人保障工作有关情况. 2011年9月.

门、多层级相结合的监督机制,加强残疾人社会保障事业发展的目标管理、过程管理和结果管理,及时纠错,确保残疾人各项社会保障权利得以实现。

2. 各级政府责任分摊机制有待完善

毫无疑问,各级地方政府应该是保障残疾人各项社会保障权利的直接责任人,但在我国目前的财税体制下,一些地区地方财政支出能力有限,县级财政大多比较困难,把过多的责任交给地方政府也会带来一些明显的地区差异,影响了《残疾人保障法》的严肃性和公平性。

一是各地区实施办法的可操作性差别较大。从各地出台的《残疾人保障法》实施办法看,有些规定比较详细,对《残疾人保障法》的原则和规定做了进一步的阐释和规定,增强了可操作性;有些则是对《残疾人保障法》各项原则和规定的简单重复,操作性明显不够。可操作性的差异最终会导致《残疾人保障法》在各地区实施状况的差异。

二是各地区对残疾人的特惠措施内容和标准差异较大。由于地方实施《残疾人保障法》有较大的自由度,在具体制度设计、资金投入等方面各地区形成了明显的差异。对享受残疾人特惠措施的人群范围、享受内容、享受标准因地而异,造成了较为严重的地域分割,实际上在一定程度上损害了《残疾人保障法》的实施效果。

3. 投入力度尚需进一步加大

尽管近年来残疾人社会保障的各项投入均有所增加,但是总体上投入力度仍然不足。这主要表现在:一是国家总体上在社会保障上的投入仍然不足,分摊到残疾人社会保障的投入份额同样不足,这可以从残疾人社会保障状况较差中得以体现;二是对城镇残疾人的社会保险补贴,主要依赖就业保障金;三是部分贫困的残疾人仍然没有纳入城乡最低生活保障,没有实现"应保尽保"的目标;四是大部分地区还没有兑现对残疾人的生活补贴和护理补贴;五是扶养残疾人的标准较低,条件仍然较差;六是一些优待措施的力度较小,惠及范围较窄。

4. 投入机制尚需进一步理顺

目前,残疾人社会保障是一种多层次、多部门和多资金来源的投入机制,存在以下问题:一是各种资金来源之间缺乏有效协调,资金使用效率仍然有待提高。由于资金来源的多样性,目前没有统一的残疾人社会保障资金投入统计，不同部门之间在投入上往往是各行其是，缺乏有效协调和配合。二是没有建立社会保障投入的长效机制，资金投入多采用项目制，稳定性有所不足。项目制造成了有项目的地方，资金有保证；没项目的地方，资金没保证的状况。三是没有建立不同地区投入的平衡机制，由于各地方政府的财力大小不同，造成对残疾人社会保障的投入也不同，经济落后地区的残疾人社会保障投入无法得到保障。

第四节 实施绩效评估结果

一、残疾人社会保障状况得到改善

自 1991 年《残疾人保障法》实施以来，我国残疾人社会保障事业取得了明显的进步，社会保障体系更加完善，残疾人社会保障状况明显改善。

1. 多层次"统分结合"的残疾人社会保障体系初步形成

在以《残疾人保障法》为核心的一系列残疾人社会保障制度的大力保障和有力推动下，我国正在形成日益完善的包含社会保险、社会救助、社会福利和社会优待等内容的多层次残疾人社会保障体系。残疾人社会保障体系是我国社会保障体系的一个子系统，既带有整个社会保障体系的共性，也有残疾人社会保障自身的特性，是普适性和特殊性相结合（即统分结合）的一个体系。普适性是指残疾人享有和其他非残疾社会成员同等的参加各类社会保险，获得社会救助、社会福利和社会优待的权利；特殊性则是指残疾人由于其区别于非残疾人而享受一些特殊的制度安排，如一些补贴、优惠措施或是单独针对残疾人的社会福利和社会优待等。在社会保险方面，养老保障体系由城镇企业职工基本养老保险制度、机关事业单位人员退休制度、城镇居民养老保险制度、新型农村养老保险制度等构成。医疗保障体系由城镇职工基本医疗保险、机关事业单位人员公费医疗制度、城镇居民基本医疗保险制度以及新型农村合作医疗制度等构成。职业保障体系由失业保险、工伤保险、生育保险等构成。在社会福利方面，由城镇社会福利院、农村敬老院、孤残儿童福利院、残疾人康复中心等组成了覆盖城乡的残疾人社会福利体系。在社会救助方面，由城乡最低生活保障制度、贫困救助、医疗救助、教育救助、灾害救助等组成的定期救助和临时救助相结合的社会救助体系。在社会优待方面，各地出台了诸如公园、公交免票等一系列优待措施。残疾人可根据各项制度的适用条件加入不同的制度之中，享受普适性的社会保障，同时残疾人在加入上述保障体系时，基于《残疾人保障法》，又可以获得一些优待或是政策倾斜，如为了让残疾人有条件参加社会保险，获得社会保障，一些地方对残疾人参加社会保险给予了不同程度的补贴，一些地方提高了残疾人的低保标准，一些地方给予重度残疾人专门的生活补贴等。

残疾人社会保障体系的逐渐完善表明《残疾人保障法》中确定的残疾人享有各项社会保障的权利正在逐渐得以实现，国家正在扮演保障残疾人社会保障权利的责任人的角色，为实现残疾人社会保障权利创造条件。

2. 残疾人社会保险的参保人数和参保率明显上升

（1）至少参加一种社会保险的残疾人数和比例实现较快增长

残疾人参加社会保险的情况与整个国家的社会保险制度的发展密切相关。我国社会保险主要包括养老保险、医疗保险、生育保险、工伤保险和失业保险等五类。近年来，随着我国整体社会保障制度建设的不断推进和残疾人社会保障制度的不断完善，残疾人参加社会保险的人数快速增加，参保比例不断增加。中国残联的年度统计数据显示，2001 年全国城镇残疾职工参加社会保险的为 51.9 万人，2004 年参保人数翻一番，达到 113.0 万人，2006 年再翻一番，达到 240.1 万人，2009 年则进一步增加到 287.6 万人，另外还有 328 万城镇残疾居民参加社会保险①。第二次全国残疾人抽样调查结果显示，城镇残疾人至少参加一种社会保险的比例为 42.96%。中国残疾人状况和小康进程监测数据也显示，2007~2010 年度城镇残疾人参加社会保险比例不断提高。2008 年度城镇残疾人至少参加了一种社会保险的比例比 2007 年度增加 19.5 个百分点，2009 年度在 2008 年度基础上增加 1.7 个百分点，2010 年度又比 2009 年度增加 11.8 个百分点，达到了 76.1%（见图 5-1）。

---

① 数据来自中国残联官方网站的"事业统计"栏目，网址为 http://www.cdpf.org.cn/sytj/node_304004.htm。

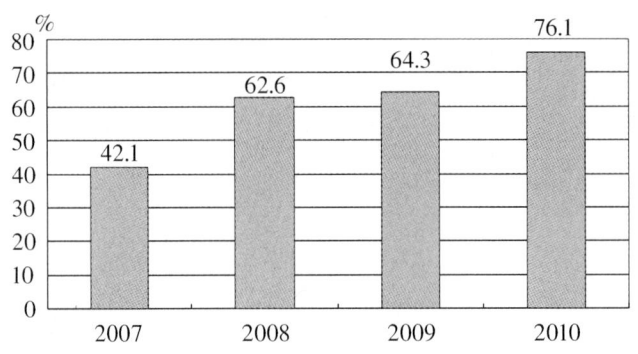

1 城镇残疾人至少参加一种社会保险的比例变化（2007～2010）

资料来源：2010 年度中国残疾人状况及小康进程监测报告，引自中国残联官方网站。

(2) 残疾人参加养老保险的人数和比例快速增加

目前，养老保险主要包括城镇企业职工基本养老保险制度、城镇居民养老保险制度、新型农村养老保险制度等。其中，城镇企业职工基本养老保险制度建立较早，从 1991 年国务院发布《关于企业职工养老保险制度改革的决定》开始，逐步试点成熟，在《社会保险法》中改称为基本养老保险制度。后两种制度目前均处于试点阶段，其中新型农村养老保险制度试点始于 2009 年，国家城镇居民养老保险制度试点则始于 2011 年，但一些地方如北京市等几年前已经开始了探索，此外有些地区被征地农民的养老保险也被纳入居民养老保险范畴。残疾人根据自己的就业状况和身份特征可以加入不同的保险制度。

近年来，得益于养老保险制度的不断完善和制度覆盖面的不断扩大，残疾人参加养老保险的人数不断上升。2006 年，参加城镇职工基本养老保险的残疾人为 154.3 万人，2010 年已经达到了 198.5 万人，增长了 28.6%（见图 5-2）。特别是个体就业残疾职工参加养老保险的人数增长很快，2006 年为 24 万人，2010 年就已经翻一番多增长到 53 万人。国家出台的利用就业保障金补贴残疾个体户参加城镇基本养老保险的政策对残疾人参保有明显的推动作用，2010 年补贴人数达 15.59 万人，占全部参加养老保险的残疾个体户的 28.9%。此外，集中就业残疾职工参加养老保险的人数也稳步增加，从 2006 年的 66.1 万人增加到 2010 年的 77.8 万人①。

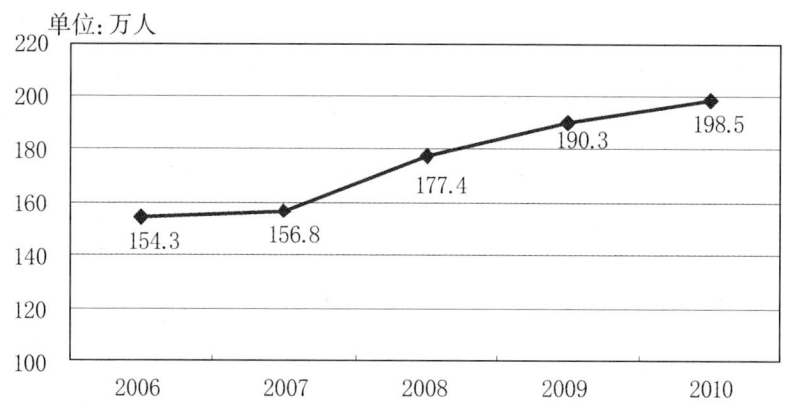

图 5-2 残疾职工参加城镇基本养老保险的人数（2006~2010）

资料来源：2006~2009 年数据来自中国残联官方网站的"事业统计"栏目，2010 年数据来自"2010 年中国残疾人事业统计公报"，均引自中国残联官方网站。

残疾人参加养老保险的比例也不断上升。中国残疾人状况和小康进程监测数据显示，城镇残疾人参加养老保险的比例已经从 2008 年的 41.6% 上升到 2010 年的 47.4%。其中，参加城镇职工基本养老保险的比例从 2008 年的 64.9% 上升到 2010 年的 83.2%。参加城镇居民养老保险的比例则从 2008 年的 12.4% 上升到 2010 年的 19.4%。同时，从 2009 年 8 月开始试点的新型农村养老保险制度，2010 年农村残疾人参加的比例达到了 12.8%②。这次《残疾人保障法》实施状况调查的几个县均已被新型农村养老保险制度覆盖，调查表明，该制度在残疾人中已经有较高的覆盖率，在全部调查的农村残疾人中，参加农村养老保险的比例已经高达 82.5%，其中覆盖率最高的县已经超过 90%，最低的县也超过了 75%。

（3）残疾人医疗保险参保率达到了全国平均水平

目前，医疗保险体系主要由城镇职工基本医疗保险、城镇居民医疗保险和新型农村合作医疗保险构成。近年来，残疾人参加医疗保险的人数均

---

① 2006~2009 年数据来自中国残联官方网站的"事业统计"栏目，2010 年数据来自"2010 年中国残疾人事业统计公报"，均引自中国残联官方网站 http://www.cdpf.org.cn。

② 2010 年度中国残疾人状况及小康进程监测报告，引自中国残联官方网站 http://www.cdpf.org.cn。

保持上升态势。2009 年，城镇残疾职工参加基本医疗保险的人数 129.8 万人，2010 年增加到 155.5 万人。城镇残疾人参加居民医疗保险的人数在 2009 年达到 283.6 万人，2010 年进一步增加到 355.9 万人，农村残疾人参加新型农村合作医疗保险的人数 2010 年达到了 2823.9 万人①。

残疾人参加医疗保险的比例也在逐年上升。中国残疾人状况动态监测数据显示，城镇残疾人参加基本医疗保险的比例从 2008 年的 58.6% 上升到 2010 年的 74.4%，其中，城镇残疾职工的参保比例从 70.6% 上升到 93.5%，城镇残疾居民的参保比例从 43.6% 上升到 74.5%。农村残疾人参加新型农村合作医疗的比例也不断上升，由 2007 年度的 84.4% 上升到 2010 年度的 96.0%②。这次立法后评估对残疾人的调查结果显示，城镇受访残疾人参加城镇职工医疗保险和城镇居民医疗保险的比例合计达到了 89.7%，农村受访残疾人参加新型农村合作医疗的比例达到了 98.0%。

从与全国平均参保水平的比较看，2010 年城镇人口参加基本医疗保险的比例约为 65%，从中国残疾人状况动态监测数据来看，残疾人的参保水平高于平均水平。同时，2010 年全国新型农村合作医疗的参合率为 96%，中国残疾人动态监测数据和这次《残疾人保障法》实施状况调查数据均发现残疾人的参合率达到了平均水平。

3. 残疾人城乡最低生活保障覆盖率不断提高

近年来，纳入最低生活保障的残疾人快速上升。2002 年城乡纳入低保人数为 226.2 万人，2006 年达到 487.9 万人，2009 年达到 853.6 万人。其中，城镇纳入低保的残疾人人数从 2002 年的 114.5 万人增加到 2009 年的 238.6 万人，增长 1.1 倍；农村纳入低保的残疾人从 2002 年的 111.8 万人增长到 2009 年的 615.1 万人，增长了 4.5 倍（见图 5 - 3）。

---

① 2009 年数据来自中国残联官方网站的"事业统计"栏目，2010 年数据来自"2010 年中国残疾人事业统计公报"和《中国残疾人事业统计年鉴—2011》。

② 2010 年度中国残疾人状况及小康进程监测报告，引自中国残联官方网站 http://www.cdpf.org.cn。

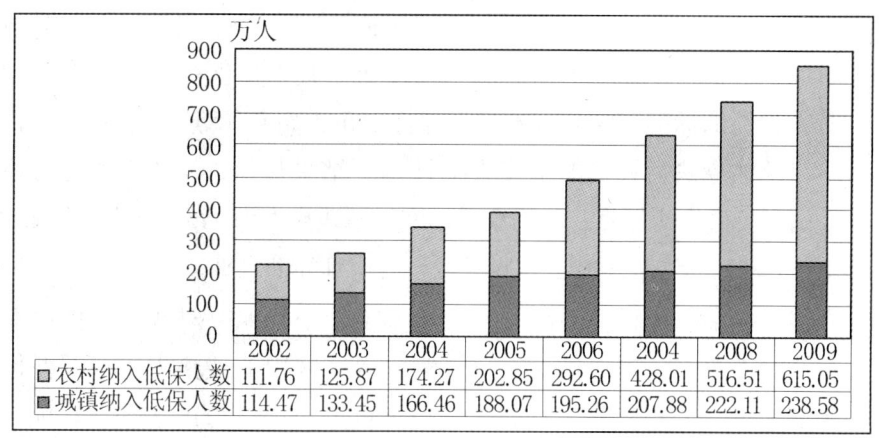

图 5-3　城乡纳入低保的残疾人数的变化

资料来源：中国残联官方网站"事业统计"栏目。

纳入最低生活保障范围的残疾人比例（即实际纳入最低生活保障范围的残疾人占应纳入最低生活保障范围的残疾人的比例，简称最低生活保障率）也逐年升高。城乡残疾人最低生活保障率在2002年时为47.31%，2009年增加到66.83%，提高近20个百分点。其中，城镇残疾人最低生活保障率从2002年的73.34%上升到2009年的80.16%，农村残疾人最低生活保障率从2002年的34.7%上升到2009年的62.77%（见图5-4）。

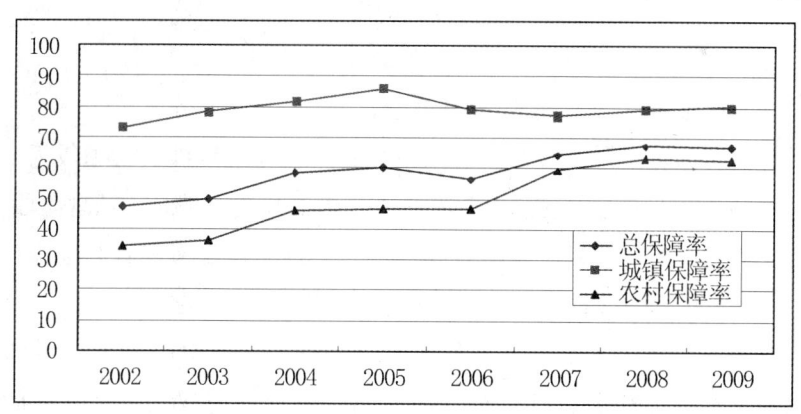

图 5-4　残疾人纳入最低生活保障的比例

资料来源：中国残联官方网站"事业统计"栏目。

在残疾人纳入低保范围的人数和比例上升的同时，低保标准和实际支出水平也在逐年提高。以城市为例，2003年城市低保平均标准为145元，到 2010 年增长到 251 元，低保平均支出水平则从 2003 年的 58 元增加到 2010 年的 189 元①。截至 2011 年 6 月，全国城市低保标准每人每月 270 元，月人均补助标准 208 元，农村低保标准每人每年 1552 元，月人均补助 85 元②。这次立法后评估的残疾人抽样调查结果显示，35.6% 的受访残疾人享受国家最低生活保障，平均享受额度城镇残疾人为 386 元/月，农村残疾人为 103 元/月，均高于 2011 年 6 月城乡人均月补助水平。

在最低生活保障标准不断提高的基础上，一些地方对残疾人低保对象适当提高救助水平。主要做法是，针对低保家庭中的残疾人，按照低保标准与家庭人均收入差额核定补差金额后，再适当提高救助水平。目前，全国 31 个省均建立了分类施保的制度。在此基础上，江苏省等地积极尝试将成年重度残疾人单独立户纳入低保救助。云南省昆明市对低保家庭中的重度残疾人，其低保补助水平比其他家庭成员上浮 20%；四川省成都市对符合低保条件的重度残疾人，按照当地低保标准上浮 10% 后差额享受。

二、残疾人社会保障水平仍需提高

尽管我国残疾人社会保障体系建设和保障状况均取得了明显的改善，但是仍然存在一些需要继续改善的方面：

1. 社会保险制度仍不完善，覆盖率有待进一步提高

（1）社会保险需进一步完善制度设计

尽管我国已经出台了《社会保险法》对社会保险制度进行了较为全面的规范，对促进残疾人参加社会保险将产生积极的作用。但是，从现阶段来看，社会保险制度仍然存在诸多需要完善之处，一方面是要对现有制度设计的改进，另一方面是要继续探索建立新的适合中国国情的社会保险制度。

现有制度设计中需要改进之处包括：一是一些社会保险制度的缴费水平和保障水平科学性仍然有待进一步评估，参与者的权利与义务之间平衡仍然争议较多，如一些学者对养老保险中关于缴费年限的规定存在争议；

---

① 民政部. 2010 年社会服务发展统计报告. 来自民政部官方网站 http://www.mca.gov.cn/article/zwgk/mzyw/201106/20110600161364.shtml.
② 民政部贯彻残疾人保障法评估材料. 2011 年 9 月.

二是制度设计与未来社会经济发展状况之间的协调性仍然有待评估,各项制度的财务可持续性仍需进一步考察;三是社会养老保险基金普遍统筹层次过低,不同地区之间社会保险的转移与接续仍然存在一些障碍;四是不同社会保险制度(如城镇职工基本养老保险、城镇居民养老保险和新型农村养老保险)之间的衔接仍需进一步研究;五是对残疾人参加社会保险的补贴需要更加制度化和规范化的保障,目前一些地区对残疾人的补贴多采用最低标准,保障作用有限。

随着我国社会经济的发展,国家应该进一步发展适合残疾人的社会保险制度。如在日本、韩国等一些国家实行的长期护理保险其受益对象主要是身体机能衰弱、需要护理的老年人,基本上可归属于残疾人,该保险利用社会保险的风险分担机制,实现多数人负担少数人的护理费用,化解了需要护理者的部分经济风险,很大程度上解决了残疾人的实际困难,但我国目前还没有这项社会保险制度。

(2) 仍有较大比例残疾人没有任何社会保险

尽管社会保险的覆盖面提高很快,但值得注意的是,还有相当一部分残疾人没有参加任何社会保险。中国残疾人状况和小康进程监测数据显示,2010年还有23.9%的城镇残疾人没有任何社会保险,其中个体工商户的社会保险状况更差,至少参加了一种社会保险的比例仅占6.3%。这次立法后评估的残疾人调查显示,约有27.1%的调查对象没有参加任何社会养老保险。在农村受访残疾人中,有82.5%参加了新型农村社会养老保险,有15.7%没有参加任何养老保险;在城镇受访残疾人中,有47.5%参加了城镇职工基本养老保险,有13.2%参加了城镇居民养老保险,有37.8%没有参加任何社会养老保险。

尤其应该注意提高农村残疾人的养老保险参保比例。从各项养老保险的参保比例与全国平均水平相比来看,城乡残疾人的参保情况存在明显的差别。2010年全国参加城镇职工基本养老保险的职工人数占城镇就业人员的比例约为56%[1],城镇残疾人的参保比例达到了83.2%,高于全国平均水平约17个百分点。2010年全国农村新型养老保险平均参保比例估计接

---

[1] 根据《中国统计年鉴2011》相关数据计算。

近20%①,但残疾人的参保率仅为12.8%,低于全国平均水平。因此,残疾人的社会保险覆盖率还需要进一步提高。

2. 社会救助制度规范性不够,低保标准和覆盖率有待提高

(1) 社会救助规范性有待增强

目前,社会救助领域还没有一部类似《社会保险法》的法律,如《社会救助法》,社会救助的开展主要基于一些行政法规和政府部门的规范性文件,缺乏对社会救助活动的法律约束力,社会救助工作的临时性、随意性较大。主要表现在:一是救助对象的指向性不明,一些社会救助活动中救助对象的确定缺乏相应的标准和程序;二是救助水平的随意性较大,除最低生活保障制度各地有明确的标准外,其他的社会救助措施多缺乏明确的救助标准;三是即便存在一些救助标准,也往往没有建立标准的调整机制。

残疾人社会保障体系的不完善,制约了残疾人社会保障事业的发展,也影响了残疾人的生存状况及社会公众对残疾人社会保障状况的评价。在本次《残疾人保障法》实施状况调查中,社区居民对残疾人的社会保障状况评价一般,只有半数(51.7%)的受访居民认为我国残疾人的社会保障状况"很好"或"比较好",有6.9%的受访居民认为"不太好"或"很不好",另有36.5%的受访居民认为"一般"(见图5-5)。41%的受访居民认为"社会保障"是残疾人面临的最主要问题之一,仅次于"医疗费用"和"就业"。

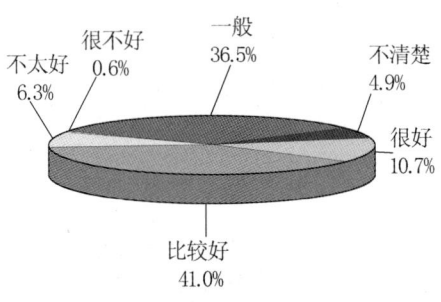

图5-5 受访居民对社会保障状况的评价

资料来源:《残疾人保障法》实施状况调查。

---

① 根据《中国统计年鉴2011》中的乡村人口数、人口年龄结构、新型农村养老保险参保人数估算。

(2) 低保标准和覆盖率有待进一步提高

尽管城乡残疾人低保发展很快，但是仍然存在一些问题：一是低保标准过低。以全国2011年6月的低保标准为例，全国城市低保标准每人每月270元，约合每人每年3240元，仅相当于2010年城镇居民家庭人均消费性支出的24.1%，人均食品支出的67.4%；甚至该补贴标准与城镇最低10%收入户的人均消费性支出相比，也仅占59.2%。农村低保标准每人每年1552元，仅相当于2010年农村居民人均年生活消费支出的40.2%，与农村最低20%收入户的人均年生活消费相比，也仅占61.2%。也就是说，目前的低保标准无法保障享受者维持与最低收入户平均的生活水平。同时，由于残疾人的特殊性，在一些方面消费还要高于非残疾人，即便残疾人获得的补贴标准高于全国平均水平，目前的低保标准对残疾人而言仍然显得过低。二是"应保尽保"尚未完全落实。中国残联的统计数据表明，2010年全国城镇残疾人的最低生活保障率为81.4%，农村残疾人的最低生活保障率仅为69.4%。

3. 残疾人特惠措施惠及范围较小，标准有待提高

(1) 社会保险补贴覆盖面差异较大，标准普遍不高

部分残疾人参加社会保险得到了政府的全额或部分补贴。这次立法后评估的残疾人问卷调查结果显示，54.7%的受访残疾人在参加社会养老保险时个人缴费部分得到了政府的补贴，其中35.3%获得了部分补贴，19.4%获得了全额补贴。在农村参加了社会养老保险的受访者中，有31.1%的个人缴费部分没有获得政府补贴，42.0%获得了部分补贴，29.6%得到了全部补贴。在城镇参加了社会养老保险的受访者中，有63.9%的个人缴费部分没有获得政府补贴，26.5%获得了部分补贴，9.6%得到了全部补贴。

各地区的补贴标准不一，覆盖面也有所不同。如北京市参加新型农村养老保险和城镇居民养老保险补贴标准均为重度残疾人每年每人960元，一般残疾人的补贴标准为每年每人480元，2010年分别补贴70327人和14367人，分别占参加该保险残疾人的100%和81.07%。山西省长治市则是新型农村养老保险和城镇居民养老保险均对重度贫困残疾人补贴每年每人100元，2010年分别补贴18315人和1007人，分别占参加该保险的残疾

人的 20.0% 和 5.5%。

部分残疾人参加医疗保险得到了政府补贴。这次立法后评估的残疾人调查结果显示，54.2%的调查对象参加社会医疗保险个人缴费部分获得了政府补贴，其中 30.2% 获得了全额补贴，22.2% 获得了部分补贴。医疗保险补贴各地标准也不相同，北京市残疾人参加新型农村合作医疗的补贴标准从每年每人 35 元到 120 元不等，2010 年实际补贴人数为 41404 人，占参加该保险残疾人的 25.17%；参加城镇居民医疗保险重度残疾人个人缴费全部补贴（600 元），2010 年实际补贴 14311 人，占参加该保险的残疾人的 77.8%。四川省内江市参加新型农村合作医疗的补贴标准则为每年每人 10~30 元，2010 年实际补贴 42536 人，占参加该保险残疾人的 65.97%；对残疾人参加城镇居民医疗保险的补贴标准为重度残疾人每年每人 285 元，残疾儿童每年每人 210 元，2010 年实际补贴 566 人，占参加该保险残疾人的 47.6%。

调查还显示，还有更多残疾人希望得到政府对其参加社会保险进行补贴。36.1%的残疾人将对养老、医疗等保险个人缴费部分给予补贴作为自己最希望政府解决的困难之一。本次立法后评估对政府部门工作人员的调查表明，政府工作人员认为残疾人在社会保障方面存在的最大问题是残疾人享受社会保障待遇后仍有很大困难，有 74%的调查对象选择这一问题。同时还有 56.5%的调查对象表示残疾人没有能力承担社会保险个人缴费部分（见表 5-1）。

表 5-1 政府工作人员对残疾人社会保障问题的判断

社会保障困难	人数	比例（%）
残疾人无力承担社会保险个人缴费部分	285	56.5
符合条件的残疾人难以享受最低生活保障	107	21.2
残疾人享受社会保障待遇后仍有很大困难	373	74.0
政府缺少针对残疾人的社会保障政策	112	22.2
政府现有针对残疾人的社会保障政策难以落实	108	21.4
其他	3	0.6
不清楚	34	6.7

资料来源：《残疾人保障法》实施状况调查。

(2) 大部分地区尚未建立贫困残疾人生活补贴制度，已建立制度的地区大多标准较低

在本次《残疾人保障法》实施状况调查的六省市中，只有北京市、山西省和安徽省建立了贫困残疾人生活补贴制度，除北京市针对家庭月平均收入高于低保标准低于最低工资标准的重度残疾人，参照最低生活保障享受生活补助，补贴标准最高可达500元/月外，其他地区的补助标准均不超过150元/月，补贴标准较低。

从对残疾人调查来看，有19.2%的残疾人享受了贫困残疾人生活补贴，平均享受标准为107元/月。其中，城镇贫困残疾人享受的标准平均为100元/月，农村残疾人享受的标准平均为115元/月。享受生活补贴的残疾人家庭年人均收入约为5680元，较未享受生活补贴的残疾人家庭年人均收入低约636元。

(3) 护理补贴制度刚刚起步，只有少数地区开始实施

在本次《残疾人保障法》实施状况调查的六省市中，只有北京市建立护理补贴制度，但范围限定因公致残的返城知青，并非针对全部不能自理的残疾人。此外，广州市越秀区和安徽省铜陵市也建立了护理补贴制度，补贴标准均低于100元/月。

从对残疾人的调查看，目前只有极少数人受益于护理补贴制度。在全部调查对象中，只有不到0.6%的残疾人享受了护理补贴，平均享受标准为117元/月。

4. 残疾人生活状况仍然较差，整体保障水平有待提高

多种渠道的信息均反映出，在目前的社会保障水平下，残疾人的生存状况仍然较差，主要表现是残疾人家庭的人均收入明显低于社会平均水平。中国残疾人状况和小康进程监测数据显示，2010年度监测城镇残疾人家庭人均可支配收入9365.8元，农村残疾人家庭人均可支配收入4739.2元。本次立法后评估的残疾人调查数据显示，受访残疾人上年（2010年）平均的家庭年人均收入为6194.2元。其中，59%的残疾人家庭的年人均收入低于5000元，只有17.8%的家庭年人均收入超过1万元。其中，城镇残疾人调查对象的家庭年人均收入为8708.4元，农村调查对象的家庭年人均收入为3629.9元，均低于当年城镇和农村居民家庭人均收入水平（分别为

19109元和5919元)。低收入水平使得部分残疾人的生活存在困难,因此,发放生活补贴保障基本生活成为残疾人对政府的热切期望。本次评估的残疾人调查中,57.4%的受访残疾人将发放生活补贴列为最希望政府帮助解决的困难。

残疾人所在社区的居民对残疾人生活状况的评价也不甚乐观。立法后评估的居民调查结果显示,47%的受访居民表示身边残疾人的生活状况"一般",另有4.9%的受访居民认为"生活状况很差",24.5%的受访居民认为"生活状况较差",认为身边残疾人"生活状况很好"的受访居民仅占3.2%,认为"生活状况较好"的为18.6%(见图5-6)。

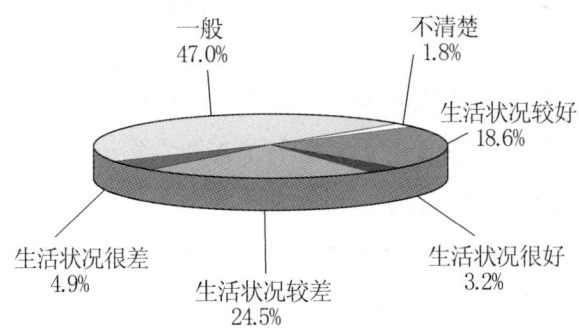

图5-6 受访居民对身边残疾人生活状况的评价

资料来源:《残疾人保障法》实施状况调查。

第五节　相关建议

一、加强残疾人社会保障立法

1. 进一步完善残疾人社会保障的相关规定

一是进一步明确各级政府保障残疾人社会保障权利的义务。首先应该明确中央政府建设和完善社会保障体系的义务。《残疾人保障法》明确规定了国家保障残疾人享有各项社会保障的权利，但对残疾人社会保障权利的保障必须以一定的社会保障制度为根基，国家应该有义务根据社会经济发展状况发展适当的社会保障制度。正如《宪法》所规定的"国家发展为公民享受这些权利所需要的社会保险、社会救济和医疗卫生事业"一样，《残疾人保障法》作为保障残疾人权益的一部专门性法律，应该在社会保障部分重申国家发展为残疾人享受社会保障权利所需的相关制度的义务，并将这一义务的责任主体进一步明确为中央政府。同时，应该明确中央政府在发展残疾人社会保障事业中负有"保基本"的义务。其次是明确各级地方政府在保障社会保障权利中的义务。如各种补贴发放的资金应该由哪一级政府具体负责，对残疾人的社会救助和社会优待措施应该由哪一级政府负责实施等。

二是增加对不履行残疾人社会保障责任的处罚措施。在《残疾人保障法》的法律责任部分增加相关条款，加强对不履行残疾人社会保障义务的处罚，重点是加强对各级政府部门的履行社会保障责任的约束，特别是要建立对地方政府的问责制，确保地方政府积极落实各项残疾人社会保障政策。

2. 继续出台相关法律法规，共同推进残疾人社会保障事业

重点是要加强社会救助、社会福利和社会优抚等方面的立法工作。《社会保险法》的出台大力推动了社会保险制度的规范化，也有利于残疾人社会保障权利的维护，但目前在社会救助、社会福利和社会优抚等领域

均有多个规范性文件在发生效力，缺乏类似《社会保险法》的统一性的法律来进行规范，政策和工作的规范性明显不够。应借鉴《社会保险法》的立法经验，加快推进与残疾人密切相关的《社会救助法》、《社会福利法》等立法工作，在适用对象、内容、程序、保障机制等方面突出对残疾人的重点优待，明确具体扶助措施，加强残疾人权益保障，使残疾人共享经济社会发展成果。

二、建立残疾人社会保障动态监测机制

1. 建立适合"统分结合"体系的残疾人社会保障状况统计制度

根据残疾人社会保障制度统分结合的特点，残疾人社会保障状况的统计制度可以立足于现有的统计体系做好"分"和"统"两件工作。所谓"分"是指要求在目前的社会保险、社会救助、社会福利和社会优抚的相关统计中，应该把残疾人和非残疾人进行区分，分别汇总残疾人和非残疾人的相关数据。所谓"统"则是把分出来的残疾人各类社会保障数据和对残疾人实施特惠的数据统一到各级统计部门和残联，最后形成残疾人社会保障状况统计数据。

2. 建立残疾人社会保障状况的动态监测系统

动态监测系统以统计数据为基础，涉及各级政府相关部门，实行数据实时更新，随时掌握残疾人的社会保障状况，并将残疾人的社会保障状况与社会保障总体状况、社会经济形势变化等进行综合考察，建立一套科学指标体系，对残疾人社会保障发展状况进行判断和预警，以便及时和及早发现残疾人社会保障事业发展中存在的问题，及时纠正，及时解决。

三、建立残疾人社会保障投入的稳定增长机制

1. 建立残疾人社会保障投入的长效机制

将残疾人社会保障投入与国家总体的社会保障投入挂钩、与经济增长挂钩，确保残疾人社会保障投入在总的社会保障投入中保持适当的份额并保持适当的增长速度。同时，合理确定中央和地方在残疾人社会保障投入

上的分担比例，在当前的财税体制下，应该采取"上增下减"的原则，适当增加中央财政的分担比例，尽量减小县级财政分担比例，确保残疾人社会保障投入能够得到强有力的保证。

2. 建立残疾人社会保障投入的区域统筹机制

各地区社会经济发展不平衡是中国长期面临的基本问题之一。为了减小这种不平衡对残疾人社会保障状况和生活水平带来的影响，促进残疾人共享社会发展成果，建议建立残疾人社会保障资金专项转移支付制度，加大对贫困地区的扶持力度，确保贫困地区的残疾人社会保障资金投入。根据各地区残疾人数量和经济发展水平，合理确定转移支付的力度，并根据经济发展状况建立动态的调整机制。

四、进一步完善和落实对残疾人的特惠政策

1. 适当提高社会保险补贴的标准和覆盖面

目前，对残疾人社会保险补贴范围还比较窄，基本局限在重度残疾人，其他残疾人中参加社会保险同样存在较大的困难，应该进一步扩大社会保险补贴的范围，对中轻度残疾人也根据情况给予一定比例的补贴，在同等情况下，补贴比例可以低于重度残疾人。同时，对残疾人社会保险补贴的标准还比较低，大多数地区的补贴标准往往参照的是较低甚至是最低缴费档次，对残疾人的保障水平有限，因此，应该出台一个统一的规定，适当提高残疾人社会保险补贴的参照标准，如可确定为中间档次，通过提高残疾人的总体社会保险缴费水平，进而提高其待遇水平。

2. 加快推进落实生活补贴和护理补贴

残疾人生活补贴和残疾人护理补贴是对残疾人的重要社会保障措施，对保障残疾人的基本生活有重要的作用。但是，目前这两项政策的落实情况并不理想，大多数地区还没有建立相应的制度，建立制度的地区往往也覆盖范围有限，标准较低。下一阶段，应该加大这两项政策的落实力度，规定一个出台两项政策的最后期限，并对覆盖人群和标准进行统一的规定，要求各地区尽快出台具体操作办法，使其尽快落地，为残疾人提供必要的保障。

3. 继续落实城乡低保残疾人单独施保政策

2010年，民政部下发《关于进一步加强城市低保对象认定工作的通知》，规定了对家庭生活确有困难且已丧失劳动能力的成年重度残疾人单独施保的政策。从各地新颁布的《残疾人保障法》实施办法看，只有部分地区提出对低保家庭或低收入家庭中的重度残疾人单独施保，此政策并未在各地得到有效实施。应该将此政策上升到法律层面，在未来可能出台的《最低生活保障条例》、《社会救助法》等法律法规中予以明确，确保残疾人单独施保政策能成为一项真正惠及重度残疾人的政策。

第二部分　分报告

第六章

无障碍环境建设状况评估报告

第一节 评估意义

无障碍环境包括物质环境、信息和交流的无障碍。物质环境无障碍主要是要求：城市道路、公共建筑物、公共交通设施和居住区等的规划、设计、建设应方便残疾人通行和使用。信息和交流的无障碍主要是要求：使用盲文、大字印刷、语音、字幕、手语、网络、电子信息和其他辅助设备、技术，使视力残疾人和听力言语残疾人无障碍地获得书面信息和语言信息，进行交流。无障碍环境是随着我国改革开放、经济社会快速发展和残疾人事业等各项社会事业不断发展的进程而引入到我国城市公共设施建设的全新概念，其重要性已被当今社会广泛认可。

一、无障碍环境是残疾人平等参与社会生活的重要条件

残疾人是社会上的一个特殊弱势群体，他们与其他人一样，具有与生俱来的公民权利，并为国家现代化建设尽自己应尽的义务。为确保残疾人能够独立地生活和充分参与社会生活的各个方面，与其他人平等地无障碍地进出物质环境，使用交通工具，利用信息和通信，以及享用向公众开放或提供的其他设施和服务，必须加强无障碍环境建设，因为这是残疾人实现各项权利的根本。只有建立了无障碍环境，才可以帮助残疾人走出家庭，完成康复、教育、培训、就业，提高其社会生存和竞争能力，进而增加他们参与社会生活的机会，扩大参与范围，改善生活状况。因此，无障碍环境建设是残疾人平等参与社会生活的前提。

二、无障碍环境建设
是社会文明进步的重要标志

无障碍环境建设不仅是残疾人走出家门、平等参与社会生活的前提,也是方便其他有特殊需求的人群(如老年人、妇女、儿童、携带重物者等)和全体社会成员的重要措施。从人类生命进程来看,每个社会个体在不同的生命时期、不同的场合都可能有不同的能力限制,遇到与残疾人士一样或类似的障碍,自始至终的"正常人"是不存在的。因此,无障碍环境建设和每个人的日常生活以及城市的文明程度息息相关,是为社会所有成员创造一个在人生不同生命阶段都能自由活动、交流的社会环境和生存空间[1],是一项关系到造福人民、关系到国家建设长远利益的重要工作。比如,影视字幕,既可以使聋人走出无声世界,又有利于社会信息的传递;一条坡道,既方便了残疾人的出行,也可供自行车、婴儿车、老人、负重者等使用。因此,无障碍环境建设作为现代化文明社会环境建设的基本规范,是物质文明和精神文明的集中体现,是社会进步的重要标志。

三、无障碍环境建设有利于促进社会和谐发展

联合国亚太经社会在第二个"亚太残疾人十年"中提出"只有残疾的社会,没有残疾的人",从这个角度讲,建立一个"以人为本"的和谐社会,应该在居民的思想意识、社会环境、城市建设、文明建设等方面实现人与经济社会、自然无障碍地和谐发展。因此,作为一个文明的和谐社会,无障碍环境的建设是最基本的。在良好的无障碍环境中,一部分残疾人可以根据自己的劳动和能力,发挥积极性、主动性和创造性,为个人创造生活所需的相应的物质条件,为社会生产物质财富,实现自身的社会价值,并在精神上获得和正常人一样的成就感。同时,无障碍环境建设属于社会公共事业,可以带来相应的经济效益和长远的社会效益,比如,促进无障

---

[1] 潘海啸、熊锦云、刘冰. 无障碍环境建设整体理念发展趋势分析 [J]. 城市规划学刊, 2007 (2): 42~45.

碍辅助产品行业的发展和全体社会成员无障碍意识的建立。因此，无障碍环境建设无论对于政府、社会还是残疾人都有非常重要的意义，在一定程度上可以促进人与社会经济的和谐发展。

因此，从法律法规和设备设施建设等方面入手对无障碍环境进行全面评估，不仅能衡量社会文明的程度，还能准确把握残疾人在出行、居住、文化娱乐、教育培训和信息交流等日常生活和社会参与活动中面临的实际问题，并针对问题提出对策性建议。这项评估工作既有利于《残疾人保障法》和相关法律法规的完善和出台，为推动残疾人各项事业的发展打下基础，也有利于残疾人平等权利的实现和促进社会的公平正义。

第二节 评估内容

一、《残疾人保障法》关于无障碍环境的主要内容

1991 年施行的《残疾人保障法》对无障碍环境建设的规定内容相对简单，只有四条；2008 年 4 月修订后的《残疾人保障法》重点修改和完善了为残疾人提供无障碍环境涉及的各个方面，从最初的强调无障碍设施建设改变为包括无障碍信息、无障碍环境建设等物质环境和非物质环境的建设，从简单强调公共服务机构和公共场所的无障碍建设发展成为关注残疾人家庭出行、辅助设备、交通工具的无障碍，并将原法第七章章名"环境"改为无障碍环境，强化了对残疾人在出行和参与社会活动的保障。修订后的《残疾人保障法》对无障碍环境的主要规定有：

1. 明确了为残疾人创造无障碍环境的责任主体。《残疾人保障法》第五十二条规定："国家和社会应当采取措施，逐步完善无障碍设施，推进信息交流无障碍，为残疾人平等参与社会生活创造无障碍环境。"这是本法首次明确规定国家和社会负有为残疾人创造无障碍环境的义务，即国家和社会是为残疾人平等参与社会生活创造无障碍环境的义务主体。本法所规定的无障碍环境包括物质环境、信息和交流的无障碍。

2. 明确了各级政府推进无障碍环境建设的职责。城市无障碍环境建设工作涉及多领域、跨部门，任何部门都不可能独立完成这项任务，这是一项必须在政府领导下，由建设、交通、铁路、民航、民政、财政、信息、广电、旅游、残联、妇联、老龄等相关部门和单位共同参与、分工协作，齐抓共管的系统工程，这就需要各级人民政府对无障碍环境建设进行统筹规划、综合协调、加强管理，以确保本地无障碍建设工作的顺利开展。因此，《残疾人保障法》第五十二条规定："各级人民政府应当对无障碍环境

建设进行统筹规划，综合协调，加强监督管理。"这也是本法首次对无障碍环境建设的政府职责做出规定，要求地方各级政府把无障碍环境建设作为义不容辞的责任，也是多年来我国无障碍建设实践经验的总结和体现。

3. 明确了无障碍设施建设和改造的基本要求。加强无障碍设施建设、改造、管理是为残疾人创造无障碍环境的重要内容。《残疾人保障法》第五十三条共四款，第一款规定"无障碍设施的建设和改造，应当符合残疾人的实际需要"，以真正实现残疾人安全、可用、可达、便利。第二款首次从法律层面要求"新建、改建和扩建建筑物、道路、交通设施等，应当符合国家有关无障碍设施工程建设标准"，对不符合国家有关无障碍设施工程建设标准的，依据本法第六十六条规定，由有关主管部门依法处理。由于历史原因和经济条件的制约，我国城市很多现有设施未进行无障碍设施改造；同时，各地已建成的无障碍设施被占用、破坏的现象也时有发生。因此，第三款和第四款明确规定"各级人民政府和有关部门应当逐步推进已建成设施的无障碍改造；对无障碍设施应当及时维修和保护"。

4. 明确了信息交流无障碍建设的责任主体。由于自身残疾影响和外界环境的障碍，残疾人在获取信息方面存在较大的困难。有关研究表明，人们通过视觉和听觉获得的信息，占系统从外界获得所有信息的90%以上[1]。残疾人有平等地获取信息、利用信息的权利。因此，在信息技术飞速发展和社会信息化程度不断提高的今天，各级政府有责任推动信息无障碍建设，使电子、信息技术和网络对尽可能多的人（特别是残疾人）而言更加可用和易用。《残疾人保障法》第五十四条规定："国家采取措施，为残疾人信息交流无障碍创造条件。各级人民政府和有关部门应当采取措施，为残疾人获取公共信息提供便利。"鉴于当前我国有自主知识产权的信息无障碍技术较少，信息无障碍产品主要依赖进口，自主研发能力弱，本法还规定应加强适合残疾人使用的信息交流技术和产品的研制与开发。为保障盲人参加各类升学、任职、职业资格考试的权利，还应当为盲人提供盲文试卷、电子试卷或者由专门的工作人员予以协助。

5. 明确规定公共服务机构和场所应提供无障碍环境和服务。公共服务

---

[1] 申知非主编．《中华人民共和国残疾人保障法》释义．中国民主法制出版社，2008年6月．166页。

机构和公共场所是为社会公众提供公共产品和公共服务的地方，如医院、银行、车站、商场、公园、休闲广场等，与残疾人日常工作和生活密切相关，公共服务机构和公共场所是否提供无障碍服务，是保障残疾人无障碍权益的重要方面。公共交通工具的无障碍是残疾人能自由出行的前提。《残疾人保障法》第五十五条规定："公共服务机构和公共场所应当创造条件，为残疾人提供语音和文字提示、手语、盲文等信息交流服务，并提供优先服务和辅助性服务。公共交通工具应当逐步达到无障碍设施的要求。有条件的公共停车场应当为残疾人设置专用停车位。"

6. 切实保障残疾人特别是盲人无障碍地行使选举权利。《残疾人保障法》第五十六条规定："组织选举的部门应当为残疾人参加选举提供便利；有条件的，应当为盲人提供盲文选票。"依照《宪法》和《选举法》的规定，我国凡是年满18周岁的公民，只要未被剥夺政治权利，即享有选举权利，残疾人也不例外。但在现实生活中，残疾人真正实现选举权利还需要相关部门提供协助和帮助。此规定是国家保障残疾人政治权利的重要举措。

7. 国家鼓励和扶持无障碍辅助设施和无障碍交通工具的研究开发。一个国家残疾人无障碍辅助设备的生产使用状况，是国家经济、科技发展和社会文明程度的体现。我国残疾人无障碍辅助设备的研发、使用发展滞后，已严重影响到残疾人权利的实现。因此，《残疾人保障法》第五十七条规定："国家鼓励和扶持无障碍辅助设备、无障碍交通工具的研制和开发。"本法中的无障碍交通工具主要是指方便残疾人驾驶的机动轮椅车和机动车等。[①]

二、《残疾人保障法》关于无障碍环境规定的主要目的

《残疾人保障法》对无障碍环境的相关规定主要基于以下几个目的：

一是明确了国家、社会和各级人民政府对无障碍环境建设的义务和职责。国家和政府作为公共物品的提供者，有责任有义务在市民遭遇行动障

[①] 申知非主编.《中华人民共和国残疾人保障法》释义. 中国民主法制出版社，2008年6月. 172页.

碍和信息交流障碍时提供可靠的安全和帮助。无障碍环境的公共物品属性决定了国家和政府是这一权利实现的义务主体。

二是确保无障碍环境的可及性和规范性。合格的、完善的、可获得的无障碍环境不仅是健全人行动和交流的基本要求，也是残疾人和有特殊困难者平等参与社会生活的基本权利。因此，《残疾人保障法》对无障碍设施建设和改造标准、信息交流无障碍建设以及公共场所和公共服务机构的无障碍服务等都做出了规定，确保无障碍环境的规范性，提高无障碍环境的可及性，降低无障碍环境的不安全因素。

三是建立一个所有人都能参与的无障碍社会模式。《残疾人保障法》对无障碍环境规定的目的就在于改变只为健全人提供服务的社会模式，建立一个新的、所有人都能够参与的无障碍的社会模式，让无障碍环境成为人们日常生活和社会活动中必不可少的一部分，使残疾人回归主流社会，参与到教育、就业、文化娱乐、政治活动等不同社会领域中来。

三、无障碍环境建设评估的主要内容

由于我国无障碍环境建设的起步较晚，缺乏具体的衡量指标和系统性的统计数据，所能收集到的统计数字或资料零星分散于统计公报、研究报告或相关文章中。因此，本报告主要依据现有的数据资料和《残疾人保障法》实施状况调查问卷，结合我国经济社会的整体发展水平，对《残疾人保障法》中的有关规定做简要评估。评估的主要内容包括：

1. 配套制度建设现状：《残疾人保障法》实施后，各相关部门对无障碍环境的法律法规和政策文件等配套制度的建设情况如何？重点梳理相关的法律制度、计划、规划、标准等，分析现有制度的进步和不足。

2. 经费投入情况：政府对无障碍环境建设的资金投入状况如何？能否保障无障碍环境建设的顺利开展？政府是否对无障碍环境建设给予足够重视？

3. 无障碍设施的建设和改造现状：主要关注全国各地区的建筑物、道路、交通设施等是否建设了无障碍设施，已建设的无障碍设施是否符合相关标准，残疾人在出行中还面临哪些困难，导致困难存在的主要原因是什么？未来一段时间我国无障碍设施建设的努力方向在哪里？

4. 信息交流无障碍的建设情况：重点关注我国信息交流无障碍的发展现状，残疾人在参与社会活动中面临哪些信息交流障碍情况？

5. 无障碍的服务机构情况：概述全国无障碍服务机构的分布情况，分析其地区和城乡差异性。

6. 无障碍辅助设备的研发状况：从残疾人的实际需求出发，并与发达国家相比较，评估我国无障碍辅助设备和无障碍交通工具的研发和使用情况以及残疾人尚未满足的需求。

第三节 实施保障评估结果

我国无障碍环境的理念是伴随着国内建筑学教育的发展而引入的，最初并未得到太多关注。直到1984年中国残疾人福利基金会成立，开始致力于推动我国残疾人"平等·参与"的社会环境建设，无障碍环境的理念才开始进入大众的视野。在不足30年的时间内，我国无障碍环境的建设发展很快，经历了从无到有、从点到面，在实践中不断摸索、逐步规范、不断提高的过程。尤其以2008年北京奥运会、残奥会的召开为标志，我国城市无障碍环境意识大大提升，无障碍环境建设进入了快速发展时期。

无障碍环境建设能否顺利实施主要取决于相关法律制度的建设、政府行动的开展和资金投入情况这三个方面的基本保障。因此，下文将重点从这三个方面对无障碍环境建设的实施保障进行评估。

一、法律政策体系初步形成

根据《残疾人保障法》的要求，为做好无障碍环境的建设工作，各有关部委和各级政府相继颁布了多项政策文件和实施标准，规范了无障碍建设行为，促进了全社会无障碍环境意识和观念的形成；同时，各主管部门针对无障碍环境建设中出现的新情况、新问题，及时组织修订规范内容，使我国无障碍设施建设标准体系不断完善。

1. 制定了《无障碍环境建设条例》，无障碍建设得到有力保障

国务院于2012年6月正式通过了《无障碍环境建设条例》，并于2012年8月1日正式实施。这是我国第一部有关无障碍环境建设的专门法规，共计6章35条，旨在创造无障碍环境，保障残疾人等社会成员平等参与社会生活。具体内容包括：

第一章总则。主要明确了条例出台的目的，无障碍环境建设的内涵、

原则、政府责任，国家鼓励无障碍技术和产品开发、应用和推广，鼓励社会力量参与无障碍服务等内容。

第二章无障碍设施建设。主要明确了公共设施建设应符合无障碍建设标准，无障碍设施的建设原则，无障碍设施改造及维护的责任主体，政府应该优先推进无障碍改造的设施范围，公共交通设施和工具应逐步达到无障碍设施的要求等内容。

第三章无障碍信息交流。主要明确了县级以上政府推进信息交流无障碍建设的责任，并对国家组织的考试、设区的市级以上电视台、图书馆和残疾人网站的信息交流无障碍建设做出了具体规定，对公共场所、公共服务设施、公共活动和电信等的信息交流无障碍服务提出了明确要求。

第四章无障碍社区服务。主要明确了社区公共服务设施应当逐步完善无障碍服务功能，各级人民政府应当逐步完善报警、医疗急救等紧急呼叫系统，对需要进行无障碍设施改造的贫困家庭应当给予适当补助，并为残疾人参加选举提供便利等内容。

第五章法律责任。主要对不符合无障碍建设标准、占用无障碍车位、不及时保护和维修无障碍设施等行为规定了具体的处罚措施，并明确了无障碍环境建设主管部门工作人员滥用职权、玩忽职守、徇私舞弊等行为的法律责任。

第六章附则。规定了条例的施行时间。

2. 出台了系列规划和政策，无障碍建设要求逐步落实

在《残疾人保障法》出台之前，国家计委、中国残联等部门于1988年就编制了《中国残疾人事业五年工作纲要（1988～1992年)》，对残疾人事业发展的原则、主要任务和措施做出了明确规定。1991年《残疾人保障法》的颁布实施，又推动国家相继制定了中国残疾人事业的"八五"、"九五"、"十五"计划纲要和"十一五"、"十二五"发展纲要。《中国残疾人事业"八五"计划纲要》将残疾人事业的宣传列入重要内容，各级政府需宣传残疾人事业，增进社会的理解与支持，在全社会开展"全国助残日"活动。《中国残疾人事业"九五"计划纲要》明确提出在中等以上城市电视台普遍开办配有手语的专栏节目，县级以上广播电台普遍开播残疾人专题节目，并要求将执行《方便残疾人使用的城市道路和建筑物设计规范》

纳入基本建设审批内容，制定相应规定，广泛宣传、逐步推广无障碍设施。针对我国无障碍环境建设地区不均衡的现状，为了实现以点带面、逐步推动的方式开展无障碍环境建设，国务院在《中国残疾人事业"十五"计划纲要（2001～2005年）》中确立开展创建全国无障碍设施建设示范城活动，要求被选取的北京、天津、上海等12个首批试点城市，按照《全国无障碍设施建设示范城（区）工作实施方案》和《全国无障碍设施建设示范城（区）标准》开展无障碍环境建设。《中国残疾人事业"十一五"发展纲要（2006～2010年）》首次把信息交流无障碍的要求纳入到城市无障碍建设之中。《中国残疾人事业"十二五"发展纲要（2011～2015年）》将残疾人家庭无障碍改造和公共服务信息的无障碍建设列为主要任务。

与此同时，国家或相关部委还制定下发了相关政策文件（见表6-1）。例如：1998年，原建设部会同有关部门先后发布了《关于做好城市无障碍设施建设的通知》和《关于贯彻实施方便残疾人使用的城市道路和建筑物设计规范的若干补充规定的通知》，前者要求有关部门加强城市道路、大型公共建筑、居住区等建设项目的无障碍规划、设计审查和批后管理、监督；后者要求相关部门对工程建设活动中的审批环节加强监管，落实公共建筑和公共设施，新建、在建高层住宅，新建道路和立体交叉中的人行道，各道路路口、单位门口，人行天桥和人行地道，居住小区等的无障碍建设要求。2003年，原建设部、民政部、中国残联等共同制定了《全国无障碍设施建设示范城（区）工作实施方案》和《全国无障碍设施建设示范城（区）标准》（试行），进一步加大对创建工作的指导和督查。2006年11月，建设部、教育部、公安部等13个部门共同制定了《无障碍建设"十一五"实施方案》，进一步明确了"十一五"时期推进无障碍建设工作的目标和主要措施。2007年11月，建设部、民政部、中国残联、全国老龄办共同印发了《关于开展创建全国无障碍建设城市的通知》，在100个城市系统开展全国无障碍城市建设活动，并明确了工作标准。2008年5月国务院颁布的《中华人民共和国政府信息公开条例》明确规定："申请公开政府信息的公民存在阅读困难或者视听障碍的，行政机关应当为其提供必要的帮助。"此规定首次为残疾人平等地获取公共信息提供了法律依据。2009年4月和2012年6月，国务院新闻办公室先后发布《国家人权行动计划

(2009~2010年)》和《国家人权行动计划（2012~2015年)》，这是我国落实尊重和保障人权宪法原则的一项重大举措，进一步推动了全国无障碍环境建设和残疾人平等权利的实现。2010年3月，国务院办公厅转发了中国残联等部门《关于加快残疾人社会保障体系和服务体系建设的指导意见》，明确要求：健全残疾人社会保障制度，加强残疾人服务体系建设，缩小残疾人生活状况与社会平均水平的差距，实现残疾人事业与经济社会协调发展。

以上法律、纲要、条例和政策文件的实施，不仅为我国无障碍建设行业标准的制定提供了重要支撑，还有效地促进了无障碍环境建设在全国范围内的推广。

表6-1 我国颁布的与无障碍环境相关的法律和政策文件

颁布/实施时间	发布部门	法律法规和政策文件名称
1988年9月3日	国务院	中国残疾人事业五年工作纲要（1988~1992年）
1991年5月15日	主席令第36号	残疾人保障法
1991年12月12日	国家计委、中国残联等16个部门	中国残疾人事业"八五"计划纲要
1996年3月22日	国务院残疾人工作协调委员会	中国残疾人事业"九五"计划纲要
1996年10月1日	主席令第73号	老年人权益保障法
1998年7月1日	建设部	关于做好城市无障碍设施建设的通知
1998年9月28日	建设部、民政部、中国残联	关于贯彻实施方便残疾人使用的城市道路和建筑物设计规范的若干补充规定的通知
2001年4月10日	国务院	中国残疾人事业"十五"计划纲要
2001年5月28日	建设部、中国残联	无障碍设施建设工作"十五"实施方案
2003年	建设部、民政部、中国残联	全国无障碍设施建设示范城（区）工作实施方案 全国无障碍设施建设示范城（区）标准（试行）
2006年6月8日	国务院	中国残疾人事业"十一五"发展纲要
2006年11月10日	中国残联	无障碍建设"十一五"实施方案

续表

颁布/实施时间	发布部门	法律法规和政策文件名称
2007年11月15日	建设部、民政部、中国残联、全国老龄办	关于开展创建全国无障碍建设城市的通知
2008年5月1日	国务院	中华人民共和国政府信息公开条例
2008年7月1日	主席令第3号	残疾人保障法（修订）
2009年4月13日	国务院新闻办公室	国家人权行动计划（2009~2010年）
2010年3月11日	中国残联等16部门	关于加快残疾人社会保障体系和服务体系建设的指导意见
2011年5月16日	国务院	中国残疾人事业"十二五"发展纲要
2012年6月11日	国务院新闻办公室	国家人权行动计划（2012~2015年）

3. 行业标准体系渐趋完善，无障碍建设日益规范

我国的无障碍建设主要根据有关部门制定的行业标准和规范来执行（见表6-2）。1989年起实施的《方便残疾人使用的城市道路和建筑物设计规范》是我国无障碍环境建设方面的首部行业标准。该标准主要是针对下肢和视力障碍者对环境的需要而制定的，包括城市道路、建筑物和国际通用标志三部分内容。经过十余年的无障碍建设实践，在认真总结经验和参照相关国际标准及国外先进技术的基础上，建设部、民政部、中国残联联合对《方便残疾人使用的城市道路和建筑物设计规范（试行）》进行了修订，于2001年8月颁布实施了《城市道路和建筑物无障碍设计规范》，这是全国范围实施的强制性规范。同时，针对《方便残疾人使用的城市道路和建筑物设计规范（试行）》取消了"方便残疾人使用"字样，突出了无障碍设施使用的社会普遍性，更加符合实际，更有利于推动无障碍设施建设。该规范明确提出了无障碍在城市道路、居住区、房屋建筑方面的实施范围及要求。要求在办公、科研、商业、服务、文化、纪念、观演、体育、交通、医疗、学校、园林、居住建筑等方面进行无障碍房屋建筑。

此外，与无障碍环境相关的其他主要行业标准和规范还包括：（1）为适应我国人口结构老龄化趋势，使建筑设计符合老年人体能心态特征对建筑物的安全、卫生、适用、经济、环保等基本要求，建设部于1999年制定了《老年人建筑设计规范》，2003年颁布了《老年人居住建设设计标准》。（2）中国民航总局于2000年12月发布了《民用机场旅客航站区无障碍设施设备配置标准》，并于2009年6月进行了修订，对新建、改建、扩建的民用机场旅客航站区制定了具体的规划、设计和施工要求。（3）2003年年底，建设部和教育部联合发布了《特殊教育学校无障碍设计规范》。（4）2005年6月，铁道部发布实施了《铁路旅客车站无障碍设计规范》。（5）2008年3月，信息产业部发布了《信息无障碍、身体机能差异人群网站设计无障碍技术要求》，规定了无障碍上网的网页设计技术要求，其中包括网页内容的可感知要求、内容接口组件的可操作要求、内容与控制的可理解要求和兼容性要求等。这一标准填补了我国网络信息无障碍领域的空白。（6）2010年8月，为积极配合国家加大残疾人服务设施投资建设的需要，住房和城乡建设部会同国家发改委批准了《地方残疾人综合服务设施建设标准》，对建设规模和项目标准都做出了详细规定。（7）2010年底，为统一无障碍施工阶段的验收要求和使用阶段的维护要求，住房和城乡建设部又发布实施了《无障碍设施施工验收及维护规范》。上述标准规范涵盖了各类公共建筑、交通行业以及信息行业，对我国无障碍环境建设与改造工作起到了巨大的推进作用。

表6-2 我国颁布实施的与无障碍相关的主要行业规范和标准

颁布/实施时间	发布部门	标准或规范名称
1989年4月1日	建设部、民政部、中国残联	方便残疾人使用的城市道路和建筑物设计规范
1999年10月1日	建设部	老年人建筑设计规范
2000年12月27日	中国民航总局	民用机场旅客航站区无障碍设施设备配置标准
2001年8月1日	建设部、民政部、中国残联	城市道路和建筑物无障碍设计规范
2003年9月1日	建设部	老年人居住建设设计标准
2003年12月18日	建设部、教育部	特殊教育学校无障碍设计规范
2005年6月4日	铁道部	铁路旅客车站无障碍设计规范
2008年3月13日	信息产业部	信息无障碍、身体机能差异人群网站设计无障碍技术要求

续表

颁布/实施时间	发布部门	标准或规范名称
2009年6月23日	中国民航总局	民用机场旅客航站区无障碍设施设备配置标准（修订）
2010年8月30日	住房和城乡建设部、国家发改委	地方残疾人综合服务设施建设标准
2010年12月24日	住房和城乡建设部	无障碍设施施工验收及维护规范

目前，建设部门正在编制地方残疾人托养服务机构和地方残疾人康复机构建设标准；《网站设计无障碍技术要求》（修订）和《手机浏览器无障碍技术要求》两项新标准也正在讨论和修改中。

4. 出台了大量地方性法规规章，无障碍建设制度渐成体系

为推进无障碍环境建设各项标准规范的实施，2000年后，我国各省市政府都纷纷出台了城市无障碍设施建设和管理的地方性法规，发挥了重要的监管作用。2000年9月1日，北京市颁布了《北京市无障碍设施建设管理规定》，这是我国第一部有关无障碍设施建设和管理的地方性规章，首次对无障碍设施的概念作了明确界定，即无障碍设施是指为保障残疾人、老年人、伤病人和儿童等弱势人群的安全通行和使用便利，在建设工程中配套建设的服务设施。同时，对无障碍设施建设的主要项目、建设标准和要求、建设与管理经费，以及相关部门的管理职责等都做出了明确规定。2004年4月1日，北京市第十二届人民代表大会废止《北京市无障碍设施建设管理规定》，将其更新为《北京市无障碍设施建设和管理条例》。

2011年中国社会统计年鉴数据显示，目前全国各省、自治区、直辖市和一批市县已颁布了385个有关无障碍建设的地方性管理法规和规章。[①] 这些地方性立法，对无障碍设施建设的规划、设计、施工、监理、验收、维护、管理等规定得比较详细，提供了大量的实践经验。

5. 各级政府日趋重视，社会意识逐步提高

伴随着相关无障碍建设标准、规范和政策文件的出台，在各级政府和

---

① 国家统计局社会科技和文化产业统计司编. 中国社会统计年鉴2011. 中国统计出版社，2011. 275页。

残联组织的强烈干预和推动下，我国政府在无障碍环境建设方面的行动亦逐步深入展开。

2001~2007年筹备奥运会期间，我国一些特大城市实施了多项无障碍环境建设和改造工程，无障碍设施建设总量相当于之前20年的总和。2008年，我国成功主办了第29届奥运会和第13届残奥会，从运动设施到机场、地铁、交通枢纽等公共场所的相关配套服务基本满足了不同类型伤残人士的多样化需求，向世界人民展示了我国无障碍环境建设的最新成就，同时唤起了更多的民众关注残疾人事业的建设和发展，整个社会的助残尊残氛围日益浓厚。随后，广州市、杭州市分别于2010年和2011年成功举办了第十届亚洲残疾人运动会和第八届全国残疾人运动会，两个城市的无障碍建设水平也明显提升。

2010年，中国残联和上海残联在第41届世界博览会上联合主办了"生命阳光"残疾人馆，展馆主题是"平等 参与 共享"，从残疾人群这一侧面诠释了"和谐城市"的理念，再次向世界展示了我国社会的文明、进步和人权保障取得的辉煌成就。毋庸置疑，无障碍环境建设对国家承担的重要社会活动发挥了不可估量的作用。

2004年至今，中国信息无障碍论坛已成功举办了七届，每届以不同主题呈现，逐步推动了信息无障碍的发展。首届论坛正式提出残疾人无障碍信息环境的建设；第二届论坛成立了中国信息无障碍推进联盟和信息无障碍法律法规标准制定工作推进委员会；第三届论坛责成原信息产业部制定信息无障碍法规标准；第四届论坛以"推动无障碍应用，创建和谐未来"为主题，从技术、产品和应用的层面将信息无障碍事业推向新的阶段；第五届论坛提出全社会不同年龄和有各种障碍的人群具有共享信息沟通的基本权利；第六届论坛带动了社会力量（如IBM、微软、央视网、百度、新浪、日立北工大等国内外知名IT企业）参与到信息无障碍事业中来；第七届论坛推动了信息无障碍最新的技术、产品、解决方案的应用。此外，2006年举行的全国首届盲人软件、网页设计大赛也极大提升了全社会的信息交流无障碍意识。2009年科技部与中国残联共同启动了"中国残疾人信息无障碍建设联合行动计划"，吸纳了全国30多家科研单位和高校，将从残疾人信息无障碍核心服务支撑平台、无障碍服务关键技术及信息资源支撑、无障碍数字化交互关键技术及产品、无障碍综合业务应用服务示范、残疾人重大赛事与活动信息无障碍技术服务示范,以及残疾人信息无障碍社区服务示范等六个方面进行支撑平台、关键技术和示范应用方向的深入研究,标志着我国残疾人事业科技和信息化建设发展的一个新开端。①

二、资金投入力度逐步加大

据初步统计,2006～2010年中央财政投入相关资金57.1亿元,用于无障碍设施的建设和改造工作,资金投入是"十五"期间的2.75倍。②"十一五"期间,创建城市共新建和改造无障碍缘石坡道约46万个,实施残疾人综合服务设施、特殊教育学校等无障碍改造近2000项,残疾人家庭实施无障碍改造13万余户③。

"十一五"期间,全国多数大中城市开展了无障碍环境建设,为确保无障碍建设顺利开展,很多省市不仅在政策文件中对资金保障做出具体规定,还加大资金投入力度,多渠道筹集资金。比如,北京市财政局和商务委员会于2009年印发《北京市商业无障碍设施改造财政补助资金管理办法》通知,对资金支持方式和补助标准以及资金的监督管理等做出明确规定,为商业区改造安全、方便地通行和使用的配套服务设施提供基本保障;从2002～2008年,北京市总投资超过6亿元用于无障碍设施建设。④哈尔滨市2009年出台《关于加快推进残疾人事业发展的实施意见》中设立专项资金保障无障碍设施的建设和改造,并要求各级政府根据国民经济发展及财政收入增长情况逐年增加投入经费;人口仅有500多万的常德市在2009～2010年投入近亿元资金用于公共设施和公共服务无障碍改造⑤;一

---

① 中国残联. 科技部与残联启动残疾人信息无障碍建设行动计划. 中央政府门户网站. 2009年1月12日. http://www.gov.cn/gzdt/2009-01/12/content_1203125.htm.
② 资料来源:中国新闻网. 2010年残疾人小康实现程度57.4%为近年增幅最大,2010年12月7日. http://news.china.com/zh_cn/domestic/945/20101207/16281805.html.
③ 资料来源:住房和城乡建设部提供资料.
④ 李美惠、杨舟、徐嘉. 北京打造无障碍之城[N]. 人民日报海外版,2008年9月4日. 第01版.
⑤ 王敏. 近亿元资金助推我市无障碍城市建设[N]. 常德日报,2010年12月28日. 第A02版.

些县市采取财政补助、银行贷款、企业支持和群众自筹等办法广泛发动各种力量，为公共场所服务设施和贫困残疾人家庭无障碍改造建设筹集资金。

三、法律制度的贯彻实施有待加强

虽然我国制定了一系列法律法规和行业标准来推动无障碍环境建设的发展，并加大了资金投入保障，但是无障碍环境建设中仍面临着法规、条例和行业规范不完善，以及资金投入不足等一些亟待解决的问题。

1. 现行法律和行政法规的一些规定的可操作性有待加强

纵观现行的无障碍环境建设法律法规和政策文件，发现很多规定处于宏观性、指导性层面，降低了其在实践中的适用性和可操作性。比如，修订后的《残疾人保障法》虽然规定了无障碍环境建设的要求以及作为公共物品提供者——各级人民政府的责任，但并没有具体规定由哪些部门负责，哪些部门监督。同时，对政府职责的规定主要是"采取措施"、"提供便利"、"鼓励和支持"、"扶持"等。可是，如何才算做到了"鼓励和支持"？怎样做才起到了"扶持"的作用？达到什么样的效果才算是"提供便利"？所有这些问题在相关法律法规中都难以找到答案。由于《残疾人保障法》对相关主体权利义务的规定不具体，因此，各地区在实际操作中的力度和标准完全不一样。

2. 执行部门及职能不明确

《残疾人保障法》作为我国保障残疾人权益的基本法，并没有明确残联、政府及公共服务机构（如公共图书馆、博物馆和档案馆等机构）在无障碍建设中的职责与义务及相应的法律责任。同时欠缺对相关部门进行协作的规定。由于上位法对管理主体规定的不具体，无统一要求，地方性法规规章和配套实施方案中也存在类似的问题。例如：《北京市无障碍设施建设管理规定》第六条规定："建设单位必须按照经批准的规划设计文件，配套建设无障碍设施。"而《上海市无障碍设施建设和使用管理办法》第九条规定："施工单位应当按照经批准的设计文件，配套建造无障碍设施。"负责单位的不统一，在实际建设中导致很多无障碍建设法规和技术标准未能被严格执行。

3. 法律责任不清晰

法律责任一向是我国诸多法律法规的软肋，在无障碍环境法律建设的问题上也不例外。我国无障碍相关法律法规在法律责任部分规定得不够明晰，造成法律责任严重弱化。以《残疾人保障法》为例，虽在 2008 年修订后加强了法律责任部分的相关规定共八条，但其中大多数为行政责任的相关规定，仅有一条规定涉及刑事责任："构成犯罪的，依法追究刑事责任"，条文原则、抽象、缺乏可操作性。另外对违反和破坏无障碍环境建设的单位和个人应承担法律责任的条款，也仅限于"由主管部门依法处理"，对于"处理"的标准和程度再无说明。法律责任的不足必将极大地弱化我国无障碍环境建设的相关法律规范的实施效果，因此，必须强化及修改相关内容。①

4. 现行的一些法律法规和《残疾人保障法》缺乏有效衔接

2008 年 3 月，"信息无障碍——身体机能差异人群网站设计无障碍技术要求"已通过通信行业标准，而 2008 修订的《残疾人保障法》并未将该项标准列为残疾人使用的信息交流技术和产品应当符合的标准，弱化了二者的效力。美国《康复法案》的 508 条款就有专门的《电子信息技术无障碍标准（508 条款）》，这个标准就是 508 条款的司法依据。因此，如果能把"网站设计无障碍技术要求"和《残疾人保障法》衔接起来，将有力地推动我国信息无障碍环境的构建。② 此外，1996 年 8 月我国政府颁布了《老年人权益保障法》，规定："新建或者改造城镇公共设施、居民区和住宅，应当考虑老年人的特殊需要，建设适合老年人生活和活动的配套设施。"但是，《残疾人保障法》对无障碍环境建设的服务对象表述仅为残疾人，两项法律也存在衔接问题。

5. 资金投入力度仍然有待加大

在政府部门调查问卷中，询问了"本地是否有无障碍建设专项经费"一题，对 12 个区（县）的调查发现，有 5 个区（县）没有用于无障碍建

---

① 安天义. 我国无障碍法律环境研究及国际比较 [D]. 清华大学硕士论文, 2010. 30.

② 张家年、孙祯祥、赵洋. 构建无障碍信息环境的法律基础与标准实施的研究——基于《残疾人保障法》角度的探讨 [J]. 理论与探索, 2009 (5): 32~35.

设的专项经费；有的市县将无障碍建设纳入到城市总体规划建设中，没有单独经费核算；有专项经费的区（县）其数额投入也差距甚远。比如，广州市越秀区对无障碍建设的投入经费高达700万元，而安徽省全椒县和四川省内江市东兴区的投入经费分别只有30万元和50万元，北京市东城区的投入资金仅为15万元，这种情况可能与地区的经济能力、无障碍环境建设基础和政府重视程度等有关。在12个区（县）中有3个地区尚未制定"无障碍建设改造规划"。由于《残疾人保障法》对无障碍环境建设的经费保障没有具体规定，官方数据中也缺乏对经费投入的纵向统计数字，因此，无法对所调查的12个区（县）的无障碍建设资金投入力度是否合理、是否与地区的经济社会发展水平相适应做出判断。

目前，我国已有8500多万残疾人，涉及近3亿家庭人口；同时，未来二十年内，我国将处于人口老龄化的加速发展阶段，老年残疾人口数将大量增加，这意味着对我国无障碍环境的需求也将呈现迅速增长态势。这就要求我国继续加大无障碍环境建设的投入经费，以保障数量众多、特性突出、需要特别帮助的残疾人群体更好地融入社会生活。

第四节　实施绩效评估结果

无障碍环境建设涉及多个部门，在各级政府的高度重视下，经过建设、铁道、交通、民航、信息、残联等部门、单位和社会各界二十多年的共同努力，先后在城市道路、建筑物、交通、信息交流等方面取得了显著成绩。下文将从物质环境、信息交流、无障碍设备/产品和无障碍服务等方面来评估我国无障碍环境的建设现状。

一、城市无障碍环境建设成效明显

1. 初步形成了城市无障碍化的基本格局

2002年起，我国在北京、天津、秦皇岛、大连、上海、南京、苏州、杭州、厦门、青岛、广州、西安共12个城市开展创建全国无障碍设施建设示范城市工作；2007年，在100个城市系统开展全国无障碍建设城市创建活动，每个城市都制定出台了无障碍建设地方性法规或规章，建立了政府牵头、有关部门各司其职、密切配合、全社会共同参与的工作机制，制定并实施无障碍建设和改造规划，加大投入，城市无障碍环境建设水平显著提高①。目前，100个城市的无障碍建设检查验收工作已全部完成，这些城市的医院、银行、车站、商场、文化体育场所的无障碍改造基本完成，初步形成了我国城市无障碍化的基本格局。这100座城市的无障碍建设在全国发挥了良好的示范、带动作用，为今后在更高的起点上推进无障碍建设奠定了坚实的基础。

"十一五"期间，为贯彻实施《中国残疾人事业"十一五"发展纲要》及配套的《无障碍建设"十一五"实施方案》，全国各大中城市重点对城

---

① 赵超. 北京市等60个城市被评为全国无障碍建设先进城市. 中央人民政府网，2012年1月17日. http://www.gov.cn/jrzg/2012-01/17/content_2046834.htm.

市公共服务场所（包括公园、商场、车站、学校等）的坡道、盲道、自动门、扶手、无障碍电梯和语音辨向器等进行了新建和改造。步入"十二五"后，居住小区、残疾人家庭无障碍改造和公共交通的无障碍建设开始起步，北京、上海、安徽等省市最新出台的《残疾人保障法》实施办法中都已涵盖了这些内容。通过"十五"和"十一五"期间的努力，全国无障碍设施的分布范围明显扩大、建设质量明显提高，越来越多的残疾人、老年人和其他社会成员在社会生活中，感受到了无障碍环境带来的方便，无障碍设施建设环境正在稳步形成。

2. 信息交流无障碍取得了积极进展

我国从2002年起才开始关注信息交流无障碍的研究和应用，直至《中国残疾人事业"十一五"发展纲要》出台，才把信息交流无障碍的要求纳入城市无障碍建设之中。然而，在不足十年间，我国信息交流无障碍建设取得了丰硕成果。目前，中央、省、部分市电视台在节目中配备了字幕、开办了手语新闻栏目；部分城市银行、邮局等行业推出了手语服务；图书馆为盲人读者配备了有声读物；一些企业开发了盲人上网软件和聋人专用通讯设备等。问卷调查结果显示，被调查的12个市县在主要公共场所和公共交通设施上都有信息屏幕显示系统和语音提示系统，为残疾人出行提供了便利。

"盲人软件"和"盲人数字图书馆"是我国信息交流无障碍的成功案例。2001年中国盲文出版社开发了一套专门针对视力障碍者操作电脑的软件产品，这套软件现已被广泛应用于盲人的生活、学习、工作等各个领域①。中国盲人数字图书馆于2008年9月正式开通，使盲人朋友足不出户就能享受到国家级图书馆的周到服务，与正常人一样共享信息社会的便利。截至2010年底，网站包括2500多本电子图书、6000多首音频及480多场视频讲座。网站自开通以来，日平均点击量达到8.4万次，日均访问量近4万人次。② 此外，2012年除夕夜，中国残联在央视特别授权的视频流支持下，在中国残疾人服务网首次进行了央视春晚网上无障碍（文字+视频）

---

① 何川. 国内信息无障碍的现状及展望［J］. 现代电信科技，2007（3）：4～7.
② 资料来源：2010年中国残疾人事业发展统计公报. 中国残联官方网站，2011年3月24日. http：//www.cdpf.org.cn/sytj/content/2011-03/24/content_30316232.htm.

直播活动，直播期间页面点击量达到43万人次以上，有约14万人在线观看。①

整体而言，我国残疾人信息交流无障碍事业发展已实现了从科学研究向社会化服务的迈进，使广大残疾人士能够便捷地享受信息服务和平等地参与社会活动，并取得了良好的社会效益。

3. 残疾人无障碍服务网络初具规模

我国的无障碍设备、产品生产始于20世纪80年代，直到近10年来，品种才开始增多，质量也逐步稳定。我国现有残疾人无障碍设备、产品生产企业上百家，但多为小型企业、民营企业和低技术产业，自行研制的产品很少，多是仿效国外定型产品，高技术产品、生活自理用的产品、无障碍环境改造及娱乐文体类产品基本缺失，助听器等技术型产品几乎被外资企业所垄断。②

目前，全国由残联系统建立的残疾人无障碍设备、产品、服务网络已经初具规模，每个省会城市都建立了省级服务中心，开展包括无障碍设备、产品知识宣传，产品供应，辖区内服务机构建设，为贫困残疾人配置无障碍设备、产品等各项工作，大部分地市级城市建立了独立的服务机构；50%以上的县级残疾人综合服务设施内开展了无障碍设备、产品、服务；发达地区的社区和乡镇无障碍设备、产品、服务开始进入残疾人家庭。此外，相关部门和部分省市也在积极拓展残疾人服务项目，以解决残疾人出行、考试等方面面临的实际问题。2009年，民航局制订了《残疾人航空运输办法（试行）》，明确提出：机场无障碍设施设备的配备应符合民用机场候机楼无障碍设施设备配置标准的要求；承运人、机场和机场地面服务代理人应免费为具备乘机条件的残疾人提供本办法规定的设施、设备或特殊服务。铁道部和中国残联等联合下发《关于做好铁路残疾人旅客专用票额车票发售工作的通知》，规定从2012年1月1日起，在旅客列车上设置残

---

① 资料来源：2011年中国残疾人事业发展统计公报. 中国残联官方网站，2012年3月29日. http://www.cdpf.org.cn/sytj/content/2012-03/29/content_30385873.htm.

② 刘建军等. 无障碍设备、产品、服务发展研究. 见：住房和城乡建设部、工业和信息化部、中国残疾人联合会编.《无障碍建设条例》起草课题研究报告[M]. 华夏出版社，2010. 178~179.

障人士专用坐席,每趟旅客列车预留一定数量的残疾人旅客专用票。铁道部还决定对除动车、高铁车组外的所有列车车组进行改造,每个车组改造一个无障碍坐席车厢和一个无障碍卧铺车厢,计划3年内改造5000节车厢。① 北京市规定公共停车场要按照停车位总数2%的比例设置无障碍停车位,残疾人驾驶的专用车享受不限行和免费停车的优待。②

二、无障碍环境建设尚不能满足社会发展需要

我国无障碍环境建设虽然取得了明显的进步,但由于基础薄弱、建设时间短,还存在着诸多不足,使已建成的无障碍环境未能充分发挥作用,造成资源的浪费。

1. 无障碍设施的覆盖率仍然较低,农村地区更为匮乏

从全国范围来看,我国无障碍设施的覆盖率较低,全国600多个城市中无障碍设施的建设工作主要集中在大中城市展开,小城市和农村地区的无障碍建设基本处于一片空白,缺少坡道、盲道、抓竿、厕所马桶等基本的无障碍设施,导致农村残疾人口的生活和出行极为不便。问卷调查表明,广东阳东县、山西长治县和四川资中县的残疾人中均有近50%的人表示日常生活中缺少无障碍设施;湖南湘潭县和四川资中县的道路无障碍改造比例仅为20%;山西长治县、湖南湘潭县和四川资中县的公共建筑无障碍改造比例不足10%,广东阳东县的该项比例甚至为0。可见,无论是东部发达地区还是相对落后的中西部地区,县级及以下地区的无障碍环境建设都极为短缺。另一方面,目前国内无障碍交通工具的使用屈指可数。2008年为服务于残奥会,北京、上海、杭州、广州等城市相继出现了无障碍出租车,但现时仍在运营的较少。

立法后评估残疾人调查问卷显示(见图6-1),超过三分之二

---

① 中国残联维权部. 铁道部积极推进列车无障碍改造解决残疾人出行难问题. 中国残联官方网站, 2011年12月27日. http://www.cdpf.org.cn/ywkx/content/2011-12/27/content_ 30374002.htm.

② 魏铭言. 残疾人免费停车明起张贴标志[N]. 新京报. 2011年11月30日. 第A08版.

(67.7%)的调查对象在无障碍环境方面遇到了困难,农村的该项比例为72.9%,高于城市(62.6%)10个百分点。调查对象遇到的主要问题依次是:缺少无障碍设施(30.0%)、遇到困难时难以得到帮助(26.4%)、缺少无障碍交通工具(26.1%)、受到歧视(17.3%)等,其中,农村残疾人在缺少无障碍设施和无障碍交通工具方面与城市残疾人的差距最大,意味着农村残疾人在出行方面面临更多的困难。被调查的普通居民也有超过半数的人表示缺少无障碍设施和无障碍交通工具是残疾人在出行方面面临的主要问题。根据第二次全国残疾人抽样调查数据推算,我国有75%的残疾人生活在农村,农村贫困残疾人家庭1100多万户,对无障碍环境建设有极大需求。因此,未来一段时期内,农村是我国无障碍设施建设的重点地区。目前,必须抓住新农村建设这一良好契机,大力开展农村地区的无障碍建设。整体而言,我国全方位的无障碍设施建设环境尚未形成,无障碍设施的发展滞后已成为我国社会建设的薄弱环节之一。

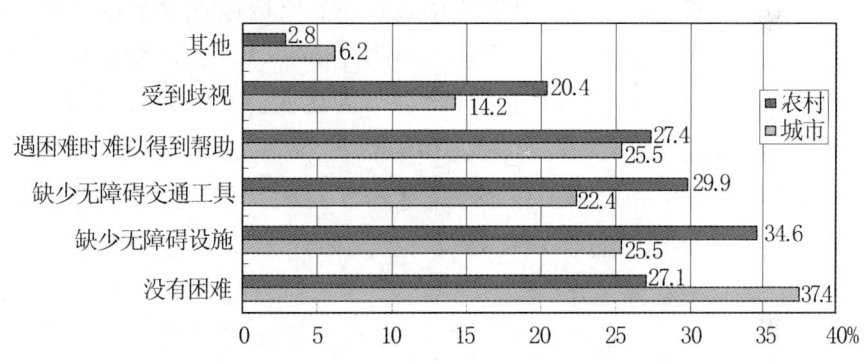

图6-1 残疾人在无障碍环境方面遇到的困难和问题

资料来源:《残疾人保障法》实施状况调查。

2. 无障碍设施建设不规范、被破坏或占用的问题严重

受监管不力、设计和建设缺乏人性化和细节化以及公众缺乏为残疾人服务的理念等因素的影响,我国无障碍设施建设存在质量低、不规范、被占用(或破坏)等问题。比如:无障碍电梯按钮过高;残疾人专用卫生间出入口的有效宽度不能达到80厘米以上且存在较大高差;无障碍红绿灯中提示盲人是红灯还是绿灯的响声,有很多地方都不响,即使响的红绿灯其声音也特别小;盲道上有障碍物(如电线杆、井盖等);一些无障碍设施被自行车、摊位或物品等占据,造成了"无障碍上有障碍",这些问题都

给残疾人出行带来了极大不便,也是残疾人不能有效参与社会公共事务的主要原因之一。2010年度中国残疾人监测报告的数据显示,全国残疾人社区活动参与率仅为33.7%,还有约三分之二的残疾人没有真正走出家门,融入社会。因此,还需大力推动我国无障碍设施建设的发展。

3. 信息交流无障碍与社会的总体需要相差甚远

与物质无障碍相比,我国信息交流无障碍建设更为滞后,其发展现状与社会的总体需求还相差甚远,许多大中城市还远未普及盲文公交站台和盲人过街语言提示装置;银行、学校、医院、车站、电信等服务行业也没有普遍设置手语翻译和手语服务窗口。网络无障碍普及率不高,适宜残疾人、老年人和少年儿童使用的信息通信技术和产品很少。《残疾人保障法》实施状况调查问卷结果显示,有45%的残疾人表示在日常生活中需要信息交流无障碍服务,对于视力残疾人而言,该项比例达到69%。从政府部门的调查结果看,绝大部分省市的政府门户网站缺少无障碍设计,有无障碍设计的网站也不够全面,盲人浏览无语音提示;省级电视台基本开办了电视手语节目且大部分节目加配了字幕,而部分市(区、县)级电视台没有电视手语节目和加配字幕;调查的各个省市区县在公共服务场所和公共交通设施中都配有信息屏幕显示系统和语音提示系统,但仍有19.5%和15.2%的残疾人提出需要"公共服务信息语音提示"和"公共服务信息屏幕提示"服务。推进信息无障碍建设,努力缩小残疾人与正常人之间的"数字鸿沟",还有很多工作要做。

4. 无障碍的研发能力薄弱,产品与服务层次仍然较低

当前我国残疾人无障碍辅助设备的研发、生产、使用明显滞后于我国的经济社会发展水平,有自主知识产权的技术还比较少。我国高等院校、科研院所的无障碍环境科研和教育力量相对薄弱,研究和开发能力有限,国内企业对无障碍设备和产品的生产主要以仿制国外产品为主,且生产产品达到国家标准的仅占1/3左右。同时,我国现行的无障碍设备相关国家标准和行业标准大多是推荐性标准,企业自愿采纳。由于标准宣传贯彻力度不够,不少企业负责人和管理者对标准化工作的认识不到位,标准化意

识和质量意识淡薄，导致无障碍设备、产品的质量和安全存在严重问题。①此外，与发达国家相比，我们对无障碍辅助设备和产品的认知还存在明显的差距。一方面对产品缺乏了解，另一方面不清楚相关的技术和服务流程，导致残疾人的治疗、训练和无障碍设备、产品配置没有形成有效衔接。在欧洲一些国家，借助无障碍辅助设备，盲人已经能够从事管理、教育、服务、销售等各类健全人从事的行业。② 相比之下，我国对无障碍辅助设备的研发工作已迫在眉睫，尤其是方便盲人的上网语音软件、点击器、字体放大器，有语音提示的手机、快译通等，方便听力言语残疾人的电话中转服务、手机短信提示器、振动手表、闪光门铃、报警器、短信报警服务号码和平台等。

  无障碍环境建设和改造是一项庞大的系统工程，涉及日常生活的方方面面，不可能在短时间内全部完成，它需要一个过程。比如，公众的无障碍意识会随着社会文明的进步而逐步建立，一些设施的细节设计也需要在实践中不断摸索得以改进。美、英、日等国家的无障碍环境理念也都在几十年甚至近百年时间内经历了观念模式、服务对象和涉及内容三方面的转变，对待残疾人的观念由医疗模式逐渐向社会模式、权利模式转变，服务对象由残疾者逐步扩展至所有人，涉及内容由建筑物、交通逐渐发展到全部社会环境。尽管这些国家的很多经验和技术值得借鉴，能为我们提供一条捷径，缩短我国无障碍社会环境的建设时间，但由于文化背景、生活方式等方面的差异，我们不能完全照搬国外的经验技术，还要结合实际进行改造和完善。因此，我国要真正实现一个无障碍的社会环境，还需要很长一段时间，需要政府、社会、家庭和个人都付出努力来共同应对。

---

  ① 刘建军等. 无障碍设备、产品、服务发展研究. 见：住房和城乡建设部、工业和信息化部、中国残疾人联合会编.《无障碍建设条例》起草课题研究报告 [M]. 华夏出版社，2010：182.
  ② 陈东庆. 公共图书馆的无障碍建设 [J]. 山东社会科学，2009（12）：188~189.

第五节 相关建议

一、进一步完善无障碍环境建设相关法律制度

1. 尽快出台地方性法规,形成完善的无障碍法律法规体系

按照我国现行的立法权限,完整的无障碍法律体系应分为法律、行政法规、部门规章和地方性法规规章等四个层次。为贯彻落实《残疾人保障法》和《老年人权益保障法》等有关法律,相关部门积极推动了《无障碍环境建设条例》的出台。建议结合相关行业标准,各级地方政府应尽快出台配套的地方性法规规章,制定《无障碍环境建设条例》的实施细则,包括明确管理主体的职责、权限、途径、方式,细化无障碍设施的建设标准,落实无障碍设施的资金来源等,形成完善的无障碍法律法规体系。

2. 加强地方立法的可操作性

各地区无障碍环境的建设成效直接取决于地方立法的质量,而法规的可操作性是衡量立法质量的重要因素之一。要增强地方立法的可操作性,可通过以下几条途径:(1)结合本地实际,细化《残疾人保障法》、《无障碍环境建设条例》等法律法规的条款。(2)删繁就简,防止照搬照抄上位法或其他省份法规的规定,突出地方特色,做到简明、准确、可操作。(3)拾遗补缺,根据上位法的立法精神,深入开展立法调研和科学论证,在法规内容上做出一些创新性的规定。

二、加强无障碍环境建设法律法规的执行力度

目前,我国对无障碍环境建设的执法力度弱,是导致无障碍设施被占用或破坏、无障碍设备产品不符合标准等问题出现的主要原因。法律执行

是将法定权利转化为实有权利的重要依托,因此,必须加强无障碍法律的执行力度。

1. 明确各管理部门的行政职责

由于各部门职责的不明确和责任交叠混杂情况的存在,给无障碍建设、维护和管理带来诸多困难。无障碍环境建设需要建设、交通、城市规划、教育、铁路、通信等各相关部门协同完成,因此需要通过行政法规明确分配各个部门的职责,规定各个行政机关执法的具体范围,比如,无障碍环境的建设主体、改造主体、维护管理主体、公共交通工具的管理主体等都需要明确,为配套法规、规章的执行奠定良好的组织和管理基础,以防止权力边界模糊带来的行政冲突。

2. 鼓励社会监督

政府在无障碍环境建设中承担主导性和关键性作用,但是单纯依靠政府来构筑一个全方位的无障碍环境建设和监管体系是非常困难的,尤其是在无障碍法律的监管方面政府具有很多局限性。而残联、老龄委、妇联等社会团体是一种不同于政府的组织,应鼓励他们参与无障碍建设的监督,促进无障碍法律法规的落实。

三、加快推进农村和小城镇无障碍环境建设

推进城乡经济社会发展一体化,搞好社会主义新农村建设规划,加强农村基础设施建设是当前我国城市化进程中的重要任务。全国各地正在大力推进新农村建设,旧村改造、村庄整治等工作正如火如荼地进行,但在无障碍环境的建设上比较滞后,不仅无障碍设施少而且建设不规范。据测算,在新的公共设施中加入无障碍设计,增加成本微乎其微,而改造、重建一项公共设施所需经费是新建的五倍①。因此,抓住新农村建设和城镇化推进的有利时机,将无障碍设施建设与小城镇、新农村建设、公共服务设施同时规划、同时设计、同时施工、同时验收,既能节省时间、人力、物力和财力,又能避免造成新的历史欠账。

---

① 周霞、郦文静. 北京市公共建筑无障碍建设现状及改进措施[J]. 城市问题, 2007 (6): 67~71.

四、促进无障碍环境建设的系统化和规范化

我国当前无障碍设施的覆盖率不高,尚未形成从家到路、从路到公共场所的全程无障碍。同时,由于我国无障碍建设起步较晚,加之监管力度弱,已建成的无障碍设施存在诸多设计、施工不合理之处,未能真正贯通的无障碍设施意味着更大的出行不便和潜在危险。随着公众对无障碍环境质量的要求不断提高和我国快速的人口老龄化对无障碍设施需求的逐渐增大,无障碍环境建设成为一项迫切而长期的工作,因此,需要进一步推进无障碍建设从局部向全局、由个体向整体拓展,真正做到系统化和规范化。首先,有计划、系统地推进无障碍设施的扩建工作。为改善现有无障碍设施呈点、段、带分散型分布的状况,需加强对盲点区域的建设,重点关注居住区、残疾人家庭以及点、段、带之间的衔接区域。其次,要依据国家有关法律法规的规定,加快对既有不符合标准的无障碍设施进行改造,提高其质量,建成真正无障碍的社会。再次,要根据新情况、新问题及时修订现有的行业规范,积极推动残疾人家庭、公共交通工具、信息交流等无障碍建设相关标准规范的制定和出台,建立完善的无障碍建设标准体系,为规范无障碍建设提供科学依据。

五、继续加大无障碍环境建设的资金投入

修订后的《残疾人保障法》对无障碍环境的规定虽然有了较大完善,但仍未明确规定无障碍建设的资金投入机制,包括资金投入的责任主体和财政投入比例等内容,这将影响法律法规的有效贯彻和实施。因此,为确保无障碍设施建设和改造的近远期总体规划顺利进行,建议在相关法律法规和政策文件中对如下内容做出明确规定:首先,各级财政要拨出专项经费用于无障碍设施的建设与组织管理;其次,对于新建、改建和扩建的建筑物、道路、交通设施等基础设施建设工程,应将无障碍设施建设费用纳入工程总造价;第三,考虑到多数残疾人家庭的经济状况较差,政府应对其家庭内部的无障碍建设给予资金支持,各地可依据当地的经济发展水平,

对残疾人家庭的无障碍建设补贴一定数额的资金。最后，拓宽无障碍建设的资金投入渠道。无障碍环境建设是使残疾人、老年人、妇女、儿童等各类社会成员都受益的一项庞大的社会工程，政府是其主要建设资金的承担者而不是唯一承担者，且政府的力量是有限的，还需鼓励民间资本、金融部门等多渠道资金的介入，来构建一个支持无障碍建设的稳定资金来源渠道和体系。

六、提升社会公众的无障碍意识

当前我国无障碍环境建设中存在的诸多问题与公众的无障碍意识薄弱直接相关。因此，消除健全人与残疾人之间的心理障碍就显得更为重要。无障碍公众意识的提升能有效推动无障碍整体环境建设中的公众参与，也是符合残疾人权利运动的发展趋势。要全面提升公众的无障碍意识，必须从以下几方面入手：首先，应在残疾人保障立法中确立平等理念。法律法规是"自上而下"的规范和引导社会公众意识的基础，以平等理念作为无障碍立法工作的指导，可以确保残疾人能够用法律来捍卫个人权利，共享社会物质文化成果。其次，开展无障碍文化建设。构建无障碍文化，需要充分利用电视、报纸和网络媒体等的优势，从学校、社区到公共场所开展无障碍知识的宣传活动，使广大公众转变传统观念并树立"全纳"的理念，消除对残疾人的各种社会排斥。再次，提供无障碍服务。无障碍意识真正建立的直接体现是能在日常生活和工作中时刻为残疾人提供最适当、最优质的服务。为残疾人提供无障碍服务是全体社会公民的责任，因此，应培养公众的无障碍服务能力，建立人人自觉为残疾人群体提供帮助的良好社会环境，才能帮助残疾人更好更快地融入社会生活。

第三部分 调查报告

第七章

《残疾人保障法》实施状况调查报告

第一节 调查基本情况

一、调查背景

《中华人民共和国残疾人保障法》（以下简称《残疾人保障法》）是保障我国残疾人权益的一项重要法律。该法于1990年12月28日颁布，1991年5月15日正式实施；2008年进行了修订，修订后的《残疾人保障法》自2008年7月1日起施行。2011年是《残疾人保障法》实施20周年。该法自实施以来，在保障残疾人权益、促进残疾人事业发展上发挥了重要作用。但是，随着我国社会经济不断发展，人们对残疾人权益和残疾人事业有了更深入的理解，对完善《残疾人保障法》也提出了新的要求。因此，有必要对《残疾人保障法》进行全面评估，以进一步改进立法和法律实施工作，适应新的社会发展形势，保障残疾人事业平稳有序健康发展。

我国确立社会主义市场经济体制之后，在相当长的时间内，国家立法机关的主要方向是建立与市场经济体制相适应的社会主义法律体系。随着我国社会主义法律体系的逐步完善，立法后评估也逐渐提上了国家立法机构的议事日程。吴邦国委员长在十一届全国人大四次会议上所作的全国人大常委会工作报告中明确提出：要把立法后评估作为加强和改进立法工作的一项新举措，在总结试点经验的基础上有序展开，通过多种形式，对法律制度的科学性、法律规定的可操作性、法律执行的有效性等做出客观评价，为修改完善法律、改进立法工作提供依据。为了落实吴邦国委员长提出的要求，同时也为了适应《残疾人保障法》的完善需要和残疾人事业的发展需要，全国人大决定在《残疾人保障法》实施20周年之际对其进行立法后评估。

立法后评估是一项系统工程，需要对法律制度设计的科学性、合理性和实施情况作定性和定量的评估。本次调查就是为了全面、科学地对《残疾人保障法》进行立法后评估而开展的。

二、调查目的

开展本次调查的主要目的是：收集与《残疾人保障法》实施相关的主客观信息，为最终顺利完成基于多维度、多视角的《残疾人保障法》立法后评估工作服务，帮助对这部法律制度设计是否合理、是否得到切实有效贯彻实施做出评价，对是否需要修改和完善做出判断，对如何改进法律实施提出有针对性的建议，从而落实党中央提出的着力保障和改善民生的精神，促进残疾人事业的发展。

通过调查，了解残疾人在康复、教育、就业、社会保障和无障碍建设等方面的现状和问题，同时了解《残疾人保障法》的实施效果，以及残疾人和其他群体对《残疾人保障法》的评价，为立法后评估提供直接依据，为进一步修改和完善《残疾人保障法》、加强《残疾人保障法》实施工作提供决策参考。

三、调查对象与方法

1. 调查对象

本次调查共有残疾人调查问卷、居民调查问卷、政府部门工作人员调查问卷和政府部门调查问卷等四类问卷。各类问卷调查针对不同的调查对象。

残疾人调查问卷的调查对象为14周岁以上的残疾人。调查对象的选择标准为：(1) 1997年11月30日前出生；(2) 在调查地区（区、县）居住6个月及以上。

居民调查问卷的调查对象为与被调查残疾人居住在同一社区（村）的18周岁以上居民。调查对象的选择标准：(1) 1993年11月30日前出生；(2) 与被调查残疾人居住在同一社区（村）；(3) 在调查地区（区、县）居住6个月以上；(4) 非被调查残疾人的家人。

政府部门工作人员调查问卷的调查对象为各地区残疾人工作委员会从事残疾人相关工作的人员。调查对象的选择标准：(1) 本单位为当地残疾人工作委员会组成部门；(2) 本人在本单位主管或从事残疾人事业相关工作；(3) 从事残疾人事业相关工作 1 年以上。

政府部门调查问卷的调查对象为各地政府部门，调查地区省、地、县三级各填写一份问卷，每份问卷要求与残疾人事业密切相关的几个主要部门分别填写相关部分，这些部门包括：(1) 残联；(2) 卫生部门；(3) 民政部门；(4) 人力资源和社会保障部门；(5) 教育部门；(6) 住房和建设部门；(7) 广播和电视部门。

2. 调查方法

本次调查采用多阶段分层配额抽样调查的方法抽取残疾人样本。第一阶段，首先将全国大陆地区 31 个省、直辖市和自治区按照 2010 年人均地区生产总值分为三组：第一组人均地区生产总值超过 40000 元，包括上海、北京、天津、江苏、浙江、内蒙古、广东、辽宁、山东、福建等 10 省（直辖市、自治区）；第二组为人均地区生产总值在 24500 元至 40000 元之间，包括黑龙江、吉林、河北、山西、陕西、宁夏、新疆、重庆、湖北、湖南等 10 省（直辖市、自治区）；第三组则为人均地区生产总值低于 24500 元，包括河南、四川等其他的 11 个省（自治区）。然后在每个组中随机抽取 2 个省（直辖市、自治区）。抽样结果为：第一组的北京、广东；第二组的山西、湖南；第三组的四川、安徽。

第二阶段：在每个被抽中的省（直辖市）分别随机抽取一个市辖区和一个县。

第三阶段：在每个区县根据年龄、性别、残疾类型等配额原则抽取 100 名残疾人进行调查。在市辖区调查城镇残疾人，在县调查农村残疾人。具体配额为：(1) 年龄配额：14~19 岁 5~7 人；20~49 岁 25~30 人；50 岁及以上 63~70 人。(2) 性别配额：男女控制在 1:1 左右，上下浮动不超过 5 人。(3) 残疾类型配额：视力残疾 15 人；听力和言语残疾 25 人；肢体残疾 30 人；智力残疾 7 人；精神残疾 7 人；多重残疾 16 人。各种残疾类型上下浮动不超过 2 人。

社区居民调查则是在残疾人调查对象所在社区调查约 50 名社区居民。当某社区的残疾人调查对象为偶数时，调查社区居民数为被调查残疾人数一半，如调查残疾人数为 4，则调查 2 名社区居民。当某社区残疾人调查对象为奇数时，则调查社区居民数为被调查残疾人数的一半取整数后加1，如被调查残疾人数为3，也调查2名社区居民。社区居民也采用配额制，具体配额为：(1) 年龄配额：18~59 岁 37~40 人，60 岁及以上老年人 10~13 人；(2) 性别配额：男女比例约为 1:1，上下浮动不超过 3 人。

政府部门工作人员的调查是在每个残疾人工作委员会组成单位调查 2~3 人。政府部门的调查则是对各调查地区省、市（地区）、县（区）三级残联、民政、卫生、教育、人力资源和社会保障、广电、住房建设等 7 个政府部门进行普遍调查，针对不同部门调查不同的问题。

四、调查组织与实施

本次调查由中国残联和中国社会科学院人口与劳动经济研究所共同组织，六省市十二个区县的残联负责现场调查。调查前专家组于 2011 年 11 月 22 日至 24 日在湖南长沙对各地残联的调查督导员和调查员进行了培训。各地在 12 月底前进行了入户调查。

第二节 残疾人调查结果分析

一、调查对象的基本情况

1. 调查对象的个人特征

(1) 年龄构成

本次调查对象的年龄限制在14周岁（含）以上。调查结果显示，在全部调查的1217名残疾人中，14～19岁为69人，占5.8%；20～49岁为393人，32.1%；50岁及以上为755人，占62.1%。按照每岁组看，本次调查人数较多的年龄组分别是55～59岁组、50～54岁组、60～64岁组，占比均超过了10%。各年龄组具体的分布（见表7-1）。

表7-1 残疾人调查对象的年龄分布

年龄组	人数	比例（%）	年龄组	人数	比例（%）
14～19	69	5.8	55～59	214	17.5
20～24	37	3.0	60～64	124	10.3
25～29	39	3.2	65～69	102	8.5
30～34	45	3.7	70～74	62	5.1
35～39	59	4.8	75～79	35	2.8
40～44	92	7.6	80～84	19	1.5
45～49	121	9.9	85+	8	0.8
50～54	191	15.7	合计	1217	100

(2) 性别构成

性别也是本次调查的主要配额项之一。根据配额要求，男女残疾人应该控制在1:1左右。调查结果显示，本次调查对象中男性为622人，占51.1%；女性为595人，占48.9%（见表7-2），与第二次抽样调查结果中性别比基本一致（二抽男性的比例为51.6%）。

(3) 城乡构成

开展本次调查时正是中国社会发生城乡人口结构重大变化的时刻。根据第六次人口普查数据公报，2010 年人口普查时城镇人口比例已经达到 49.6%，因此 2011 年将是中国城镇人口比重超过农村人口比重的时刻。本次调查基于这样一个现实，要求各省市调查中城乡人口按照 1∶1 进行调查。调查结果显示，本次调查对象中，城镇户籍人口占 50.4%，农村户籍人口占 49.6%（见表 7-2）。由于本次调查的城镇人口全部是在城镇社区中调查，而农村户籍人口全部在农村社区调查，因此户籍人口的口径和常住人口的口径基本一致。

(4) 受教育状况

调查对象中，初中及以下受教育程度者占全部调查对象的 82.9%。其中，未上过学的占 24.2%，小学的占 30.4%，初中的占 28.3%，高中/职高/中专的占 14.1%。大学专科及以上仅占 3%。调查对象受教育程度的分布见表 7-2。

(5) 婚姻状况

调查对象中，约三分之二的人处于婚姻存续状态，21.5% 的人未婚，另外分别有 4.2% 和 6.6% 的人处于离婚和丧偶状态（见表 7-2）。

表 7-2 调查对象的基本特征

		人数	比例（%）			人数	比例（%）
性别	男	622	51.1	地区	城镇	613	50.4
	女	595	48.9		农村	604	49.6
受教育程度	未上过学	294	24.2	婚姻状况	未婚	262	21.5
	小学	370	30.4		已婚	824	67.7
	初中	345	28.3		离婚	51	4.2
	高中/职高/中专	171	14.1		丧偶	80	6.6
	大学专科	31	2.5				
	大学本科以上	6	0.5				

(6) 残疾状况

根据调查设计，对调查对象的残疾类型进行了配额控制。配额参照标准为第二次残疾人抽样调查结果中各种类型残疾人的占比,同时允许有小范围浮动。调查结果显示,本次调查的配额得到了较好的执行,总体上各种类型残疾人的分布与第二次抽样调查时的分布差别不大。本次调查中,肢体残疾人的占比最大,达到31%,以下依次为听力残疾(19.2%)、视力残疾(16.8%)和多重残疾(15.3%),其他几类残疾的占比均低于8%(见表7-3)。

表7-3 本次调查对象的残疾类型及与第二次抽样调查的比较

残疾类型	本次调查	第二次抽样调查
视力残疾	16.8	14.8
听力残疾	19.2	23.8
言语残疾	3.9	1.6
肢体残疾	31.0	29.8
智力残疾	7.1	6.7
精神残疾	6.7	6.5
多重残疾	15.3	16.2

在残疾程度上,除1.8%的调查对象不清楚自己的残疾类型外,四级残疾程度(一级、二级、三级、四级)的调查对象占比均在20%~30%之间,分别为21.9%、27.5%、23.0%和25.8%。另外,98%的调查对象办理了残疾人证。

2. 调查对象的家庭情况

(1) 家庭户规模

调查对象的平均家庭户规模为3.23人,最少的为1人,最多的为9人。其中,以三人户最多,达到了调查对象的29.7%,其次是二人户(22.2%)和四人户(17.7%),一人户和五人户的占比也均超过了11%,六人及以上户的占比为7.4%(见表7-4)。绝大部分残疾人家庭(80.4%)中只有一个残疾人,有两个残疾人的家庭占17.3%。

(2) 家庭就业人口

调查对象家庭的平均就业人口为1.39人。其中,以家庭中有1人就业为最多,达到37.3%,其次为2人就业(31.5%),有约20%的家庭没有任何人就业(见表7-4)。

表7-4　调查对象的家庭户规模和就业人口

家庭类型	频数	比例（%）	家庭就业人口数	频数	比例（%）
1人户	136	11.2	0	242	19.9
2人户	270	22.2	1	454	37.3
3人户	362	29.7	2	383	31.5
4人户	215	17.7	3	90	7.4
5人户	144	11.8	4	36	3.0
6人以上户	90	7.4	5人及以上	11	1.0

（3）家庭收入

调查对象上年（2010年）平均家庭年人均收入为6194.2元。其中，59%的残疾人家庭年人均收入低于5000元，只有17.8%的家庭年人均收入超过1万元。

二、调查结果分析

1. 残疾人的现状和需求

（1）医疗和康复

调查显示，医疗康复是大部分残疾人的现实需求。在所有调查对象中，只有253人表示不需要医疗康复，约占20.8%。

医疗保险报销比例过低是目前残疾人在医疗和康复方面面临的最主要困难。在有医疗康复需求的调查对象中，有58.1%的调查对象在医疗和康复中存在这一困难。此外，36.3%的调查对象存在医疗康复效果不理想，31.9%的调查对象去医疗康复机构不方便，还有29.6%的调查对象认为医疗康复项目没有纳入报销范围也是一个主要问题（见图7-1）。

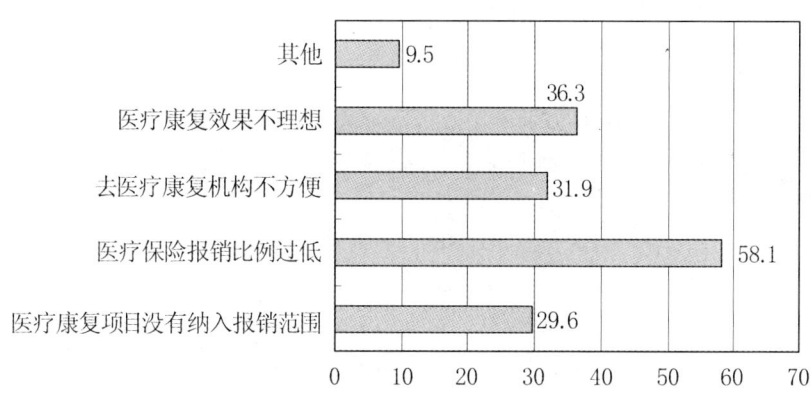

图 7-1 需要医疗康复者在医疗和康复中存在的主要问题

（2）教育

经济困难是残疾人在教育问题上遇到的最主要问题。66.2% 的调查对象认为残疾人在接受教育时存在的主要困难和问题是经济困难，其他原因还包括到学校后受歧视（20.1%）、跟不上学习进度（19%）、没有特殊教育机构（17.2%）、学校缺少无障碍设施（16.6%）及学校离家太远（12.2%）等（见图 7-2）。

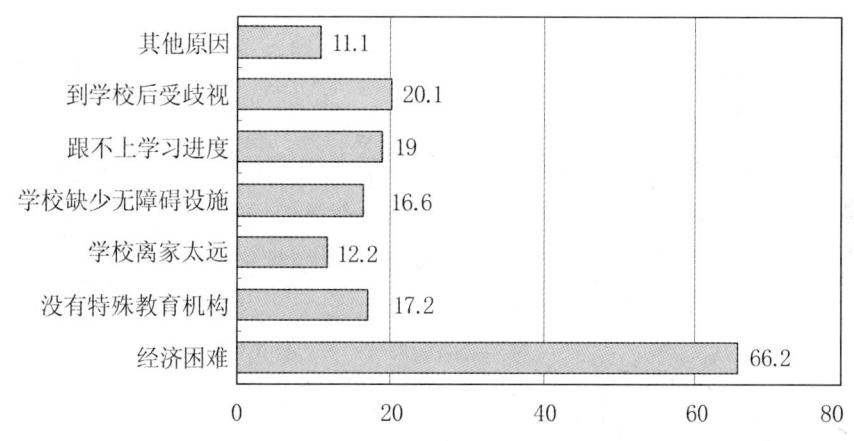

图 7-2 调查对象认为残疾人接受教育存在的主要困难和问题

（3）就业

调查对象认为残疾人就业面临的最主要困难是缺乏专业知识和技能，有 46.4% 的调查对象选择这一选项。42.8% 的调查对象认为残疾人"完成工作有困难"也是一个主要困难和问题。此外，还有 34.7% 的调查对象认为残疾人就业受到歧视，30.5% 的调查对象认为工资待遇太低，23.8% 的调查对象认为缺少就业信息（见图7-3）。城乡残疾人在面临困难的排序上存在一定的差异。城市残疾人面临的主要困难依次是缺乏专业知识和技能（44.2%）、工资待遇太低（43.2%）和就业受到歧视（34.6%）；农村残疾人面临的主要问题则依次是完成工作任务有困难（57.4%）、缺乏专业知识和技能（48.6%）以及就业受到歧视（34.8%）。

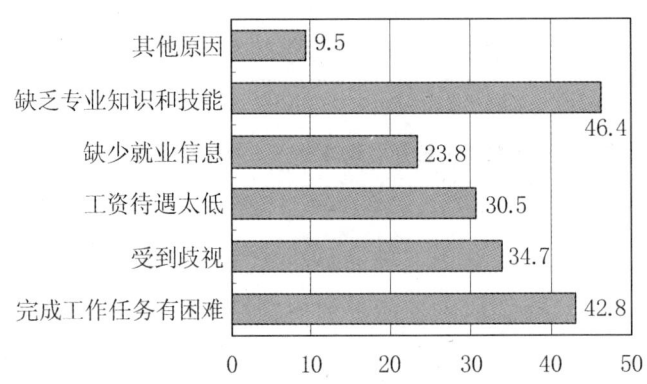

图7-3 调查对象认为残疾人就业存在的主要困难和问题

（4）社会保障

调查对象中有433人享受国家最低生活保障，约占全部调查对象的35.6%。享受最低生活保障补贴标准平均享受额度为255元/月。其中，城乡低保标准差异较大，城镇平均低保补贴标准为386元/月，农村平均低保补贴标准为104元/月，二者的差距高于2010年全国城乡收入比差距3.2的水平。约有三分之一（33.7%）的调查对象享受了国家最低生活保障之外的其他补贴。其中，19.4%享受了贫困残疾人生活补贴，13.7%享受了燃油补贴等其他定期补贴。

残疾人社会医疗保险的参保率较高，只有4.4%的调查对象没有参加任何社会医疗保险。50.1%的调查对象参加了新型农村合作医疗保险，这部分人均是农村户籍的残疾人；另有22.2%的调查对象参加了城镇居民医疗保险，23.3%的调查对象参加了城镇职工基本医疗保险（见图7-4）。54.2%的调查对象参加社会医疗保险个人缴费部分获得了政府补贴，其中30.2%获得了全额补贴，22.2%获得了部分补贴。

调查对象参加社会养老保险的比例低于参加医疗保险的比例，约有

27.1%的调查对象没有参加任何社会养老保险。调查对象中，41.8%参加了新型农村社会养老保险，24.2%参加了城镇职工基本养老保险，6.9%参加了城镇居民社会养老保险（见图7-5）。54.7%的调查对象在参加社会养老保险时得到了政府的补贴，其中调查对象的35.3%获得了部分补贴，19.4%获得了全额补贴。

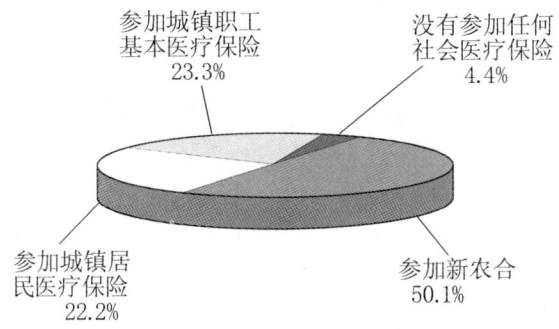

图7-4　调查对象参加社会医疗保险的情况

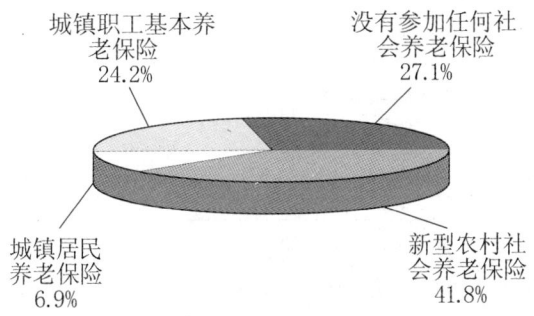

图7-5　调查对象参加社会养老保险的情况

（5）无障碍环境

超过三分之二（67.7%）的调查对象在无障碍环境方面遇到了困难。调查对象遇到的无障碍环境方面的主要问题依次是：缺少无障碍设施（30.0%）、遇到困难时难以得到帮助（26.4%）、缺少无障碍交通工具（26.1%）、受到歧视（17.3%）等（见图7-6）。

约有45%的调查对象在日常生活中需要信息交流方面的无障碍服务。约有五分之一的调查对象分别需要"电视节目加配字幕"（19.6%）和"公共服务信息语音提示"（19.5%）的服务，此外还有15.2%的调查对象需要"公共服务信息屏幕提示"，10.7%的调查对象需要电视手语节目

(见图7-7)。

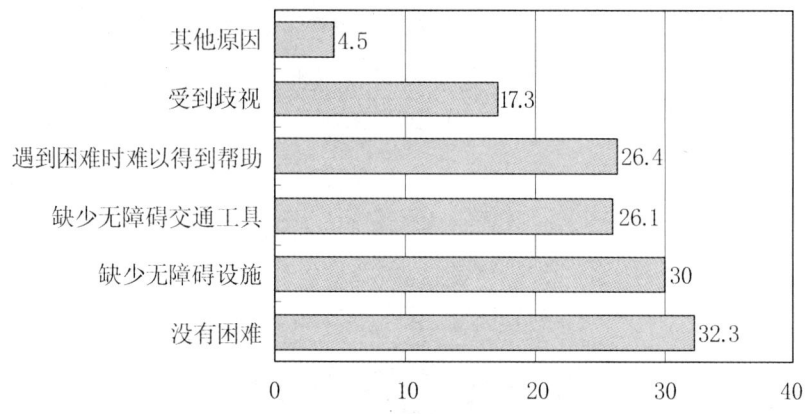

图7-6 调查对象在无障碍环境方面遇到的主要问题和困难

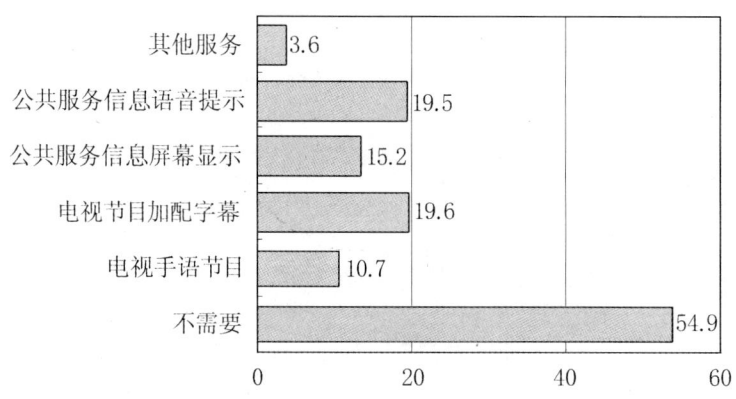

图7-7 调查对象日常生活中需要信息交流方面的无障碍服务

(6) 最希望政府帮助解决的问题

发放生活补贴和医疗费用是调查对象最希望政府解决的两件大事，选择这两项的调查对象均超过了50%。其他选择人数较多的选项依次为：对养老、医疗等保险个人缴费部分给予补贴（36.1%）、康复服务（22.7%）、解决住房（18.6%）、安排就业（15.4%）（见表7-5）。

表7-5 调查对象最希望政府帮助自己解决的困难

希望解决的问题	比例（%）	希望解决的问题	比例（%）
医疗费用	50.2	对养老、医疗等保险个人缴费部分给予补贴	36.1
康复服务	22.7		
教育	6.0	家庭无障碍改造	6.5
职业培训	7.1	解决住房	18.6
安排就业	15.4	集中供养	4.9
发放生活补贴	57.4	其他	4.5

2. 对《残疾人保障法》的知晓与运用

调查对象对《残疾人保障法》的知晓程度较低，约有35.5%的调查对象根本不知道《残疾人保障法》。在知道该法的调查对象中，大多数对该法的内容了解程度很低，只有4.4%的调查对象表示知道该法且了解主要内容，有23.9%的调查对象表示虽然知道该法，但对内容完全不了解，另有36.2%的调查对象表示知道该法且了解部分内容（见图7-8）。

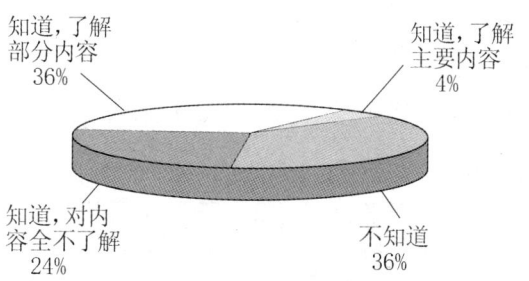

图7-8 对《残疾人保障法》的知晓情况

残疾人权益保障状况的进展得到了大多数调查对象的明确肯定，84.4%的调查对象认为和10年前相比，残疾人权益保障状况进步"非常明显"或"比较明显"。只有6.5%的调查对象认为"不太明显"或"不如以前"（见图7-9）。

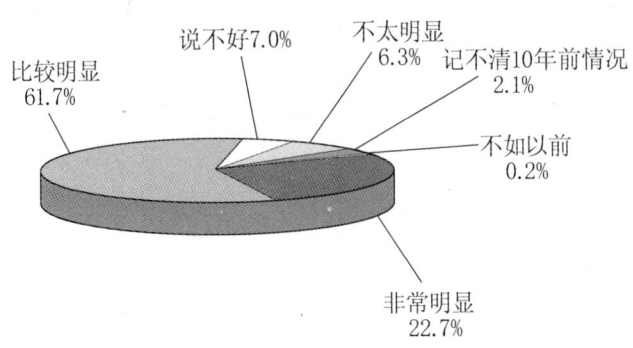

图 7-9 对残疾人权益保障状况的评价

在残疾人的个人权益受到损害时,残疾人一般主要向村委会/居委会和残联寻求帮助。在调查对象中,超过八成(81.5%)的调查对象遇到过个人权益受侵害的情况。在受到侵害时,63.2%的调查对象会找村委会/居委会寻求帮助,42.1%的调查对象会找残联,32.3%的调查对象会找政府部门,17.8%的会寻求亲友的帮助。值得注意的是,还有少量调查对象受到权益侵害不知道应该找谁寻求帮助(2.3%),也有少数调查对象权益受侵害后没有找任何单位或个人寻求帮助(1.2%)(见表7-6)。

表 7-6 调查对象权益受侵害时求助的对象

求助对象	比例(%)	求助对象	比例(%)
未受过侵害	18.5	亲友	17.8
村委会/居委会	63.2	找律师	3.0
残联	42.1	谁也没找	1.2
政府部门	32.3	不知道找谁	2.3
工作单位	2.0	其他	1.1

大多数调查对象对目前的残疾人权益保障状况表示"很满意"(18.7%)或"比较满意"(46.4%)。表示"不太满意"和"很不满意"的比例不足5%(见图7-10)。

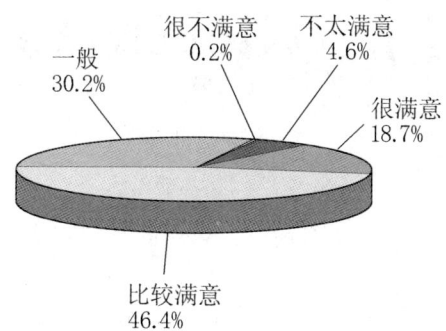

图7-10 调查对象对目前残疾人权益保障状况的评价

第三节 居民调查结果分析

一、调查对象的基本情况

1. 年龄

居民调查的年龄同样采用配额控制,主要目的是控制60岁及以上老年人口占调查对象的比例不要过高,根据调查设计应保持在20%左右。调查结果显示,配额控制较好,60岁及以上老年人口占全部调查对象的21.5%。在各年龄组中,以35~39、40~44、45~49、50~54、55~59岁等几个年龄组的比重较高,均超过了10%,其中以45~49岁组的比重最高,为19.29%(见表7-7)。

表7-7 居民调查对象的年龄构成

年龄组	人数	比例(%)	年龄组	人数	比例(%)
18~24	12	1.94	50~54	72	11.67
25~29	25	4.05	55~59	67	10.86
30~34	32	5.19	60~64	60	9.72
35~39	65	10.53	65~69	36	5.83
40~44	94	15.24	70~74	26	4.21
45~49	119	19.29	75+	9	1.46
合计	617	100			

2. 性别

根据调查设计,性别比要求控制在1:1左右。调查结果显示,本次居民调查共调查617人,其中男性300人,占比为48.6%,女性317人,占比为51.4%(见表7-8),符合配额要求。

3. 城乡

按照设计,与残疾人调查相一致,本次居民调查同样保持城乡调查对象 1:1 的比例构成。调查结果显示,本次调查对象中城镇居民 311 人,占比为 50.4%,农村居民为 306 人,占比为 49.6%(见表 7-8)。

4. 受教育程度

在居民调查的调查对象中,以初中文化程度者比例最高,占 38.6%,以下依次为:高中/职高/中专(27.7%)、小学(14.3%)、大学专科(8.4%)、大学本科及以上(8.2%)、未上过学(2.8%)(见表 7-8)。

表 7-8 居民调查对象的基本特征

		人数	比例(%)			人数	比例(%)
受教育程度	未上过学	17	2.8	性别	男	300	48.6
	小学	88	14.3		女	317	51.4
	初中	238	38.6	地区	城镇	311	50.4
	高中/职高/中专	171	27.7		农村	306	49.6
	大学专科	52	8.4				
	大学本科以上	51	8.2				

二、调查结果分析

1. 对残疾人事业和《残疾人保障法》的知晓情况

居民对《残疾人保障法》的知晓程度高于残疾人。调查对象中,只有 14.9% 的人不知道《残疾人保障法》,明显低于残疾人调查中的相应人群的比例。同时,有 46.8% 的调查对象表示知道《残疾人保障法》且了解部分内容,9.6% 的调查对象表示知道该法且了解主要内容,均高于残疾人调查中相应人群的比例(见表 7-9)。

表7-9 残疾人和居民对《残疾人保障法》的知晓情况　　单位:%

	残疾人调查	居民调查
不知道	35.5	14.9
知道，对内容完全不了解	23.9	28.7
知道，了解部分内容	36.2	46.8
知道，了解主要内容	4.4	9.6

电视节目和报纸杂志是居民了解残疾人事业的主要信息来源。调查显示，79.4%的调查对象对残疾人事业的了解主要来自于电视节目，52.8%的调查对象主要来自于报纸杂志。与残疾人直接打交道也是一个重要途径，43.5%的调查对象表示主要来源于此。此外，亲戚朋友（23.7%）和网络（18.8%）也是部分调查对象了解残疾人事业的主要媒介之一（见图7-11）。

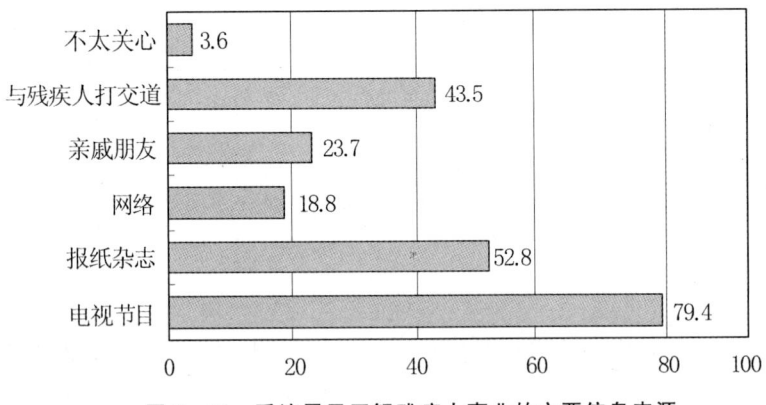

图7-11 受访居民了解残疾人事业的主要信息来源

2. 对残疾人状况和问题的判断

（1）身边残疾人的生活状况

受访居民对身边残疾人的生活状况不甚乐观。47%的调查对象表示身边残疾人的生活状况"一般"，另有4.9%的调查对象认为"生活状况很差"，24.5%的调查对象认为"生活状况较差"，认为身边残疾人"生活状况很好"的调查对象仅占3.2%，认为"生活状况较好"的为18.6%（见图7-12）。

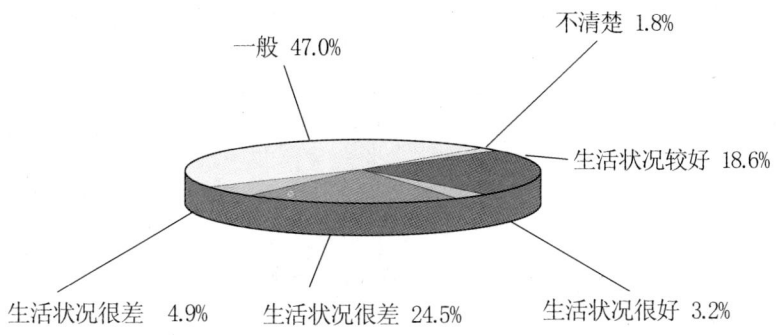

图 7-12 受访居民对身边残疾人生活状况的评价

（2）社区残疾人服务机构

各类面向残疾人的社区服务机构中，社区残疾人协会和社区康复站的覆盖面较广。调查对象中，59.3%的调查对象表示社区或村附近有社区残疾人协会，45.7%的调查对象表示有社区康复站。其他类的社区服务机构覆盖面均不高，只有20.6%的调查对象表示附近有残疾人就业服务中心，15.6%表示附近有特殊教育机构，8.4%的表示附近有残疾人供养或托养机构，另有11.8%的调查对象表示附近没有任何服务机构，7.9%的调查对象表示不清楚有这类机构（见表7-10）。

表 7-10 社区/村附近是否有面向残疾人的服务机构

	人数	比例（%）
没有任何服务机构	73	11.8
社区康复站	282	45.7
特殊教育机构	96	15.6
残疾人就业服务中心	127	20.6
残疾人供养/托养机构	52	8.4
社区残疾人协会	366	59.3
其他	22	3.6
不清楚	49	7.9

（3）教育状况

大部分受访居民对身边残疾人的教育状况有所了解，四分之三的调查对象表示身边的残疾人大部分"能"接受教育，只有11.8%的调查对象表示身边大部分残疾人"不能"接受教育,另有 12.5% 的调查对象表示对此问题"不清楚"(见图 7-13)。

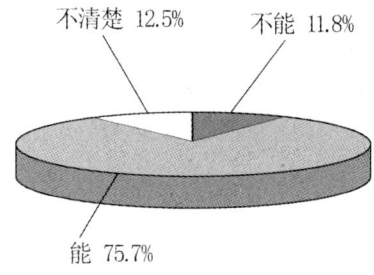

图 7-13 受访居民对身边大部分残疾人能否接受教育的判断

(4) 就业状况

受访居民对残疾人就业状况评价一般。29.8% 的调查对象表示自己了解的残疾人就业或从事农业劳动的状况"很差"或"比较差",46% 的调查对象认为"一般",只有 19.3% 的调查对象认为"比较好"或是"很好"。另有 4.9% 的调查对象表示不清楚(见图 7-14)。

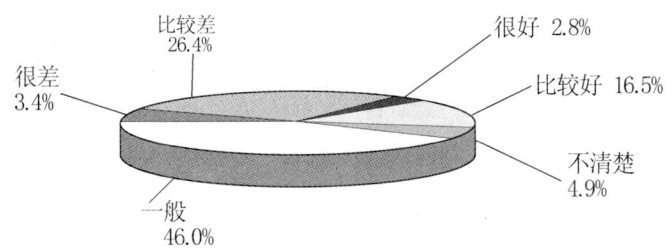

图 7-14 受访居民对残疾人就业状况的评价

有 68.3% 的调查对象认为城镇残疾人就业面临的主要问题是一些单位不愿意接受残疾人就业。工资待遇低和工作不稳定也是城镇残疾人就业面临的主要问题,分别有 41.7% 和 41.4% 的调查对象选择这两个选项。还有 22.7% 调查对象认为政府缺少促进残疾人就业的措施。

有 83.8% 的调查对象认为农村残疾人从事农业劳动面临的主要问题是受身体条件的限制。另外,34.4% 的调查对象认为缺乏相关科技知识也是主要问题之一,24.8% 的调查对象认为政府缺少对残疾人从事农业生产的补贴措施,还有 16.4% 的认为缺乏必要生产资料。

(5) 社会保障状况

调查对象对残疾人社会保障状况的评价明显好于对教育和就业等状况的评价。超过一半（51.7%）的调查对象认为我国残疾人的社会保障状况"很好"或"比较好"，只有6.9%的调查对象认为"不太好"或"很不好"，另有36.5%的调查对象认为"一般"（见图7-15）。

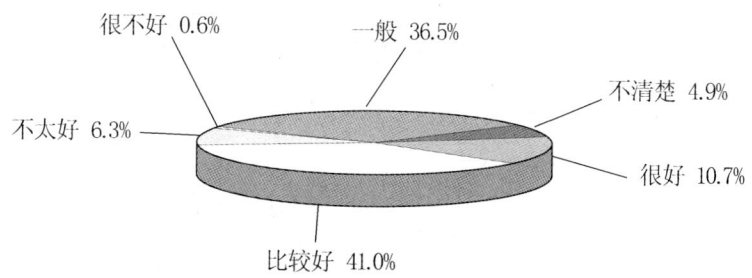

图 7-15 受访居民对社会保障状况的评价

(6) 出行状况

受访居民认为缺少无障碍设施和无障碍交通工具是残疾人在出行方面面临的主要问题，选择这两项的调查对象分别为55.0%和64.3%。另外，32%的调查对象认为残疾人家属不愿意让残疾人出门也是一个问题，还有11.7%的调查对象选择了大家不愿意帮助残疾人（见图7-16）。

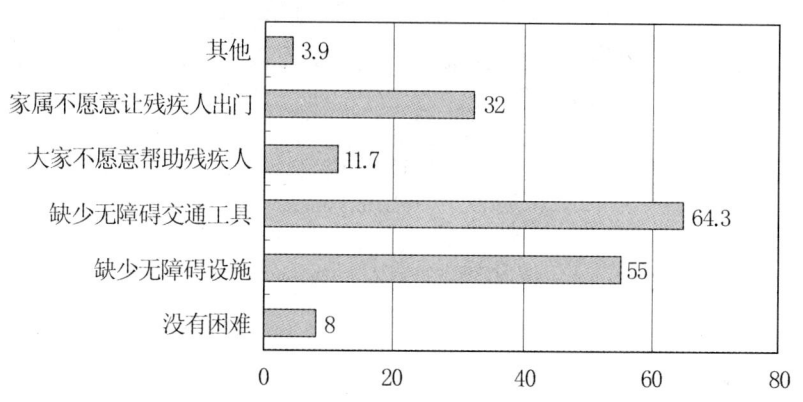

图 7-16 受访居民认为残疾人出行面临的主要问题

(7) 权益保护

受访居民遇到残疾人权益受侵害的情况频率较低,只有1.9%的调查对象表示经常遇到残疾人权益受侵害,有48.8%的人表示从未遇到,另有49.3%的人表示偶尔遇到过。

受访居民对政府部门在保障残疾人权益方面的重视程度比较认可。70.2%的调查对象认为政府部门"非常重视"或"比较重视"保障残疾人权益,只有3.7%的调查对象认为政府部门"很不重视"或"不太重视",也有26.1%的受访居民认为政府的重视程度"一般"(见图7-17)。

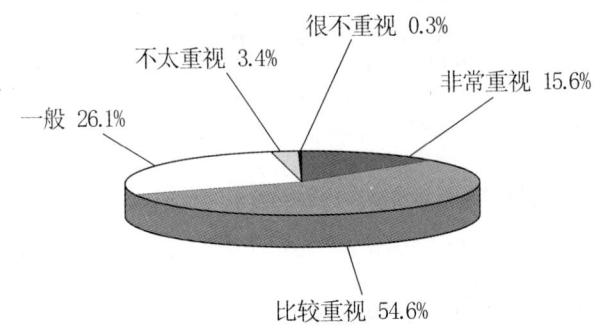

图7-17 受访居民对政府部门保障残疾人权益的评价

(8) 对残疾人面临问题的总体判断

就业和医疗费用是受访居民眼中残疾人面临的最主要的困难。64.8%的调查对象认为残疾人面临的主要困难有就业问题,61.8%的调查对象认为有医疗费用问题,41%的人认为有社会保障问题,36.3%的人认为有康复服务的问题。此外,认为存在教育、职业培训、出行和社会歧视等方面问题的调查对象均超过了20%(见表7-11)。

表7-11 受访居民认为残疾人面临的主要困难

主要困难	人数	比例（%）
医疗费用	381	61.8
康复服务	224	36.3
教育	146	23.7
职业培训	160	25.9
就业	400	64.8
社会保障	253	41.0
出行	184	29.8
社会歧视	134	21.7
其他	17	2.8

3. 对解决当前残疾人问题的建议

受访居民认为要解决当前残疾人的问题，必须多管齐下。62.7%的调查对象认为应该制定更多保障残疾人权益的法律和政策，61.4%的调查对象认为政府部门应该进一步提高重视程度，57.2%的人认为应该加强社会宣传，减少对残疾人的歧视，54.5%的人认为残疾人也应该自立自强，还有44.2%的人认为要加强现有法律政策的贯彻实施（见表7-12）。

表7-12 受访居民对解决当前残疾人问题的建议

主要困难	人数	比例（%）
政府部门提高重视程度	379	61.4
制定更多保障残疾人权益的法律和政策	387	62.7
加强现有法律政策的贯彻实施	273	44.2
加强社会宣传，减少对残疾人的歧视	353	57.2
残疾人应当自立自强	336	54.5
其他	24	3.9
说不好	17	2.8

第四节 政府工作人员调查结果分析

一、对残疾人事业和《残疾人保障法》的总体评价

政府部门工作人员调查共调查了各地区残疾人工作委员会组成单位的工作人员 504 人。这些政府部门工作人员从事与残疾人相关工作的时间平均为 5.05 年。其中，工作 5 年以下的占 62.2%，5~10 年的占 20.2%，10 年及以上的占 17.6%。

超过 96% 的受访政府工作人员认为当前残疾人事业发展情况与自己刚接触这项工作时有明显进展。

受访政府工作人员对《残疾人保障法》的执行情况较为认可。超过 80% 的调查对象认为《残疾人保障法》得到了完全执行（20.2%）或是大部分得到了执行（61.7%），另有 17.7% 的认为部分得到了执行（见图 7-18）。

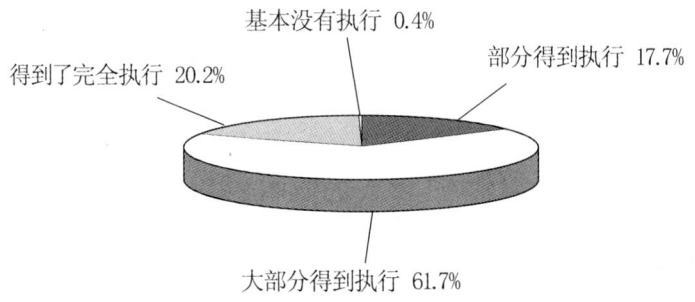

图 7-18 政府工作人员对《残疾人保障法》执行情况的评价

二、对残疾人状况和面临问题的判断

1. 对残疾人面临问题的判断

(1) 医疗和康复

受访政府工作人员认为残疾人在医疗和康复方面面临的困难最主要的是医疗保险报销比例过低(57.4%)、残疾人去医疗机构不方便(51.1%)。其他被提及较多的困难还包括医疗康复项目没有纳入报销范围(40.5%)、残疾人因经济困难无法加入社会医疗保险(40.3%)(见表7-13)。

表7-13 政府工作人员对残疾人医疗和康复问题的判断

医疗康复困难	人数	比例(%)
医疗康复项目没有纳入报销范围	191	40.5
医疗保险报销比例过低	271	57.4
残疾人因经济困难无法加入社会医疗保险	190	40.3
残疾人去医疗康复机构不方便	241	51.1
政府缺少残疾人医疗康复优惠规定	131	27.8
政府现有残疾人医疗康复优惠规定难以落实	125	26.5
其他	6	1.3

(2) 教育

政府工作人员认为残疾人在教育方面的困难主要有:残疾人在学校容易受歧视(51.2%)、学校缺少特殊教育老师(49.0%)、残疾人因为经济困难难以入学(47.6%)、学校缺少无障碍设施(44.8%)(见表7-14)。

表7-14 政府工作人员对残疾人教育问题的判断

教育困难	人数	比例(%)
残疾人因为经济困难难以入学	240	47.6
本地没有特殊教育机构	104	20.6
学校离残疾人家庭太远	126	25.0
学校缺少无障碍设施	226	44.8
学校缺少特殊教育老师	247	49.0

续表

教育困难	人数	比例（%）
学校不愿意接受残疾人入学	134	26.6
家庭不愿意让残疾人上学	94	18.7
残疾人在学校容易受歧视	258	51.2
政府缺少残疾人教育扶助规定	92	18.3
政府现有残疾人教育扶助规定难以落实	69	13.7
其他	1	0.2
不清楚	16	3.2

（3）就业

政府工作人员认为残疾人在就业上存在的最大问题是用人单位不愿意雇用残疾人、残疾人缺少专业知识和技能，选择两个选项的调查对象均超过68%。残疾人缺少就业信息、残疾人难以胜任工作、政府现有残疾人就业扶助规定难以落实等问题也有超过30%以上的调查对象提及（见表7-15）。

表7-15　政府工作人员对残疾人就业问题的判断

就业困难	人数	比例（%）
残疾人缺少专业知识和技能	343	68.1
残疾人缺少就业信息	239	47.4
用人单位不愿意雇用残疾人	386	76.6
残疾人难以胜任工作	159	31.5
政府缺少残疾人就业扶助规定	121	24.0
政府现有残疾人就业扶助规定难以落实	157	31.2
其他	6	1.2
不清楚	9	1.8

（4）社会保障

政府工作人员认为残疾人在社会保障方面存在的最大问题是残疾人享受社会保障待遇后仍有很大困难，有74%的调查对象选择这一问题。同时还有56.5%的调查对象表示残疾人没有能力承担社会保险个人缴费部分（见表7-16）。

表 7-16　政府工作人员对残疾人社会保障问题的判断

社会保障困难	人数	比例（%）
残疾人没有能力承担社会保险个人缴费部分	285	56.5
符合条件的残疾人难以享受最低生活保障	107	21.2
残疾人享受社会保障待遇后仍有很大困难	373	74.0
政府缺少针对残疾人的社会保障政策	112	22.2
政府现有针对残疾人的社会保障政策难以落实	108	21.4
其他	3	0.6
不清楚	34	6.7

（5）无障碍建设

政府工作人员认为在无障碍建设方面最大的问题是社会公众缺少无障碍意识（74.6%）以及无障碍设施缺少有效管理（57.1%），另外还有超过40%的调查对象提及缺少无障碍建设法规和规划、无障碍建设法规和技术标准未被严格执行等问题（见表7-17）。

表 7-17　政府工作人员对无障碍建设问题的判断

无障碍建设困难	人数	比例（%）
缺少无障碍建设法规和规划	203	40.3
无障碍建设法规和技术标准未被严格执行	202	40.1
政府缺少无障碍建设理念	95	18.8
政府对无障碍建设不重视	80	15.9
无障碍设施缺少有效管理	288	57.1
社会公众缺少无障碍意识	376	74.6
其他	2	0.4
不清楚	30	6.0

（6）对残疾人面临问题的总体判断

政府工作人员认为残疾人面临的最主要问题是就业问题，提及率达到77.6%。其次是医疗费用、康复服务、教育、职业培训、社会保障问题，提及率均超过45%，另外，社会歧视问题也有38.7%的调查对象提及（见表7-18）。

表7-18 政府工作人员对残疾人面临问题的总体判断

残疾人面临主要困难	人数	比例（%）
医疗费用	274	54.4
康复服务	261	51.8
教育	243	48.2
职业培训	233	46.2
就业	391	77.6
社会保障	231	45.8
无障碍建设	139	27.6
社会歧视	195	38.7
其他	2	0.4

2. 对残疾人工作的评价

(1) 残疾人的工作困难

尽管有九成以上的政府工作人员认为本地区的残疾人经费能够得到保障，但是仍然有超过六成的调查对象将经费保障列为自己和单位完成残疾人相关工作的主要困难。其他提及人数较多的困难还包括人员（38.3%）、组织协调（33.9%）和相关领导重视（22.2%）（见表7-19）。

表7-19 政府工作人员对本单位和自己完成残疾人工作存在困难的判断

工作困难	人数	比例（%）
组织协调	171	33.9
经费保障	310	61.5
人员	193	38.3
法律法规依据	88	17.5
政策依据	99	19.6
相关领导重视	112	22.2
其他	14	2.8

(2) 优惠政策不能落实的主要原因

政府工作人员认为经费投入有限和经济发展水平限制是优惠政策不能落实的主要原因，分别由66.7%和59.1%的调查对象提及这两个原因。其他提及率较高的原因还有政策本身执行力不强、对残疾人工作重视不够以及没有问责机制（见表7-20）。

表7-20 政府工作人员认为优惠政策不能落实的主要原因

优惠政策难落实原因	人数	比例（%）
对残疾人工作重视不够	159	31.5
经费投入有限	336	66.7
工作人员能力不强	33	6.5
经济发展水平限制	298	59.1
政策本身执行力不强	166	32.9
没有问责机制	136	27.0
其他	7	1.4

（3）对残疾人权益保障的评价

有69.4%的受访政府工作人员对当前残疾人的权益保障状况表示"很满意"或"比较满意"，另有28%的调查对象表示满意度"一般"，仅有2.6%的调查对象表示"不太满意"或"很不满意"（见图7-19）。

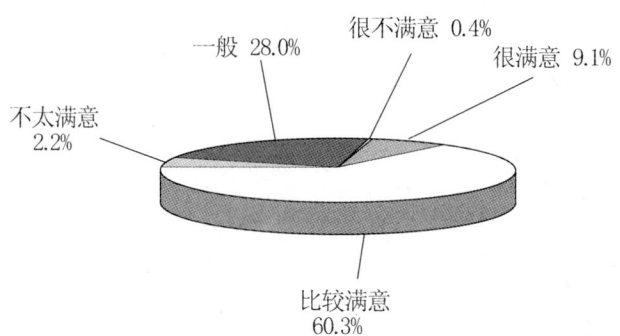

图7-19 政府工作人员对残疾人权益保障状况的评价

第四部分 审议报告

第八章

全国人民代表大会内务司法委员会关于《中华人民共和国残疾人保障法》立法后评估的报告

全国人民代表大会内务司法委员会关于《中华人民共和国残疾人保障法》立法后评估的报告①

全国人民代表大会常务委员会：

根据《全国人大常委会2012年工作要点》关于"对《残疾人保障法》开展立法后评估，为修改完善法律、加强和改进有关工作提供依据"的部署，内务司法委员会会同常委会法制工作委员会、中国残疾人联合会组成评估工作领导小组和工作机构，在民政部、人力资源和社会保障部、教育部、卫生部、工业和信息化部、财政部、住房和城乡建设部等有关部门的积极配合和帮助下，对《残疾人保障法》设立的一些主要法律制度进行了评估。现将评估情况报告如下：

一、《残疾人保障法》立法后评估的背景、目的和方法

（一）评估背景

中国特色社会主义法律体系形成后，修改完善法律和制定配套法规摆到立法工作更加重要的位置上来。吴邦国委员长就立法后评估工作多次指出，要在总结试点经验基础上，积极开展立法后评估工作，通过多种形式，对法律制度的科学性、法律规定的可操作性、法律执行的有效性等作出客观评价，为修改完善法律、改进立法工作提供重要依据。为落实吴邦国委员长的指示精神，探索立法后评估规范化、制度化的有效方法和途径，结合《残疾人保障法》实施20周年，内务司法委员会会同有关部门对《残疾人保障法》设定的一些主要制度进行了立法后评估。

《残疾人保障法》于1990年12月28日颁布，1991年5月15日起实

---

① 第十一届全国人大常委会第二十八次会议予以审议。

施，2008年4月，第十一届全国人大常委会第二次会议进行了修改。《残疾人保障法》是保障残疾人权益、发展残疾人事业的一部重要法律，实施20多年来，在保障残疾人权益、促进残疾人事业发展上发挥了重要作用。我国残疾人事业起步较晚，基础相对薄弱，要全面发展残疾人事业，促进残疾人状况的改善，需要在加强残疾人社会保障体系和服务体系建设的同时，不断完善相关法律制度，为残疾人事业发展提供法律保障。改革开放以来，我国经济社会发展取得的成就，为全面发展残疾人事业打下了坚实的基础，也为进一步完善保障残疾人权益法律制度创造了条件。

（二）评估目的

对《残疾人保障法》立法后评估，目的在于通过对其主要制度设计的科学性、合理性和可操作性进行评价，为考量是否需要修改完善提供依据。同时，通过对其实施情况的定量、定性分析，发现实施中存在的问题，对改进法律实施提出有针对性的建议，努力营造与经济社会发展相适应、有利于残疾人事业发展的良好环境，落实党中央提出的着力保障和改善民生的要求，推动残疾人事业进一步发展。

（三）评估方法和过程

本次立法后评估采用定性与定量相结合的方法，包括文献研究、问卷调查、实地调研和统计分析等。

文献研究主要是通过查阅和分析现行法律、法规、规章，立法档案资料，各级人大的相关执法检查报告、专题调研报告，各级残联及教育、工信、民政、财政、人社、住建、卫生等相关政府部门提供的统计数据、工作报告和研究报告来完成。

问卷调查采用多阶段、分层抽样调查的方法进行。在抽取残疾人样本的同时，调查残疾人所居住社区的居民、所在地政府相关部门工作人员及部分相关政府部门。此次立法后评估共调查了1217名14周岁以上的残疾人，其中城镇613人，农村604人；617名18周岁以上的残疾人所居住的社区的居民，其中城镇311人，农村306人；504名政府部门工作人员；6个省（直辖市）、9个地区（市）、12个县（区）的189个部门。

实地调研在海南、四川等地进行。李建国副委员长参加了在海南省的调研。调研通过召开座谈会、实地考察、随机走访等方式，深入基层、深入群众、深入残疾人群体，了解社会各界对法律制度及实施情况的评价、意见和建议，共召开11场约150名各界人士参加的专题座谈会，实地考察多家残疾人康复和劳动就业服务机构，形成了2份实地调研报告。

统计分析主要是根据收集到的各种信息，对评估的主要内容，从不同角度进行比较研究，客观评价法律制度及实施情况。

本次立法后评估共形成了关于残疾人康复、教育、就业、社会保障和无障碍建设等5份专题报告、1份现场调查报告和2份实地调研报告，在此基础上形成本报告。

二、《残疾人保障法》立法后评估的内容和标准

康复、教育、就业、社会保障是残疾人最重要、最基本的权益，无障碍环境是残疾人权利实现的一个重要保障。本次立法后评估将《残疾人保障法》第二章残疾人康复制度、第三章残疾人教育制度、第四章残疾人就业制度、第五章残疾人社会保障制度和第七章无障碍建设制度作为评估的重点。

评估标准：对上述重点，围绕法律制度设计、法律实施保障和法律实施绩效三个层面进行评估。在法律制度设计方面，通过考察其是否符合立法原则，内容是否完整及是否与《残疾人权利公约》相衔接，评估其科学性、合理性；通过考察各项条款是否清晰、明确、具体，评估其可操作性。在法律实施保障方面，通过考察与《残疾人保障法》相配套的行政法规、地方性法规、规章等规范性文件制定及实施情况，评价各级法律实施责任部门是否履行法定职责，是否为法律实施提供保障。在法律实施绩效方面，通过考察残疾人事业的发展状况，特别是倾斜于、服务于残疾人的各项优惠、扶助政策落实情况，评估法律实施的实际效果。

三、《残疾人保障法》立法后评估结论

(一) 制度设计较科学、合理,具有较强的可操作性

《残疾人保障法》在保障残疾人康复权、教育权、劳动权、社会保障权和享有无障碍环境等方面的制度设计上,立法意图明确,符合宪法原则和我国经济社会发展实际,基本实现了与《残疾人权利公约》相衔接。各项制度内容比较全面、结构比较合理、大多数条款比较严谨,表现为设定的残疾人权益比较完整,政府及有关部门和社会组织的职责比较明确,保障措施比较具体,比较具有可操作性,特别是对各类保障措施和各级政府及有关部门保障责任的设定,体现了《残疾人保障法》总则中关于"国家维护残疾人的合法权益、发展残疾人事业、保障残疾人平等地充分参与社会生活、共享社会物质文化成果"的立法宗旨和基本原则。

(二) 法律实施保障逐步加强

1990 年《残疾人保障法》颁布后,国务院积极开展《残疾人保障法》配套行政法规制定工作,先后制定了《残疾人教育条例》、《残疾人就业条例》和《无障碍环境建设条例》。国务院各有关部门在法定职责范围内,分别制定了 70 余件落实《残疾人保障法》的规章、标准等规范性文件。全国 31 个省(区、市)和部分较大的市结合本地实际,制定了《残疾人保障法》实施办法。2008 年,《残疾人保障法》修订后,已有 19 个省(区、市)修改了本地的《残疾人保障法》实施办法或制定了残疾人保障条例。部分地方政府还在残疾人就业、社会保障和无障碍环境建设等方面制定了规范性文件,将《残疾人保障法》及相关法律的规定进一步细化。以宪法为核心,以《残疾人保障法》为基础,以行政法规、地方性法规为配套,以国务院部门规章和地方政府规章为补充的保障残疾人权益法律规范体系基本形成。

各级政府认真履行法定职责,从"八五"到"十二五",始终将残疾人事业纳入国民经济和社会发展规划。国务院有关部门制定了多个发展残疾人事业的五年计划(纲要)和配套实施方案,对残疾人权益保障工作的指导原则、目标、任务、措施、监测和绩效评估等做出具体安排。地方各

级政府也相继出台了本地区发展残疾人事业的五年计划。这些计划（纲要）的执行，为法律的实施奠定了基础。仅"十一五"期间，中央财政通过多种渠道，共安排残疾人康复、托养、服务设施建设、危房改造、家庭无障碍改造等专项资金56.37亿元，比"十五"时期增长189.97%。各地方政府也在地方财政中做了相应的资金安排。海南省"十一五"期间，各级财政共安排残疾人事业补助资金2.96亿元，相当于"十五"时期的3倍。四川省仅2011年就投入资金3.35亿元，落实各项残疾人扶助项目，使44.62万残疾人受益。

（三）法律实施的绩效不断凸显

1. 残疾人平等参与社会生活、共享改革发展成果的状况得到改善。一是残疾人权益保障状况得到了大多数受访残疾人的肯定。问卷调查结果显示，84.4%的受访残疾人认为和10年前相比，残疾人权益保障状况进步"非常明显"或"比较明显"，只有6.5%的受访残疾人认为"不太明显"或"不如以前"。二是大部分残疾人对权益保障状况表示满意。超过65%的受访残疾人对目前的残疾人权益保障状况表示"很满意"（18.7%）或"比较满意"（46.4%），表示"不太满意"和"很不满意"的比例不足5%。三是受访居民遇到残疾人权益受侵害情况的频率较低。有48.8%的人表示从未遇到过残疾人权益受侵害事件，另有49.3%的人表示偶尔遇到过，只有1.9%的受访居民表示经常遇到。四是超过96%的受访政府部门工作人员认为当前残疾人事业发展情况与自己刚接触这项工作时有明显进展。受访政府部门工作人员对《残疾人保障法》的执行情况较为认可，超过80%的政府部门工作人员认为《残疾人保障法》得到了完全执行（20.2%），或是大部分得到了执行（61.7%）；另有17.7%认为部分得到了执行。

2. 康复服务体系建设初见成效。一是康复服务覆盖面不断扩大。由康复机构、教育机构、残疾人服务设施以及社区卫生站、康复站等组成的，集康复管理、技术指导和服务为一体的康复服务网络体系正在形成。截至2010年底，全国共有各级各类康复服务机构1.5万个，社区康复站18.6万个，社区康复协调员31.4万名。二是康复服务水平逐步提高。"十一五"期间，中央财政安排残疾人康复专项补助资金8.46亿元，用于贫困残疾人的视力残疾康复、听力语言残疾康复、肢体残疾康复、智力残疾康复、精神病防治康复、残疾人辅助器具供应服务等。从2009年起，中央财政设立了"贫困残疾儿童抢救性康复项目"，截至2011年，共安排专项补助资金7.11亿元，为符合条件的城乡有康复需求的视力、听力、语言、肢体、智力残疾和孤独症儿童提供资助，并安排康复人才培训专项资金0.3亿元。2009年，中央财政加大了对公共卫生的投入，支持实施贫困白内障患者复明工程，2011年完成白内障复明手术75.8万例，为31万名贫困白内障患者免费施行了复明手术。2010年，中央财政一次性安排精神卫生体系建设补助资金14.9亿元，支持卫生系统470所市级以上（含县级市）精神卫生机构和地市级综合医院精神科、民政系统112所精神卫生机构、公安部门26所安康医院购置必要的医疗设备。

3. 残疾人教育稳步发展，残疾人受教育水平逐步提高。一是残疾人义务教育发展较快。《残疾人保障法》实施以来，我国义务教育阶段的特殊教育，在机构数量、在校生人数和专任教师人数三个方面逐年增加。1990年全国特殊教育学校为746所，在校学生7.2万人，专任教师1.4万人。到2010年底，特殊教育学校增加到1706所，在校学生达42.6万人，专任教师4万余人。全国未入学适龄残疾儿童少年总数从2000年的39.1万人降至2010年的14.5万人。二是残疾人学前教育取得一定发展。我国3~6岁残疾儿童接受学前教育的比例为43.9%，仅略低于全国3~6岁儿童入园率（50.9%）。三是高级中学以上残疾人教育发展态势较好。20世纪90年代初，我国高级中等特殊教育基本处于空白状态，到2011年，全国特殊教育普通高中班（部）达179个，在校生7207人。中等职业教育机构131所，在校生11572人。全国有33所开办各类高等特殊教育的学校，具备博士、硕士、本科、专科四个办学层次。四是残疾人受教育程度有所提高。抽样调查结果显示，每十万残疾人口中接受大学教育的人数从1987年的287人上升到2010年的1139人，提高了3倍；全国15岁及以上残疾人口的文盲率比1987年降低了15.71个百分点。五是残疾人受教育程度的性别差异逐渐缩小。以小学受教育程度为例，65岁以上年龄组男性仅比女性高27.7个百分点，55~64岁年龄组男性比女性仅高11.2个百分点，45~54岁年龄组男女比例基本持平。6~24岁年龄组的残疾人口，两性的受教育程度在各个层次的差距不明显。

4. 残疾人就业状况得到改善。一是残疾人就业服务体系建设进展较快。目前，我国各地普遍建立了残疾人就业服务机构。截至2010年底，全国共有残疾人就业服务机构3019个，基本覆盖了全国县级以上的行政区域，初步形成了省、地、县三级就业服务体系。其中，省级残疾人就业服务机构31个，地区（州、盟）残疾人就业服务机构55个，市（含地级市、县级市）残疾人就业服务机构634个，县残疾人就业服务机构1506个，市辖区残疾人就业服务机构793个。二是城镇残疾人就业总量保持基本稳定，就业方式日益多样化。自2004年以来，城镇残疾人就业人数一直稳定在430万人左右，2011年就业规模为440.5万人。三是农村残疾人从业人数有所增加。2006年农村残疾人从业人数为1672万人，2011年达到了1748.8万人，其中，从事农业生产劳动的残疾人占77%。

5. 残疾人社会保障体系初步形成，社会保障状况得到改善。一是包含社会保险、社会救助、社会福利和特别扶助措施等内容的多层次残疾人社会保障体系初步形成。二是残疾人参加社会保险的比例有所上升。中国残疾人状况和小康进程监测数据显示，2010年度城镇残疾人至少参加了一种社会保险的比例达76.1%，比2007年度增加34个百分点；2010年度参加城镇基本养老保险的比例，比2007年度增长14.1%；城镇残疾人参加基本医疗保险的比例从2007年度的36%上升到2010年度的74.4%；农村残疾人参加新型农村合作医疗的比例由2007年度的84.4%上升到2010年度的96%。三是残疾人城乡最低生活保障覆盖率不断提高。城乡领取最低生活保障金和得到救济的比例分别由2007年度的32.2%和39.1%增加到2010年度的52.6%和56.3%。

6. 城市无障碍化基本格局初步形成，无障碍环境有所改善。一是我国大中城市初步形成了无障碍化的基本格局。2002年起在北京等12个城市开展创建全国无障碍设施建设示范城市工作，2007年在100个城市开展了创建全国无障碍建设城市活动。目前，对这些城市的医院、银行、车站、商场、文化体育场所无障碍建设和改造的检查验收工作已全部完成。二是信息交流无障碍逐步发展。中央、省级和部分地市电视台在节目中配备了字幕、开办了手语新闻栏目；部分城市的银行、邮局等行业推出了手语服务；图书馆为盲人读者配备了有声读物；一些企业开发了盲人上网软件和聋人专用通讯设备。调查结果显示，所调查的12个市、县，在主要公共场所和公共交通设施上都有信息屏幕显示系统和语音提示系统，为残疾人出行提供了便利。中国盲人数字图书馆于2008年9月正式开通，有2500多本电子图书、6000多首音频资料及480多个视频讲座，日均点击量达8.4万次。三是残疾人无障碍服务网络初具规模。目前，全国残联系统在每个省会城市都建立了省级服务中心；50%以上的县级残疾人综合服务设施内有无障碍设备、产品和服务；发达地区的社区和乡镇，无障碍设备、产品和服务开始进入残疾人家庭。从2009年起，全国机场免费为具备乘机条件的残疾人提供无障碍设施、设备或特殊服务。从2012年1月1日起，铁道部实行在旅客列车上设置残障人专用座席，每趟旅客列车预留一定数量的残疾人旅客专用票，并计划3年内改造5000节无障碍车厢。

（四）评估中发现的问题

1. 立法缺陷

一是个别条款之间不尽一致。如第二十一条第三款、第四款关于各级政府对接受义务教育的残疾学生、贫困残疾人家庭的学生提供扶助的规定。两款规定的受助对象范围不一致，第三款仅将残疾儿童、少年纳入了政府受助对象范围，将贫困残疾人家庭的儿童、少年排除在外。

二是个别条款内容不够全面。如残疾人社会保障制度中对农村残疾人的社会保障问题规定过少，且存在一些欠妥当的地方。

三是个别条款不够具体。如关于对残疾人权益保障工作的实施和监测，法律虽有规定，但过于笼统，相关部门定位不够具体，权责划分不够明确。

2. 实施中存在的问题

一是配套法规、规章不够健全。《残疾人保障法》实施20多年来，虽然已制定了与之相配套的《残疾人教育条例》、《残疾人就业条例》和《无障碍环境建设条例》，但在残疾人康复等重要制度方面至今还没有配套法规，造成在法律实施过程中，有些制度实施较好，有些制度还未落实到位。

二是法律实施的资金投入机制有待完善。如对不同来源的资金投入缺乏相互间协调机制；资金投入多采用项目制，稳定性不够，缺乏长效机制；对不同地区的资金投入缺乏通盘统筹机制，致使经济落后地区对残疾人事业的资金投入无法保障。

三是普法宣传有待进一步加强。调查显示,受访残疾人中有35.5%还不知道有《残疾人保障法》,有23.9%知道有该法但不了解内容,有36.2%了解部分内容,只有4.4%知道该法并了解主要内容。受访居民对《残疾人保障法》知晓程度较高,达85.1%,但只有9.6%表示了解其主要内容。

四是法律制度有待全面落实。由于配套制度措施不够完善和资金投入不足,此次评估的残疾人康复、教育、就业、社会保障等制度实施绩效与法律规定的目标还存在一定差距。

在康复制度方面。一是基本医疗保障需要加强。目前,大多数地区只将9项康复项目纳入城乡基本医疗保障的支付范围,与残疾人康复的实际需求有较大的差距。同时,医疗保险报销比例过低。调查显示,在有医疗康复需求的受访残疾人中,29.6%认为需要的医疗康复项目没有纳入报销范围,58.1%认为医疗保险报销比例过低。二是医疗、救助和康复训练服务及辅助器配备需要加强。据第二次残疾人抽样调查数据显示,需要医疗、救助、康复训练服务和配备辅助器残疾人的比例分别为72.8%、27.7%和38.6%,而接受过上述服务的只占35.6%、8.5%和7.3%。此次调查显示,约有五分之四的残疾人急需医疗康复服务,22.7%的受访残疾人表示希望政府帮助解决医疗和康复服务的问题。三是康复服务覆盖面有待扩大。全国54.7万个社区(村)中,有30.2万个社区(村)没有开展社区康复服务,占全部社区(村)总数的55%。建有社区康复服务站的社区(村)14.5万个,仅占全部社区(村)总数的26.5%。四是康复服务人才严重不足,特别是西部地区和农村的康复人才极度匮乏。五是大多数省份对残疾人配备辅助器具缺乏必要的经济支持措施。

在残疾人教育方面。一是教育资源亟待增加,特别是面向残疾人的学前教育和职业教育资源不足,影响了特殊教育制度的落实。目前,国内长期开办的盲童学前教育机构仅有9所,2011年全国共有残疾人中等职业教育机构131所,教育规模与质量还不能满足残疾人接受职业教育的愿望和要求。二是特殊教育资源区域分布不均衡,影响了残疾人教育制度实施的普遍性。义务教育阶段的特教学校在东、中、西部比例分布为44.9%、

32.2%和22.9%，而东、中、西部地区学龄残疾儿童少年的比例分布为34.1%、35.4%和30.5%。三是特殊教育师资力量薄弱，专业化水平不高，妨碍了法律实施的效果。按照国家关于特教学校生师比为4：1的规定，我国义务教育阶段特教教师缺口近9万人。特教教师专业化水平不高，现有特教教师中大专及以上学历的仅占54.7%。四是经济困难是残疾人接受教育的最大障碍。调查发现，66.2%的残疾人表示经济困难影响了接受教育。

在残疾人就业方面。一是残疾人就业状况需进一步加以改善。根据中国残疾人状况及小康进程监测报告，2010年度，劳动年龄段生活能够自理的城镇残疾人就业比例为34.0%，农村残疾人就业比例为49.2%。2010年，城镇残疾人登记失业率为8.6%，高于当年全国4.1%的城镇登记失业率。调查显示，77.6%的政府部门工作人员和64.8%的受访居民认为，就业是目前残疾人面临的主要问题。二是残疾人就业服务需进一步加强。残疾人职业培训覆盖面小、培训内容与就业缺乏有效衔接及就业信息缺乏、渠道不畅通等影响了残疾人就业。调查显示，46.4%的受访残疾人认为就业面临的最主要困难是缺乏专业知识和技能，23.8%认为缺少就业信息。受访政府部门工作人员中有47.4%的人也有相同认识。三是对残疾人的就业歧视仍然存在，残疾人就业环境有待进一步改善。近35%的受访残疾人表示受到就业歧视。76.6%的受访政府部门工作人员认为用人单位不愿雇佣残疾人是妨碍残疾人就业的重要原因。

在社会保障方面。一是社会保障覆盖面有待进一步提高。中国残疾人状况和小康进程监测数据显示，2010年仍有23.9%的城镇残疾人没有参加任何社会保险，其中残疾人个体工商户的参保状况更差，参保比例仅为6.3%。此次调查显示，约有27.1%的受访残疾人没有参加任何社会养老保险。二是对残疾人的特殊扶助措施需要进一步加强。目前在多数地区残疾人低保标准与正常人没有区别或区别不大，且覆盖率需进一步提高，残疾人"应保尽保"制度尚未完全落实。2010年全国城镇残疾人的最低生活保障率为81.4%，农村残疾人的最低生活保障率仅为69.4%，大部分地区尚未建立贫困残疾人生活补贴制度，已建立的地区大多标准较低，只有个别地区开始实施护理补贴制度。三是残疾人生活状况有待进一步提高。调查数据显示，受访城镇残疾人家庭年人均收入为8708.4元，农村残疾人家庭年人均收入3629.9元，大大低于当年全国城镇和农村居民家庭人均19109元和5919元收入水平。47%的受访居民表示身边残疾人的生活状况"一般"，另有4.9%认为"生活状况很差"，24.5%认为"生活状况较差"。

在无障碍设施方面。一是无障碍环境建设任重道远。目前，我国无障碍设施的建设工作主要在大中城市展开，小城镇和农村地区的无障碍建设基本处于空白。调查显示，67.7%的受访残疾人在无障碍环境方面遇到了困难。二是现有无障碍设施建设不规范、被破坏或占用的问题严重。例如北京市公共建筑中无障碍设施的质量达到国际标准的仅占三分之一，相当比例的无障碍设施需要进行改造。三是信息交流无障碍与社会的总体需要相差较远。调查结果显示，有45%的受访残疾人表示在日常生活中需要信息交流无障碍服务，对于视力残疾人而言，该项比例达到69%。绝大部分省市的政府门户网站缺少无障碍设计，有无障碍设计的网站也不够全面，仅适用于聋人、肢残、智残等残疾人，盲人浏览则无语音提示；县（市、区）级电视台几乎没有电视手语节目和加配字幕。无障碍环境的不足影响了残疾人的社会参与，监测显示，2010年度全国残疾人社区活动参与率仅为33.7%。

四、建　议

（一）进一步完善残疾人法律体系

1. 加快与残疾人密切相关法律的立法工作。社会救助法、社会福利法等法律与残疾人密切相关，应加快立法进程，并在适用对象、内容、程序、保障机制等方面突出对残疾人的优惠措施，明确扶助方法和途径，促进残疾人共享经济社会发展成果。

2. 完善与《残疾人保障法》相配套的行政法规。国务院有关部门应借鉴在残疾人就业、教育和无障碍环境等方面的立法经验，尽快制定《残疾人康复条例》，依照修改后的《残疾人保障法》和义务教育法，尽快修订《残疾人教育条例》，使之与上位法保持一致。

(二) 进一步完善实施《残疾人保障法》的政策措施

1. 依照《残疾人保障法》的规定,各级政府及有关部门要进一步完善和细化相关实施措施,特别是在医疗康复、特殊教育、劳动就业、社会保障等方面,制定倾斜于残疾人的特殊优惠政策和扶助措施,把"国家采取辅助方法和扶持措施,对残疾人给予特别扶助,减轻或者消除残疾影响和外界障碍,保障残疾人权利的实现"的规定落到实处。积极引导社会力量兴办残疾人服务机构,建立社会力量投资残疾人服务业的激励机制。落实《残疾人保障法》关于"国家鼓励社会组织和个人为残疾人提供捐助和服务"的规定,动员全社会发扬人道主义精神,理解、尊重、关心、帮助残疾人,切实保障残疾人平等充分参与社会生活,共享社会物质文化成果。

2. 加强法制宣传教育。有关部门应开展经常性的《残疾人保障法》宣传教育活动,把普及法律知识融入保障残疾人权益的各项工作之中,认真落实禁止歧视残疾人的法律规定,鼓励和支持残疾人自立、自强,积极参与社会生活,塑造平等、公正的无歧视氛围和人人理解、帮助、尊重、关心残疾人的社会风尚。全面普及母婴保健和预防残疾的科学知识,提升全民预防意识,建立健全出生缺陷预防和早期发现、早期治疗机制,预防残疾发生,减轻残疾程度。

3. 加强法律实施监督,提高实施效果。为提高《残疾人保障法》的实施效果,解决此次立法后评估反映出的问题,建议全国和地方各级人大常委会加大对法律实施的监督力度,国务院及有关部门和地方各级政府要根据法定职责,加强对法律实施情况经常性的检查、监督和指导,推动相关配套措施的建立、完善,加大投入力度,及时总结和推广好的经验,进一步推动法律的有效实施。

以上报告,请审议。

全国人民代表大会
内务司法委员会
2012年7月20日

附　录

附录一

《残疾人保障法》立法后评估工作方案

吴邦国委员长在十一届全国人大四次会议上所作的全国人大常委会工作报告中提出:"要把立法后评估作为加强和改进立法工作的一项新举措,在总结试点经验的基础上有序展开,通过多种形式,对法律制度的科学性、法律规定的可操作性、法律执行的有效性等做出客观评价,为修改完善法律、改进立法工作提供依据。"为贯彻落实吴邦国委员长的这一要求,内务司法委员会拟对残疾人保障法进行立法后评估,为切实做好这一工作,经研究提出评估工作方案。

一、评估目的

立法后评估是指在法律实施一段时间以后,按照一定的程序和标准,运用科学的方法和手段,通过对法律制度的可执行性、实效性和成本效益分析,进而对法律制度设计的科学性、合理性和实施情况(落实情况和存在问题)作定量和定性的评估,并提出相应的改进意见,为法律的修改完善提供依据。2012年是残疾人保障法实施二十周年,对残疾人保障法进行立法后评估的目的,是为了对这部法律主要制度设计是否科学合理、是否得到切实有效贯彻实施做出评价,研究是否需要修改和完善,对如何改进法律实施提出有针对性的建议,落实党中央提出的着力保障和改善民生的精神,促进残疾人事业的发展。

二、评估事项

经与中国残联沟通,初步考虑对残疾人保障法中的以下制度进行评估:
1. 残疾人保障法第二章规定的残疾人康复制度;
2. 残疾人保障法第三章规定的残疾人教育制度;
3. 残疾人保障法第四章规定的残疾人就业制度;
4. 残疾人保障法第五章规定的残疾人社会保障制度;
5. 残疾人保障法第七章规定的无障碍环境建设情况。

主要考虑到康复、教育、就业、社会保障等是残疾人最重要、最基本的权益,是该法的核心内容,最为广大残疾人所重视,这几项制度的规定是否科学合理以及是否得到有效实施,能够比较准确地体现该部法律的立法质量和实施状况。

三、评估内容

通过对法律制度所要实现的目标要求、实施所需投入的资源、实际投入的资源情况、实施效果等几个方面进行定量分析,对该法上述制度做出评估,主要包括:

1. 法律制度设计的合理性(包括制度设计是否符合目标要求以及是否属于最优方案)和可行性(包括资源投入的可承受性和实际可操作性);
2. 法律制度实施中的资源投入力度、配套制度建设情况、保障措施完善情况;
3. 法律制度实施产生的成效和影响,亦即目标要求的达成度,以及社会认同度和满意度。

四、评估方法

本次评估工作,拟将采用资料研究、问卷调查、实地调研、论证等方法。

1. 资料研究。主要包括查阅和研究：立法档案资料；各级人大对该法的执法检查报告、调研报告；国务院有关部门的相关报告、统计数据；残疾人联合会提供的相关资料；其他文献资料，如通过国家图书馆、互联网等搜集的信息等。通过查阅和研究上述资料，列定法律制度的目标要求、人力物力等资源投入情况、配套制度建设情况、保障措施完善情况等。

2. 问卷调查。在资料研究的基础上，视情况需要由中国残联委托专业机构根据本次评估对象和评估内容，设计若干套调查问卷，并会同地方人大内司委、地方残疾人联合会发放给相应对象进行民调，广泛收集各有关方面对法律制度的评价和实施力度、效果的评价。

3. 实地调研。在问卷调查的基础上，列出细化访谈提纲，选取有代表性的地区，开展实地专题调研，通过召开座谈会、实地考察、走访相关人员等，深入基层了解对法律制度实施的评价和实施的实际情况，听取意见和建议。

4. 论证分析。由专业机构对获取的信息、数据资料以科学的方法和手段进行统计和论证分析，在此基础上撰写评估报告。

五、评估工作的组织实施

成立评估工作领导小组，负责领导立法后评估工作及评估报告的最终审定。组长由全国人大内务司法委员会领导担任，副组长由全国人大内务司法委员会、全国人大常委会法制工作委员会有关领导和中国残联理事长担任。成员由全国人大内务司法委员会、全国人大常委会法制工作委员会、民政部、人力资源和社会保障部、教育部、卫生部、工业和信息化部、财政部、住房和城乡建设部、中国残疾人联合会等单位相关的司局级领导担任。

评估工作领导小组下设办公室和专家组。办公室负责承办评估工作的组织、协调及评估报告的初审等各项具体工作。办公室主任由全国人大内司委工青妇室负责同志担任，副主任由中国残联维权部、全国人大常委会法制工作委员会社会法室负责同志担任，办公室人员由相关成员单位选派工作人员组成。专家组由中国残疾人联合会负责聘请的专业机构人员及相关专家学者组成，负责资料研究、评估问卷的设计制作，数据收集、统计和分析研究并撰写评估报告。

残疾人保障法评估领导小组各成员单位，负责按照领导小组办公室的要求，提供本部门的残疾人保障法评估数据和资料。

全国人大内务司法委员会负责制定评估工作方案。评估工作办公室负责制定评估工作实施方案，即开展评估工作的具体步骤、分工和时间安排，报评估工作领导小组审定后随即启动评估工作。

六、评估成果的应用

1. 将评估报告提交全国人大常委会。
2. 把评估结果向国务院有关部门通报。
3. 以适当方式通过新闻媒体向社会宣传评估结果的相关内容。

《残疾人保障法》立法后评估工作实施方案

为认真做好残疾人保障法立法后评估工作,根据《残疾人保障法立法后评估工作方案》和评估工作实际需要,制定本实施方案。

一、评估目的

为贯彻落实吴邦国委员长在十一届全国人大四次会议上提出的"把立法后评估作为加强和改进立法工作的一项新举措"的相关要求,结合残疾人保障法实施二十周年,全国人大内司委决定牵头对残疾人保障法进行立法后评估。对残疾人保障法进行立法后评估的目的,是为了对这部法律主要制度设计是否科学合理、是否得到切实有效贯彻实施做出评价,研究是否需要进一步修改和完善,并对如何改进这部法律的实施提出有针对性建议,有效落实党中央提出的着力保障和改善民生的精神,加强残疾人权益保障,促进残疾人事业的发展。

二、评估事项及内容

《残疾人保障法》中的康复、教育、就业、社会保障、无障碍内容是残疾人的基本权益,是该法的核心内容,最为广大残疾人所重视。这五项制度的规定是否科学合理以及是否得到有效实施,能够比较准确地体现残疾人保障法的立法质量和实施状况。评估内容主要包括法律制度设计的合理性和可行性,法律制度实施中的资源投入力度、配套制度建设情况、保障措施完善情况,法律制度实施产生的成效和影响。因此,本次立法后评估主要围绕以下内容展开:

1. 残疾人保障法第二章规定的残疾人康复制度，主要包括残疾人的康复需求情况，残疾人康复设施和服务能力情况，残疾人康复经费投入情况，残疾人康复工作存在的主要困难和问题，进一步做好残疾人康复工作的建议等。

2. 残疾人保障法第三章规定的残疾人教育制度，主要包括不同类别学龄残疾儿童入学和教学基本情况，特殊教育学校建设基本情况，残疾人职业教育基本情况，残疾人高等教育基本情况，残疾人教育经费投入情况，残疾人教育工作存在的主要困难和问题，进一步做好残疾人教育工作的建议等。

3. 残疾人保障法第四章规定的残疾人就业制度，主要包括城镇残疾人就业基本情况，农村残疾人就业基本情况，国家机关、事业单位和国有企业招录残疾人基本情况，残疾人职业培训基本情况，残疾人就业税费减免基本情况，残疾人集中就业企业专产专营基本情况，残疾人就业工作存在的主要困难和问题，进一步做好残疾人就业工作的建议等。

4. 残疾人保障法第五章规定的残疾人社会保障制度，主要包括城乡残疾人享受低保、社会救助等基本情况，城乡残疾人参加社会保险基本情况，城乡残疾人参加社会保险优惠政策落实情况，护理补贴制度落实情况，城乡残疾人集中供养基本情况，残疾人出行等基本情况，残疾人社会保障工作存在的主要困难和问题，进一步做好残疾人社会保障工作的建议等。

5. 残疾人保障法第七章规定的无障碍环境建设制度，主要包括无障碍设施建设和改造基本情况，信息无障碍建设基本情况，交流无障碍基本情况，导盲犬管理基本情况，残疾人无障碍建设经费投入情况，无障碍建设工作存在的主要困难和问题，进一步做好无障碍建设工作的建议等。

三、评估方法

本次评估工作，将采用资料研究、问卷调查、实地调研、论证等方法。

1. 资料研究。主要包括查阅和研究：立法档案资料，各级人大对该法的执法检查报告、调研报告，国务院有关部门的相关报告、统计数据，残疾人联合会提供的相关资料；其他文献资料，如通过国家图书馆、互联网等搜集的信息等。通过查阅和研究上述资料，列定法律制度的目标要求、人力物力等资源投入情况、配套制度建设情况、保障措施完善情况等。

2. 问卷调查。委托专业机构根据本次评估对象和评估内容，设计若干套调查问卷，并会同地方人大内司委、地方残疾人联合会发放给相应对象进行问卷调查，广泛收集各有关方面对法律制度的评价和实施力度、效果的评价。

3. 实地调研。在问卷调查的基础上，列出细化访谈提纲，选取有代表性的地区，开展实地专题调研，通过召开座谈会、实地考察、走访相关人员等，深入基层了解对法律制度实施的评价和实施的实际情况，听取意见和建议。

4. 论证分析。由专业机构对获取的信息、数据资料以科学的方法和手段进行统计和论证分析，在此基础上撰写评估报告。

四、评估工作的组织实施

1. 成立评估工作领导机构

成立评估工作领导小组，负责领导立法后评估工作及评估报告的最终审定。组长由全国人大内司委领导担任，副组长由全国人大内司委领导、全国人大常委会法工委有关领导和中国残联理事长担任。成员由全国人大内司委、全国人大常委会法工委、民政部、人力资源和社会保障部、教育部、卫生部、工业和信息化部、财政部、住房和城乡建设部、中国残联等单位的相关司局级领导担任。

领导小组下设办公室和专家组。办公室负责承办评估工作的组织、协调及评估报告的初审等各项具体工作，办公室主任由全国人大内司委工青妇室负责同志担任，副主任由中国残联维权部、全国人大常委会社会法室负责同志担任。办公室成员由相关单位选派工作人员组成。专家组负责资料研究、评估问卷的设计制作，数据收集、统计和分析研究，起草评估报告等。专家组由中国残联负责聘请专业机构人员及相关专家学者组成。

本项工作2011年10月完成。

2. 召开评估工作领导小组会议并部署相关工作

召开评估工作领导小组会议,审定评估工作实施方案,部署相关评估工作。

本项工作 2011 年 10 月完成。

3. 开展相关文献资料收集工作

教育部、工业和信息化部、民政部、财政部、人力资源和社会保障部、住房和城乡建设部、卫生部、中国残疾人联合会等单位提交残疾人保障法评估工作相关材料,主要包括:(1)本领域出台的配套法规、规章、重要政策文件;(2)本领域残疾人保障法实施的基本情况,要提供具体说明数据,特别是残疾人与健全人之间的对比数据;(3)本领域残疾人保障法实施中存在的主要问题、原因及对策建议;(4)进一步完善残疾人保障法相关制度的意见和建议。

本项工作 2011 年 9~10 月完成。

4. 分析研究资料,制定调查方案

评估工作领导小组办公室会同专家组,对相关单位提交的资料和其他途径收集资料进行分析研究,完成下列工作:(1)已经明确的内容,直接作为评估报告参考资料;(2)需要进一步提供资料证实的内容,要求相关部门继续提供相关资料;(3)需要通过基线调查才能确认的内容,设计为基线调查问卷中的问题。

本项工作 2011 年 11 月完成。

5. 制定调查方案

由评估工作办公室会同专家组,根据现有资料和报告撰写需要提出调查内容,汇总形成调查问卷。根据调查要求,对调查人员进行培训。实地分组调研与调查同时进行,在进行调查的地区同时开展相关实地调研活动。

本项工作 2011 年 12 月完成。

6. 开展调查和实地调研

根据调查方案,协调地方人大、残联等相关部门共同开展调查,掌握第一手数据。同时开展分组实地调研,通过部门汇报、座谈会等形式进一步了解残疾人状况和残疾人事业发展情况,为残疾人保障法评估奠定基础。

本项工作 2012 年 1~4 月份完成。

7. 调查数据分析与报告撰写

评估工作办公室会同专家组,对调查数据进行汇总与分析,并在此基础上完成评估工作报告。

本项工作2012年5~6月完成。

8. 召开评估工作领导小组会议

适时召开评估工作领导小组会议,审议通过评估工作报告。

本项工作2012年7月完成。

五、评估经费

评估领导小组及办公室召开的会议和全国人大内司委、全国人大常委会法工委赴相关地区调研所需经费由全国人大常委会机关列支;专项课题研究、专家组工作所需经费由中国残疾人联合会负担。

六、评估成果的应用

1. 将评估报告提交全国人大常委会。
2. 把评估结果向国务院有关部门通报。
3. 全国人大常委会以适当方式通过新闻媒体向社会宣传评估结果的相关内容。

《残疾人保障法》立法后评估工作领导小组名单

组　长
刘振华　　全国人大内司委副主任委员
副组长
陈建国　　全国人大内司委副主任委员
汪毅夫　　全国人大内司委副主任委员
王新宪　　中国残联党组书记、理事长
陈斯喜　　全国人大内司委副主任委员
信春鹰　　全国人大常委会法工委副主任
成　员
吕世明　　中国残联副主席、党组成员
秦　剑　　全国人大内司委工青妇室主任
薄绍晔　　中国残联维权部主任
滕　炜　　全国人大常委会法工委社会法室主任
李天顺　　教育部基础教育二司副司长
李国斌　　工业和信息化部政策法规司巡视员
吴　明　　民政部政策法规司副巡视员
符金陵　　财政部社会保障司副司长
尹建堃　　人力资源和社会保障部就业促进司副巡视员
周　韬　　住房和城乡建设部法规司副司长
赵明刚　　卫生部医政司副司长

《残疾人保障法》立法后评估工作领导小组办公室人员名单

主　任
秦　剑　　全国人大内司委工青妇室主任
副主任
薄绍晔　　中国残联维权部主任
滕　炜　　全国人大常委会法工委社会法室主任
工作人员
王幼丽　　全国人大内司委工青妇室副主任
马玉娥　　中国残联维权部副主任
王治江　　中国残联维权部法规处副处长
周德茂　　教育部基础教育二司调研员
朱秀梅　　工业和信息化部政策法规司调研员
陈建军　　民政部社会福利和慈善事业促进司调研员
王　雄　　财政部社会保障司优抚救济处副处长
娄权超　　人力资源和社会保障部就业促进司干部
余山川　　住房和城乡建设部标准定额司干部
王　玲　　卫生部政法司法规处副处长
李　瑞　　全国人大内司委工青妇室干部

《残疾人保障法》实施状况调查主要工作人员名单

北　京
郭克利　李树华　厉才茂　王铁成　从艳梅　何浩申
潘纪东　王　建　孙志明　景国良　尹长利　方　伟
张学华　胡丽群

安　徽
陈顺云　张　平　华树林　杨书明　乐良红　潘　琴
杨骈雄　杨　平　王明云　高　群　刘美华　何世芳
叶朝玉　何旭容　陶毅蓉　李宏霞　张　军

山　西
郭贵仁　郭新志　郭占文　刘春明　刘建明　王成庆
闫春英　田　文　刘　霞　段西娟　冯福荣　卫　凯
胡晓峰　郭秀学　郭福生

湖　南
肖红林　于洪礼　谢开图　石建军　曾少奇　邓　娟
王兰英　颜　畅

广　东
康德成　江明旭　李志强　钟　炼　张　健　陈凌青
张建良　胡道明　程玉霞　谭和贵　陈慎萍　梁永彬

四　川
丁二中　梁　峰　张　焰　刘蓉川　卓必昆　林居中
陈　敏　张文奇　魏法萍　夏筱兰　邹　缨

附录二

中华人民共和国残疾人保障法

（1990年12月28日第七届全国人民代表大会常务委员会第十七次会议通过 2008年4月24日第十一届全国人民代表大会常务委员会第二次会议修订）

第一章 总　则

第一条 为了维护残疾人的合法权益，发展残疾人事业，保障残疾人平等地充分参与社会生活，共享社会物质文化成果，根据宪法，制定本法。

第二条 残疾人是指在心理、生理、人体结构上，某种组织、功能丧失或者不正常，全部或者部分丧失以正常方式从事某种活动能力的人。

残疾人包括视力残疾、听力残疾、言语残疾、肢体残疾、智力残疾、精神残疾、多重残疾和其他残疾的人。

残疾标准由国务院规定。

第三条 残疾人在政治、经济、文化、社会和家庭生活等方面享有同其他公民平等的权利。

残疾人的公民权利和人格尊严受法律保护。

禁止基于残疾的歧视。禁止侮辱、侵害残疾人。禁止通过大众传播媒介或者其他方式贬低损害残疾人人格。

第四条 国家采取辅助方法和扶持措施，对残疾人给予特别扶助，减轻或者消除残疾影响和外界障碍，保障残疾人权利的实现。

第五条 县级以上人民政府应当将残疾人事业纳入国民经济和社会发展规划，加强领导，综合协调，并将残疾人事业经费列入财政预算，建立稳定的经费保障机制。

国务院制定中国残疾人事业发展纲要，县级以上地方人民政府根据中国残疾人事业发展纲要，制定本行政区域的残疾人事业发展规划和年度计划，使残疾人事业与经济、社会协调发展。

县级以上人民政府负责残疾人工作的机构，负责组织、协调、指导、督促有关部门做好残疾人事业的工作。

各级人民政府和有关部门，应当密切联系残疾人，听取残疾人的意见，按照各自的职责，做好残疾人工作。

第六条 国家采取措施，保障残疾人依照法律规定，通过各种途径和形式，管理国家事务，管理经济和文化事业，管理社会事务。

制定法律、法规、规章和公共政策，对涉及残疾人权益和残疾人事业的重大问题，应当听取残疾人和残疾人组织的意见。

残疾人和残疾人组织有权向各级国家机关提出残疾人权益保障、残疾人事业发展等方面的意见和建议。

第七条 全社会应当发扬人道主义精神，理解、尊重、关心、帮助残疾人，支持残疾人事业。

国家鼓励社会组织和个人为残疾人提供捐助和服务。

国家机关、社会团体、企业事业单位和城乡基层群众性自治组织，应当做好所属范围内的残疾人工作。

从事残疾人工作的国家工作人员和其他人员，应当依法履行职责，努力为残疾人服务。

第八条 中国残疾人联合会及其地方组织，代表残疾人的共同利益，维护残疾人的合法权益，团结教育残疾人，为残疾人服务。

中国残疾人联合会及其地方组织依照法律、法规、章程或者接受政府委托，开展残疾人工作，动员社会力量，发展残疾人事业。

第九条 残疾人的扶养人必须对残疾人履行扶养义务。

残疾人的监护人必须履行监护职责，尊重被监护人的意愿，维护被监护人的合法权益。

残疾人的亲属、监护人应当鼓励和帮助残疾人增强自立能力。

禁止对残疾人实施家庭暴力，禁止虐待、遗弃残疾人。

第十条 国家鼓励残疾人自尊、自信、自强、自立，为社会主义建设贡献力量。

残疾人应当遵守法律、法规，履行应尽的义务，遵守公共秩序，尊重社会公德。

第十一条 国家有计划地开展残疾预防工作，加强对残疾预防工作的领导，宣传、普及母婴保健和预防残疾的知识，建立健全出生缺陷预防和早期发现、早期治疗机制，针对遗传、疾病、药物、事故、灾害、环境污染和其他致残因素，组织和动员社会力量，采取措施，预防残疾的发生，减轻残疾程度。

国家建立健全残疾人统计调查制度，开展残疾人状况的统计调查和分析。

第十二条 国家和社会对残疾军人、因公致残人员以及其他为维护国家和人民利益致残的人员实行特别保障，给予抚恤和优待。

第十三条 对在社会主义建设中做出显著成绩的残疾人，对维护残疾人合法权益、发展残疾人事业、为残疾人服务做出显著成绩的单位和个人，各级人民政府和有关部门给予表彰和奖励。

第十四条 每年5月的第三个星期日为全国助残日。

第二章　康　复

第十五条 国家保障残疾人享有康复服务的权利。

各级人民政府和有关部门应当采取措施，为残疾人康复创造条件，建立和完善残疾人康复服务体系，并分阶段实施重点康复项目，帮助残疾人恢复或者补偿功能，增强其参与社会生活的能力。

第十六条 康复工作应当从实际出发，将现代康复技术与我国传统康复技术相结合；以社区康复为基础，康复机构为骨干，残疾人家庭为依托；以实用、易行、受益广的康复内容为重点，优先开展残疾儿童抢救性治疗和康复；发展符合康复要求的科学技术，鼓励自主创新，加强康复新技术的研究、开发和应用，为残疾人提供有效的康复服务。

第十七条 各级人民政府鼓励和扶持社会力量兴办残疾人康复机构。

地方各级人民政府和有关部门，应当组织和指导城乡社区服务组织、医疗预防保健机构、残疾人组织、残疾人家庭和其他社会力量，开展社区康复工作。

残疾人教育机构、福利性单位和其他为残疾人服务的机构，应当创造条件，开展康复训练活动。

残疾人在专业人员的指导和有关工作人员、志愿工作者及亲属的帮助下，应当努力进行功能、自理能力和劳动技能的训练。

第十八条 地方各级人民政府和有关部门应当根据需要有计划地在医疗机构设立康复医学科室，举办残疾人康复机构，开展康复医疗与训练、人员培训、技术指导、科学研究等工作。

第十九条 医学院校和其他有关院校应当有计划地开设康复课程，设置相关专业，培养各类康复专业人才。

政府和社会采取多种形式对从事康复工作的人员进行技术培训；向残疾人、残疾人亲属、有关工作人员和志愿工作者普及康复知识，传授康复方法。

第二十条 政府有关部门应当组织和扶持残疾人康复器械、辅助器具的研制、生产、供应、维修服务。

第三章 教 育

第二十一条 国家保障残疾人享有平等接受教育的权利。

各级人民政府应当将残疾人教育作为国家教育事业的组成部分，统一规划，加强领导，为残疾人接受教育创造条件。

政府、社会、学校应当采取有效措施，解决残疾儿童、少年就学存在的实际困难，帮助其完成义务教育。

各级人民政府对接受义务教育的残疾学生、贫困残疾人家庭的学生提供免费教科书，并给予寄宿生活费等费用补助；对接受义务教育以外其他教育的残疾学生、贫困残疾人家庭的学生按照国家有关规定给予资助。

第二十二条 残疾人教育，实行普及与提高相结合、以普及为重点的方针，保障义务教育，着重发展职业教育，积极开展学前教育，逐步发展高级中等以上教育。

第二十三条 残疾人教育应当根据残疾人的身心特性和需要，按照下列要求实施：

（一）在进行思想教育、文化教育的同时，加强身心补偿和职业教育；

（二）依据残疾类别和接受能力，采取普通教育方式或者特殊教育方式；

（三）特殊教育的课程设置、教材、教学方法、入学和在校年龄，可以有适度弹性。

第二十四条 县级以上人民政府应当根据残疾人的数量、分布状况和残疾类别等因素，合理设置残疾人教育机构，并鼓励社会力量办学、捐资助学。

第二十五条 普通教育机构对具有接受普通教育能力的残疾人实施教育，并为其学习提供便利和帮助。

普通小学、初级中等学校，必须招收能适应其学习生活的残疾儿童、少年入学；普通高级中等学校、中等职业学校和高等学校，必须招收符合国家规定的录取要求的残疾考生入学，不得因其残疾而拒绝招收；拒绝招收的，当事人或者其亲属、监护人可以要求有关部门处理，有关部门应当责令该学校招收。

普通幼儿教育机构应当接收能适应其生活的残疾幼儿。

第二十六条 残疾幼儿教育机构、普通幼儿教育机构附设的残疾儿童班、特殊教育机构的学前班、残疾儿童福利机构、残疾儿童家庭，对残疾儿童实施学前教育。

初级中等以下特殊教育机构和普通教育机构附设的特殊教育班，对不具有接受普通教育能力的残疾儿童、少年实施义务教育。

高级中等以上特殊教育机构、普通教育机构附设的特殊教育班和残疾人职业教育机构，对符合条件的残疾人实施高级中等以上文化教育、职业教育。

提供特殊教育的机构应当具备适合残疾人学习、康复、生活特点的场所和设施。

第二十七条 政府有关部门、残疾人所在单位和有关社会组织应当对残疾人开展扫除文盲、职业培训、创业培训和其他成人教育，鼓励残疾人自学成才。

第二十八条 国家有计划地举办各级各类特殊教育师范院校、专业，在普通师范院校附设特殊教育班，培养、培训特殊教育师资。普通师范院校开设特殊教育课程或者讲授有关内容,使普通教师掌握必要的特殊教育知识。

特殊教育教师和手语翻译,享受特殊教育津贴。

第二十九条 政府有关部门应当组织和扶持盲文、手语的研究和应用,特殊教育教材的编写和出版,特殊教育教学用具及其他辅助用品的研制、生产和供应。

第四章 劳动就业

第三十条 国家保障残疾人劳动的权利。

各级人民政府应当对残疾人劳动就业统筹规划,为残疾人创造劳动就业条件。

第三十一条 残疾人劳动就业,实行集中与分散相结合的方针,采取优惠政策和扶持保护措施,通过多渠道、多层次、多种形式,使残疾人劳动就业逐步普及、稳定、合理。

第三十二条 政府和社会举办残疾人福利企业、盲人按摩机构和其他福利性单位,集中安排残疾人就业。

第三十三条 国家实行按比例安排残疾人就业制度。

国家机关、社会团体、企业事业单位、民办非企业单位应当按照规定的比例安排残疾人就业,并为其选择适当的工种和岗位。达不到规定比例的,按照国家有关规定履行保障残疾人就业义务。国家鼓励用人单位超过规定比例安排残疾人就业。

残疾人就业的具体办法由国务院规定。

第三十四条 国家鼓励和扶持残疾人自主择业、自主创业。

第三十五条 地方各级人民政府和农村基层组织,应当组织和扶持农村残疾人从事种植业、养殖业、手工业和其他形式的生产劳动。

第三十六条 国家对安排残疾人就业达到、超过规定比例或者集中安排残疾人就业的用人单位和从事个体经营的残疾人,依法给予税收优惠,并在生产、经营、技术、资金、物资、场地等方面给予扶持。国家对从事个体经营的残疾人,免除行政事业性收费。

县级以上地方人民政府及其有关部门应当确定适合残疾人生产、经营的产品、项目，优先安排残疾人福利性单位生产或者经营，并根据残疾人福利性单位的生产特点确定某些产品由其专产。

政府采购，在同等条件下应当优先购买残疾人福利性单位的产品或者服务。

地方各级人民政府应当开发适合残疾人就业的公益性岗位。

对申请从事个体经营的残疾人，有关部门应当优先核发营业执照。

对从事各类生产劳动的农村残疾人，有关部门应当在生产服务、技术指导、农用物资供应、农副产品购销和信贷等方面，给予帮助。

第三十七条　政府有关部门设立的公共就业服务机构，应当为残疾人免费提供就业服务。

残疾人联合会举办的残疾人就业服务机构，应当组织开展免费的职业指导、职业介绍和职业培训，为残疾人就业和用人单位招用残疾人提供服务和帮助。

第三十八条　国家保护残疾人福利性单位的财产所有权和经营自主权，其合法权益不受侵犯。

在职工的招用、转正、晋级、职称评定、劳动报酬、生活福利、休息休假、社会保险等方面，不得歧视残疾人。

残疾职工所在单位应当根据残疾职工的特点，提供适当的劳动条件和劳动保护，并根据实际需要对劳动场所、劳动设备和生活设施进行改造。

国家采取措施，保障盲人保健和医疗按摩人员从业的合法权益。

第三十九条　残疾职工所在单位应当对残疾职工进行岗位技术培训，提高其劳动技能和技术水平。

第四十条　任何单位和个人不得以暴力、威胁或者非法限制人身自由的手段强迫残疾人劳动。

第五章　文化生活

第四十一条　国家保障残疾人享有平等参与文化生活的权利。

各级人民政府和有关部门鼓励、帮助残疾人参加各种文化、体育、娱乐活动，积极创造条件，丰富残疾人精神文化生活。

第四十二条 残疾人文化、体育、娱乐活动应当面向基层，融于社会公共文化生活，适应各类残疾人的不同特点和需要，使残疾人广泛参与。

第四十三条 政府和社会采取下列措施，丰富残疾人的精神文化生活：

（一）通过广播、电影、电视、报刊、图书、网络等形式，及时宣传报道残疾人的工作、生活等情况，为残疾人服务；

（二）组织和扶持盲文读物、盲人有声读物及其他残疾人读物的编写和出版，根据盲人的实际需要，在公共图书馆设立盲文读物、盲人有声读物图书室；

（三）开办电视手语节目，开办残疾人专题广播栏目，推进电视栏目、影视作品加配字幕、解说；

（四）组织和扶持残疾人开展群众性文化、体育、娱乐活动，举办特殊艺术演出和残疾人体育运动会，参加国际性比赛和交流；

（五）文化、体育、娱乐和其他公共活动场所，为残疾人提供方便和照顾。有计划地兴办残疾人活动场所。

第四十四条 政府和社会鼓励、帮助残疾人从事文学、艺术、教育、科学、技术和其他有益于人民的创造性劳动。

第四十五条 政府和社会促进残疾人与其他公民之间的相互理解和交流，宣传残疾人事业和扶助残疾人的事迹，弘扬残疾人自强不息的精神，倡导团结、友爱、互助的社会风尚。

第六章　社会保障

第四十六条 国家保障残疾人享有各项社会保障的权利。

政府和社会采取措施，完善对残疾人的社会保障，保障和改善残疾人的生活。

第四十七条 残疾人及其所在单位应当按照国家有关规定参加社会保险。

残疾人所在城乡基层群众性自治组织、残疾人家庭，应当鼓励、帮助残疾人参加社会保险。

对生活确有困难的残疾人,按照国家有关规定给予社会保险补贴。

第四十八条 各级人民政府对生活确有困难的残疾人,通过多种渠道给予生活、教育、住房和其他社会救助。

县级以上地方人民政府对享受最低生活保障待遇后生活仍有特别困难的残疾人家庭,应当采取其他措施保障其基本生活。

各级人民政府对贫困残疾人的基本医疗、康复服务、必要的辅助器具的配置和更换,应当按照规定给予救助。

对生活不能自理的残疾人,地方各级人民政府应当根据情况给予护理补贴。

第四十九条 地方各级人民政府对无劳动能力、无扶养人或者扶养人不具有扶养能力、无生活来源的残疾人,按照规定予以供养。

国家鼓励和扶持社会力量举办残疾人供养、托养机构。

残疾人供养、托养机构及其工作人员不得侮辱、虐待、遗弃残疾人。

第五十条 县级以上人民政府对残疾人搭乘公共交通工具,应当根据实际情况给予便利和优惠。残疾人可以免费携带随身必备的辅助器具。

盲人持有效证件免费乘坐市内公共汽车、电车、地铁、渡船等公共交通工具。盲人读物邮件免费寄递。

国家鼓励和支持提供电信、广播电视服务的单位对盲人、听力残疾人、言语残疾人给予优惠。

各级人民政府应当逐步增加对残疾人的其他照顾和扶助。

第五十一条 政府有关部门和残疾人组织应当建立和完善社会各界为残疾人捐助和服务的渠道,鼓励和支持发展残疾人慈善事业,开展志愿者助残等公益活动。

第七章 无障碍环境

第五十二条 国家和社会应当采取措施,逐步完善无障碍设施,推进信息交流无障碍,为残疾人平等参与社会生活创造无障碍环境。

各级人民政府应当对无障碍环境建设进行统筹规划,综合协调,加强监督管理。

第五十三条　无障碍设施的建设和改造,应当符合残疾人的实际需要。

新建、改建和扩建建筑物、道路、交通设施等,应当符合国家有关无障碍设施工程建设标准。

各级人民政府和有关部门应当按照国家无障碍设施工程建设规定,逐步推进已建成设施的改造,优先推进与残疾人日常工作、生活密切相关的公共服务设施的改造。

对无障碍设施应当及时维修和保护。

第五十四条　国家采取措施,为残疾人信息交流无障碍创造条件。

各级人民政府和有关部门应当采取措施,为残疾人获取公共信息提供便利。

国家和社会研制、开发适合残疾人使用的信息交流技术和产品。

国家举办的各类升学考试、职业资格考试和任职考试,有盲人参加的,应当为盲人提供盲文试卷、电子试卷或者由专门的工作人员予以协助。

第五十五条　公共服务机构和公共场所应当创造条件,为残疾人提供语音和文字提示、手语、盲文等信息交流服务,并提供优先服务和辅助性服务。

公共交通工具应当逐步达到无障碍设施的要求。有条件的公共停车场应当为残疾人设置专用停车位。

第五十六条　组织选举的部门应当为残疾人参加选举提供便利;有条件的,应当为盲人提供盲文选票。

第五十七条　国家鼓励和扶持无障碍辅助设备、无障碍交通工具的研制和开发。

第五十八条　盲人携带导盲犬出入公共场所,应当遵守国家有关规定。

第八章　法律责任

第五十九条　残疾人的合法权益受到侵害的,可以向残疾人组织投诉,残疾人组织应当维护残疾人的合法权益,有权要求有关部门或者单位查处。有关部门或者单位应当依法查处,并予以答复。

残疾人组织对残疾人通过诉讼维护其合法权益需要帮助的,应当给予支持。

残疾人组织对侵害特定残疾人群体利益的行为，有权要求有关部门依法查处。

第六十条 残疾人的合法权益受到侵害的，有权要求有关部门依法处理，或者依法向仲裁机构申请仲裁，或者依法向人民法院提起诉讼。

对有经济困难或者其他原因确需法律援助或者司法救助的残疾人，当地法律援助机构或者人民法院应当给予帮助，依法为其提供法律援助或者司法救助。

第六十一条 违反本法规定，对侵害残疾人权益行为的申诉、控告、检举，推诿、拖延、压制不予查处，或者对提出申诉、控告、检举的人进行打击报复的，由其所在单位、主管部门或者上级机关责令改正，并依法对直接负责的主管人员和其他直接责任人员给予处分。

国家工作人员未依法履行职责，对侵害残疾人权益的行为未及时制止或者未给予受害残疾人必要帮助，造成严重后果的，由其所在单位或者上级机关依法对直接负责的主管人员和其他直接责任人员给予处分。

第六十二条 违反本法规定，通过大众传播媒介或者其他方式贬低损害残疾人人格的，由文化、广播电影电视、新闻出版或者其他有关主管部门依据各自的职权责令改正，并依法给予行政处罚。

第六十三条 违反本法规定，有关教育机构拒不接收残疾学生入学，或者在国家规定的录取要求以外附加条件限制残疾学生就学的，由有关主管部门责令改正，并依法对直接负责的主管人员和其他直接责任人员给予处分。

第六十四条 违反本法规定，在职工的招用等方面歧视残疾人的，由有关主管部门责令改正；残疾人劳动者可以依法向人民法院提起诉讼。

第六十五条 违反本法规定，供养、托养机构及其工作人员侮辱、虐待、遗弃残疾人的，对直接负责的主管人员和其他直接责任人员依法给予处分；构成违反治安管理行为的，依法给予行政处罚。

第六十六条 违反本法规定，新建、改建和扩建建筑物、道路、交通设施，不符合国家有关无障碍设施工程建设标准，或者对无障碍设施未进行及时维修和保护造成后果的，由有关主管部门依法处理。

第六十七条 违反本法规定,侵害残疾人的合法权益,其他法律、法规规定行政处罚的,从其规定;造成财产损失或者其他损害的,依法承担民事责任;构成犯罪的,依法追究刑事责任。

第九章 附 则

第六十八条 本法自 2008 年 7 月 1 日起施行。

残疾人教育条例

(1994 年 8 月 23 日中华人民共和国国务院令第 161 号发布,自发布之日起施行)

第一章 总 则

第一条 为了保障残疾人受教育的权利,发展残疾人教育事业,根据《中华人民共和国残疾人保障法》和国家有关教育的法律,制定本条例。

第二条 实施残疾人教育,应当贯彻国家的教育方针,并根据残疾人的身心特性和需要,全面提高其素质,为残疾人平等地参与社会生活创造条件。

第三条 残疾人教育是国家教育事业的组成部分。发展残疾人教育事业,实行普及与提高相结合、以普及为重点的方针,着重发展义务教育和职业教育,积极开展学前教育,逐步发展高级中等以上教育。残疾人教育应当根据残疾人的残疾类别和接受能力,采取普通教育方式或者特殊教育方式,充分发挥普通教育机构在实施残疾人教育中的作用。

第四条 各级人民政府应当加强对残疾人教育事业的领导,统筹规划和发展残疾人教育事业,逐步增加残疾人教育经费,改善办学条件。

第五条 国务院教育行政部门主管全国的残疾人教育工作。县级以上地方各级人民政府教育行政部门主管本行政区域内的残疾人教育工作。县级以上各级人民政府其他有关部门在各自的职责范围内负责有关的残疾人教育工作。

第六条 中国残疾人联合会及其地方组织应当积极促进和开展残疾人教育工作。

第七条 幼儿教育机构、各级各类学校及其他教育机构应当依照国家有关法律、法规的规定,实施残疾人教育。

第八条 残疾人家庭应当帮助残疾人接受教育。

第九条 社会各界应当关心和支持残疾人教育事业。

第二章 学前教育

第十条 残疾幼儿的学前教育,通过下列机构实施:

(一)残疾幼儿教育机构;

(二)普通幼儿教育机构;

(三)残疾儿童福利机构;

(四)残疾儿童康复机构;

(五)普通小学的学前班和残疾儿童、少年特殊教育学校的学前班。残疾儿童家庭应当对残疾儿童实施学前教育。

第十一条 残疾幼儿的教育应当与保育、康复结合实施。

第十二条 卫生保健机构、残疾幼儿的学前教育机构和家庭,应当注重对残疾幼儿的早期发现、早期康复和早期教育。卫生保健机构、残疾幼儿的学前教育机构应当就残疾幼儿的早期发现、早期康复和早期教育提供咨询、指导。

第三章 义务教育

第十三条 地方各级人民政府应当将残疾儿童、少年实行义务教育纳入当地义务教育发展规划并统筹安排实施。县级以上各级人民政府对实施义务教育的工作进行监督、指导、检查,应当包括对残疾儿童、少年实施义务教育工作的监督、指导、检查。

第十四条 适龄残疾儿童、少年的父母或者其他监护人,应当依法使其子女或者被监护人接受义务教育。

第十五条 残疾儿童、少年接受义务教育的入学年龄和年限,应当与当地儿童、少年接受义务教育的入学年龄和年限相同;必要时,其入学年龄和在校年龄可以适当提高。

第十六条 县级人民政府教育行政部门和卫生行政部门应当组织开展

适龄残疾儿童、少年的就学咨询，对其残疾状况进行鉴定，并对其接受教育的形式提出意见。

第十七条　适龄残疾儿童、少年可以根据条件，通过下列形式接受义务教育：

（一）在普通学校随班就读；

（二）在普通学校、儿童福利机构或者其他机构附设的残疾儿童、少年特殊教育班就读；

（三）在残疾儿童、少年特殊教育学校就读。地方各级人民政府应当逐步创造条件，对因身体条件不能到学校就读的适龄残疾儿童、少年，采取其他适当形式进行义务教育。

第十八条　对经济困难的残疾学生，应当酌情减免杂费和其他费用。

第十九条　残疾儿童、少年特殊教育学校（班）的教育工作，应当坚持思想教育、文化教育、劳动技能教育与身心补偿相结合；并根据学生残疾状况和补偿程度，实施分类教学，有条件的学校，实施个别教学。

第二十条　残疾儿童、少年特殊教育学校（班）的课程计划、教学大纲和教材，应当适合残疾儿童、少年的特点。残疾儿童、少年特殊教育学校（班）的课程计划和教学大纲由国务院教育行政部门制订；教材由省级以上人民政府教育行政部门审定。

第二十一条　普通学校应当按照国家有关规定招收能适应普通班学习的适龄残疾儿童、少年就读，并根据其学习、康复的特殊需要对其提供帮助。有条件的学校，可以设立专门辅导教室。县级人民政府教育行政部门应当加强对本行政区域内的残疾儿童、少年随班就读教学工作的指导。随班就读残疾学生的义务教育，可以适用普通义务教育的课程计划、教学大纲和教材，但是对其学习要求可以有适度弹性。

第二十二条　实施义务教育的残疾儿童、少年特殊教育学校应当根据需要，在适当阶段对残疾学生进行劳动技能教育、职业教育和职业指导。

第四章 职业教育

第二十三条 各级人民政府应当将残疾人职业教育纳入职业教育发展的总体规划，建立残疾人职业教育体系，统筹安排实施。

第二十四条 残疾人职业教育，应当重点发展初等和中等职业教育，适当发展高等职业教育，开展以实用技术为主的中期、短期培训。

第二十五条 残疾人职业教育体系由普通职业教育机构和残疾人职业教育机构组成，以普通职业教育机构为主体。县级以上地方各级人民政府应当根据需要，合理设置残疾人职业教育机构。

第二十六条 普通职业教育学校必须招收符合国家规定的录取标准的残疾人入学，普通职业培训机构应当积极招收残疾人入学。

第二十七条 残疾人职业教育学校和培训机构，应当根据社会需要和残疾人的身心特性合理设置专业，并根据教学需要和条件，发展校办企业，办好实习基地。

第二十八条 对经济困难的残疾学生，应当酌情减免学费和其他费用。

第五章 普通高级中等以上教育及成人教育

第二十九条 普通高级中等学校、高等院校、成人教育机构必须招收符合国家规定的录取标准的残疾考生入学，不得因其残疾而拒绝招收。

第三十条 设区的市以上地方各级人民政府根据需要，可以举办残疾人高级中等以上特殊教育学校（班），提高残疾人的受教育水平。

第三十一条 县级以上各级人民政府教育行政部门应当会同广播、电视部门，根据实际情况开设或者转播适合残疾人学习的专业、课程。

第三十二条 残疾人所在单位应当对本单位的残疾人开展文化知识教育和技术培训。

第三十三条 扫除文盲教育应当包括对年满15周岁以上的未丧失学习能力的文盲、半文盲残疾人实施的扫盲教育。

第三十四条 国家、社会鼓励和帮助残疾人自学成才。

第六章 教 师

第三十五条 各级人民政府应当重视从事残疾人教育的教师培养、培训工作，并采取措施逐步提高他们的地位和待遇，改善他们的工作环境和条件，鼓励教师终身从事残疾人教育事业。

第三十六条 从事残疾人教育的教师，应当热爱残疾人教育事业，具有社会主义的人道主义精神，关心残疾学生，并掌握残疾人教育的专业知识和技能。

第三十七条 国家实行残疾人教育教师资格证书制度，具体办法由国务院教育行政部门会同国务院其他有关行政部门制定。

第三十八条 残疾人特殊教育学校举办单位，应当依据残疾人特殊教育学校教师编制标准，为学校配备承担教学、康复等工作的教师。残疾人特殊教育学校教师编制标准，由国务院教育行政部门会同国务院其他有关行政部门制定。

第三十九条 国务院教育行政部门和省、自治区、直辖市人民政府应当有计划地举办特殊教育师范院校、专业，或者在普通师范院校附设特殊教育师资班（部），培养残疾人教育教师。

第四十条 县级以上地方各级人民政府教育行政部门应当将残疾人教育师资的培训列入工作计划，并采取设立培训基地等形式，组织在职的残疾人教育教师的进修提高。

第四十一条 普通师范院校应当有计划地设置残疾人特殊教育必修课程或者选修课程，使学生掌握必要的残疾人特殊教育的基本知识和技能，以适应对随班就读的残疾学生的教育需要。

第四十二条 从事残疾人教育的教师、职工根据国家有关规定享受残疾人教育津贴及其他待遇。

第七章 物质条件保障

第四十三条 省、自治区、直辖市人民政府应当根据残疾人教育的特殊情况,依据国务院有关行政主管部门的指导性标准,制定本行政区域内残疾人学校的建设标准、经费开支标准、教学仪器设备配备标准等。

第四十四条 残疾人教育经费由各级人民政府负责筹措,予以保证,并随着教育事业费的增加而逐步增加。县级以上各级人民政府可以根据需要,设立专项补助款,用于发展残疾人教育。地方各级人民政府用于义务教育的财政拨款和征收的教育费附加,应当有一定比例用于发展残疾儿童、少年义务教育。

第四十五条 国家鼓励社会力量举办残疾人教育机构或者捐资助学。

第四十六条 县级以上地方各级人民政府对残疾人教育机构的设置,应当统筹规划、合理布局。残疾人学校的设置,由教育行政部门按照国家有关规定审批。

第四十七条 残疾人教育机构的建设,应当适应残疾学生学习、康复和生活的特点。普通学校应当根据实际情况,为残疾学生入学后的学习、生活提供便利和条件。

第四十八条 县级以上各级人民政府及其有关部门应当采取优惠政策和措施、支持研究、生产残疾人教育专用仪器设备、教具、学具及其他辅助用品,扶持残疾人教育机构兴办和发展校办企业或者福利企业。

第八章 奖励与处罚

第四十九条 有下列事迹之一的单位和个人,由各级人民政府或者其教育行政部门给予奖励:

(一)在残疾人教育教学、教学研究方面做出突出贡献的;

(二)为残疾人就学提供帮助,表现突出的;

(三)研究、生产残疾人教育专用仪器、设备、教具和学具,在提高残疾人教育质量方面取得显著成绩的;

（四）在残疾人学校建设中取得显著成绩的；

（五）为残疾人教育事业做出其他重大贡献的。

第五十条 有下列行为之一的，由有关部门对直接责任人员给予行政处分：

（一）拒绝招收按照国家有关规定应当招收的残疾人入学的；

（二）侮辱、体罚、殴打残疾学生的；

（三）侵占、克扣、挪用残疾人教育款项的。有前款所列第（一）项行为的，由教育行政部门责令该学校招收残疾人入学。有前款所列第（二）项行为，违反《中华人民共和国治安管理处罚条例》的，由公安机关给予行政处罚。有前款所列第（二）项、第（三）项行为，构成犯罪的，依法追究刑事责任。

第九章　附　则

第五十一条 省、自治区、直辖市人民政府可以依照本条例制定实施办法。

第五十二条 本条例自发布之日起施行。

残疾人就业条例

(2007年2月25日中华人民共和国国务院令第488号发布,
自2007年5月1日起施行)

第一章 总 则

第一条 为了促进残疾人就业,保障残疾人的劳动权利,根据《中华人民共和国残疾人保障法》和其他有关法律,制定本条例。

第二条 国家对残疾人就业实行集中就业与分散就业相结合的方针,促进残疾人就业。

县级以上人民政府应当将残疾人就业纳入国民经济和社会发展规划,并制定优惠政策和具体扶持保护措施,为残疾人就业创造条件。

第三条 机关、团体、企业、事业单位和民办非企业单位(以下统称用人单位)应当依照有关法律、本条例和其他有关行政法规的规定,履行扶持残疾人就业的责任和义务。

第四条 国家鼓励社会组织和个人通过多种渠道、多种形式,帮助、支持残疾人就业,鼓励残疾人通过应聘等多种形式就业。禁止在就业中歧视残疾人。

残疾人应当提高自身素质,增强就业能力。

第五条 各级人民政府应当加强对残疾人就业工作的统筹规划,综合协调。县级以上人民政府负责残疾人工作的机构,负责组织、协调、指导、督促有关部门做好残疾人就业工作。

县级以上人民政府劳动保障、民政等有关部门在各自的职责范围内,做好残疾人就业工作。

第六条 中国残疾人联合会及其地方组织依照法律、法规或者接受政府委托,负责残疾人就业工作的具体组织实施与监督。

工会、共产主义青年团、妇女联合会，应当在各自的工作范围内，做好残疾人就业工作。

第七条 各级人民政府对在残疾人就业工作中做出显著成绩的单位和个人，给予表彰和奖励。

第二章 用人单位的责任

第八条 用人单位应当按照一定比例安排残疾人就业，并为其提供适当的工种、岗位。

用人单位安排残疾人就业的比例不得低于本单位在职职工总数的1.5%。具体比例由省、自治区、直辖市人民政府根据本地区的实际情况规定。

用人单位跨地区招用残疾人的，应当计入所安排的残疾人职工人数之内。

第九条 用人单位安排残疾人就业达不到其所在地省、自治区、直辖市人民政府规定比例的，应当缴纳残疾人就业保障金。

第十条 政府和社会依法兴办的残疾人福利企业、盲人按摩机构和其他福利性单位（以下统称集中使用残疾人的用人单位），应当集中安排残疾人就业。

集中使用残疾人的用人单位的资格认定，按照国家有关规定执行。

第十一条 集中使用残疾人的用人单位中从事全日制工作的残疾人职工，应当占本单位在职职工总数的25%以上。

第十二条 用人单位招用残疾人职工，应当依法与其签订劳动合同或者服务协议。

第十三条 用人单位应当为残疾人职工提供适合其身体状况的劳动条件和劳动保护，不得在晋职、晋级、评定职称、报酬、社会保险、生活福利等方面歧视残疾人职工。

第十四条 用人单位应当根据本单位残疾人职工的实际情况，对残疾人职工进行上岗、在岗、转岗等培训。

第三章 保障措施

第十五条 县级以上人民政府应当采取措施，拓宽残疾人就业渠道，开发适合残疾人就业的公益性岗位，保障残疾人就业。

县级以上地方人民政府发展社区服务事业，应当优先考虑残疾人就业。

第十六条 依法征收的残疾人就业保障金应当纳入财政预算，专项用于残疾人职业培训以及为残疾人提供就业服务和就业援助，任何组织或者个人不得贪污、挪用、截留或者私分。残疾人就业保障金征收、使用、管理的具体办法，由国务院财政部门会同国务院有关部门规定。

财政部门和审计机关应当依法加强对残疾人就业保障金使用情况的监督检查。

第十七条 国家对集中使用残疾人的用人单位依法给予税收优惠，并在生产、经营、技术、资金、物资、场地使用等方面给予扶持。

第十八条 县级以上地方人民政府及其有关部门应当确定适合残疾人生产、经营的产品、项目，优先安排集中使用残疾人的用人单位生产或者经营，并根据集中使用残疾人的用人单位的生产特点确定某些产品由其专产。

政府采购，在同等条件下，应当优先购买集中使用残疾人的用人单位的产品或者服务。

第十九条 国家鼓励扶持残疾人自主择业、自主创业。对残疾人从事个体经营的，应当依法给予税收优惠，有关部门应当在经营场地等方面给予照顾，并按照规定免收管理类、登记类和证照类的行政事业性收费。

国家对自主择业、自主创业的残疾人在一定期限内给予小额信贷等扶持。

第二十条 地方各级人民政府应当多方面筹集资金，组织和扶持农村残疾人从事种植业、养殖业、手工业和其他形式的生产劳动。

有关部门对从事农业生产劳动的农村残疾人，应当在生产服务、技术指导、农用物资供应、农副产品收购和信贷等方面给予帮助。

第四章 就业服务

第二十一条 各级人民政府和有关部门应当为就业困难的残疾人提供有针对性的就业援助服务，鼓励和扶持职业培训机构为残疾人提供职业培训，并组织残疾人定期开展职业技能竞赛。

第二十二条 中国残疾人联合会及其地方组织所属的残疾人就业服务机构应当免费为残疾人就业提供下列服务：

（一）发布残疾人就业信息；

（二）组织开展残疾人职业培训；

（三）为残疾人提供职业心理咨询、职业适应评估、职业康复训练、求职定向指导、职业介绍等服务；

（四）为残疾人自主择业提供必要的帮助；

（五）为用人单位安排残疾人就业提供必要的支持。

国家鼓励其他就业服务机构为残疾人就业提供免费服务。

第二十三条 受劳动保障部门的委托，残疾人就业服务机构可以进行残疾人失业登记、残疾人就业与失业统计；经所在地劳动保障部门批准，残疾人就业服务机构还可以进行残疾人职业技能鉴定。

第二十四条 残疾人职工与用人单位发生争议的，当地法律援助机构应当依法为其提供法律援助，各级残疾人联合会应当给予支持和帮助。

第五章 法律责任

第二十五条 违反本条例规定，有关行政主管部门及其工作人员滥用职权、玩忽职守、徇私舞弊，构成犯罪的，依法追究刑事责任；尚不构成犯罪的，依法给予处分。

第二十六条 违反本条例规定，贪污、挪用、截留、私分残疾人就业保障金，构成犯罪的，依法追究刑事责任；尚不构成犯罪的，对有关责任单位、直接负责的主管人员和其他直接责任人员依法给予处分或者处罚。

第二十七条 违反本条例规定，用人单位未按照规定缴纳残疾人就业保障金的，由财政部门给予警告，责令限期缴纳；逾期仍不缴纳的，除补缴欠缴数额外，还应当自欠缴之日起，按日加收5‰的滞纳金。

第二十八条 违反本条例规定，用人单位弄虚作假，虚报安排残疾人就业人数，骗取集中使用残疾人的用人单位享受的税收优惠待遇的，由税务机关依法处理。

第六章 附 则

第二十九条 本条例所称残疾人就业，是指符合法定就业年龄有就业要求的残疾人从事有报酬的劳动。

第三十条 本条例自2007年5月1日起施行。

无障碍环境建设条例

(2012年6月13日中华人民共和国国务院令第622号发布，
自2012年8月1日起施行)

第一章 总 则

第一条 为了创造无障碍环境，保障残疾人等社会成员平等参与社会生活，制定本条例。

第二条 本条例所称无障碍环境建设，是指为便于残疾人等社会成员自主安全地通行道路、出入相关建筑物、搭乘公共交通工具、交流信息、获得社区服务所进行的建设活动。

第三条 无障碍环境建设应当与经济和社会发展水平相适应，遵循实用、易行、广泛受益的原则。

第四条 县级以上人民政府负责组织编制无障碍环境建设发展规划并组织实施。

编制无障碍环境建设发展规划，应当征求残疾人组织等社会组织的意见。

无障碍环境建设发展规划应当纳入国民经济和社会发展规划以及城乡规划。

第五条 国务院住房和城乡建设主管部门负责全国无障碍设施工程建设活动的监督管理工作，会同国务院有关部门制定无障碍设施工程建设标准，并对无障碍设施工程建设的情况进行监督检查。

国务院工业和信息化主管部门等有关部门在各自职责范围内，做好无障碍环境建设工作。

第六条 国家鼓励、支持采用无障碍通用设计的技术和产品，推进残疾人专用的无障碍技术和产品的开发、应用和推广。

第七条 国家倡导无障碍环境建设理念，鼓励公民、法人和其他组织为无障碍环境建设提供捐助和志愿服务。

第八条 对在无障碍环境建设工作中做出显著成绩的单位和个人，按照国家有关规定给予表彰和奖励。第二章 无障碍设施建设

第九条 城镇新建、改建、扩建道路、公共建筑、公共交通设施、居住建筑、居住区，应当符合无障碍设施工程建设标准。

乡、村庄的建设和发展，应当逐步达到无障碍设施工程建设标准。

第十条 无障碍设施工程应当与主体工程同步设计、同步施工、同步验收投入使用。新建的无障碍设施应当与周边的无障碍设施相衔接。

第十一条 对城镇已建成的不符合无障碍设施工程建设标准的道路、公共建筑、公共交通设施、居住建筑、居住区，县级以上人民政府应当制定无障碍设施改造计划并组织实施。

无障碍设施改造由所有权人或者管理人负责。

第十二条 县级以上人民政府应当优先推进下列机构、场所的无障碍设施改造：

（一）特殊教育、康复、社会福利等机构；

（二）国家机关的公共服务场所；

（三）文化、体育、医疗卫生等单位的公共服务场所；

（四）交通运输、金融、邮政、商业、旅游等公共服务场所。

第十三条 城市的主要道路、主要商业区和大型居住区的人行天桥和人行地下通道，应当按照无障碍设施工程建设标准配备无障碍设施，人行道交通信号设施应当逐步完善无障碍服务功能，适应残疾人等社会成员通行的需要。

第十四条 城市的大中型公共场所的公共停车场和大型居住区的停车场，应当按照无障碍设施工程建设标准设置并标明无障碍停车位。

无障碍停车位为肢体残疾人驾驶或者乘坐的机动车专用。

第十五条 民用航空器、客运列车、客运船舶、公共汽车、城市轨道交通车辆等公共交通工具应当逐步达到无障碍设施的要求。有关主管部门应当制定公共交通工具的无障碍技术标准并确定达标期限。

第十六条 视力残疾人携带导盲犬出入公共场所，应当遵守国家有关

规定，公共场所的工作人员应当按照国家有关规定提供无障碍服务。

第十七条 无障碍设施的所有权人和管理人，应当对无障碍设施进行保护，有损毁或者故障及时进行维修，确保无障碍设施正常使用。第三章 无障碍信息交流

第十八条 县级以上人民政府应当将无障碍信息交流建设纳入信息化建设规划，并采取措施推进信息交流无障碍建设。

第十九条 县级以上人民政府及其有关部门发布重要政府信息和与残疾人相关的信息，应当创造条件为残疾人提供语音和文字提示等信息交流服务。

第二十条 国家举办的升学考试、职业资格考试和任职考试，有视力残疾人参加的，应当为视力残疾人提供盲文试卷、电子试卷，或者由工作人员予以协助。

第二十一条 设区的市级以上人民政府设立的电视台应当创造条件，在播出电视节目时配备字幕，每周播放至少一次配播手语的新闻节目。

公开出版发行的影视类录像制品应当配备字幕。

第二十二条 设区的市级以上人民政府设立的公共图书馆应当开设视力残疾人阅览室，提供盲文读物、有声读物，其他图书馆应当逐步开设视力残疾人阅览室。

第二十三条 残疾人组织的网站应当达到无障碍网站设计标准，设区的市级以上人民政府网站、政府公益活动网站，应当逐步达到无障碍网站设计标准。

第二十四条 公共服务机构和公共场所应当创造条件为残疾人提供语音和文字提示、手语、盲文等信息交流服务，并对工作人员进行无障碍服务技能培训。

第二十五条 举办听力残疾人集中参加的公共活动，举办单位应当提供字幕或者手语服务。

第二十六条 电信业务经营者提供电信服务，应当创造条件为有需求的听力、言语残疾人提供文字信息服务，为有需求的视力残疾人提供语音信息服务。

电信终端设备制造者应当提供能够与无障碍信息交流服务相衔接的技术、产品。

第四章　无障碍社区服务

第二十七条　社区公共服务设施应当逐步完善无障碍服务功能,为残疾人等社会成员参与社区生活提供便利。

第二十八条　地方各级人民政府应当逐步完善报警、医疗急救等紧急呼叫系统,方便残疾人等社会成员报警、呼救。

第二十九条　对需要进行无障碍设施改造的贫困家庭,县级以上地方人民政府可以给予适当补助。

第三十条　组织选举的部门应当为残疾人参加选举提供便利,为视力残疾人提供盲文选票。

第五章　法律责任

第三十一条　城镇新建、改建、扩建道路、公共建筑、公共交通设施、居住建筑、居住区,不符合无障碍设施工程建设标准的,由住房和城乡建设主管部门责令改正,依法给予处罚。

第三十二条　肢体残疾人驾驶或者乘坐的机动车以外的机动车占用无障碍停车位,影响肢体残疾人使用的,由公安机关交通管理部门责令改正,依法给予处罚。

第三十三条　无障碍设施的所有权人或者管理人对无障碍设施未进行保护或者及时维修,导致无法正常使用的,由有关主管部门责令限期维修;造成使用人人身、财产损害的,无障碍设施的所有权人或者管理人应当承担赔偿责任。

第三十四条　无障碍环境建设主管部门工作人员滥用职权、玩忽职守、徇私舞弊的,依法给予处分;构成犯罪的,依法追究刑事责任。

第六章　附　则

第三十五条　本条例自 2012 年 8 月 1 日起施行。

残疾人权利公约

序　言

本公约缔约国,

(一) 回顾《联合国宪章》宣告的各项原则确认人类大家庭所有成员的固有尊严和价值以及平等和不可剥夺的权利,是世界自由、正义与和平的基础,

(二) 确认联合国在《世界人权宣言》和国际人权公约中宣告并认定人人有权享有这些文书所载的一切权利和自由,不得有任何区别,

(三) 重申一切人权和基本自由都是普遍、不可分割、相互依存和相互关联的,必须保障残疾人不受歧视地充分享有这些权利和自由,

(四) 回顾《经济、社会、文化权利国际公约》、《公民及政治权利国际公约》、《消除一切形式种族歧视国际公约》、《消除对妇女一切形式歧视公约》、《禁止酷刑和其他残忍、不人道或有辱人格的待遇或处罚公约》、《儿童权利公约》和《保护所有移徙工人及其家庭成员权利国际公约》,

(五) 确认残疾是一个演变中的概念,残疾是伤残者和阻碍他们在与其他人平等的基础上充分和切实地参与社会的各种态度和环境障碍相互作用所产生的结果,

(六) 确认《关于残疾人的世界行动纲领》和《残疾人机会均等标准规则》所载原则和政策导则在影响国家、区域和国际各级推行、制定和评价进一步增加残疾人均等机会的政策、计划、方案和行动方面的重要性,

(七) 强调必须使残疾问题成为相关可持续发展战略的重要组成部分,

(八) 又确认因残疾而歧视任何人是对人的固有尊严和价值的侵犯,

(九) 还确定残疾人的多样性,

(十) 确认必须促进和保护所有残疾人的人权,包括需要加强支助的

残疾人的人权，

（十一）关注尽管有上述各项文书和承诺，残疾人作为平等社会成员参与方面继续面临各种障碍，残疾人的人权在世界各地继续受到侵犯，

（十二）确认国际合作对改善各国残疾人，尤其是发展中国家残疾人的生活条件至关重要，

（十三）确认残疾人对其社区的全面福祉和多样性做出的和可能做出的宝贵贡献，并确认促进残疾人充分享有其人权和基本自由以及促进残疾人充分参与，将增强其归属感，大大推进整个社会的人的发展和社会经济发展以及除贫工作，

（十四）确认个人的自主和自立，包括自由做出自己的选择，对残疾人至关重要，

（十五）认为残疾人应有机会积极参与政策和方案的决策过程，包括与残疾人直接有关的政策和方案的决策过程，

（十六）关注因种族、肤色、性别、语言、宗教、政治或其他见解、民族本源、族裔、土著身份或社会出身、财产、出生、年龄或其他身份而受到多重或加重形式歧视的残疾人所面临的困难处境，

（十七）确认残疾妇女和残疾女孩在家庭内外往往面临更大的风险，更易遭受暴力、伤害或凌虐、忽视或疏忽、虐待或剥削，

（十八）确认残疾儿童应在与其他儿童平等的基础上充分享有一切人权和基本自由，并回顾《儿童权利公约》缔约国为此目的承担的义务，

（十九）强调必须将两性平等观点纳入促进残疾人充分享有人权和基本自由的一切努力之中，

（二十）着重指出大多数残疾人生活贫困，确认在这方面亟须消除贫穷对残疾人的不利影响，

（二十一）铭记在恪守《联合国宪章》宗旨和原则并遵守适用的人权文书的基础上实现和平与安全，是充分保护残疾人，特别是在武装冲突和外国占领期间充分保护残疾人的必要条件，

（二十二）确认无障碍的物质、社会、经济和文化环境、医疗卫生和教育以及信息和交流，对残疾人能够充分享有一切人权和基本自由至关重要，

（二十三）认识到个人对他人和对本人所属社区负有义务，有责任努力促进和遵守《国际人权宪章》确认的权利，

（二十四）深信家庭是自然和基本的社会组合单元，有权获得社会和国家的保护，残疾人及其家庭成员应获得必要的保护和援助，使家庭能够为残疾人充分和平等地享有其权利做出贡献，

（二十五）深信一项促进和保护残疾人权利和尊严的全面综合国际公约将大有助于在发展中国家和发达国家改变残疾人在社会上的严重不利处境，促使残疾人有平等机会参与公民、政治、经济、社会和文化生活，

议定如下：

第一条　宗旨

本公约的宗旨是促进、保护和确保所有残疾人充分和平等地享有一切人权和基本自由，并促进对残疾人固有尊严的尊重。

残疾人包括肢体、精神、智力或感官有长期损伤的人，这些损伤与各种障碍相互作用，可能阻碍残疾人在与他人平等的基础上充分和切实地参与社会。

第二条　定义

为本公约的目的：

"交流"包括语言、字幕、盲文、触觉交流、大字本、无障碍多媒体以及书面语言、听力语言、浅白语言、朗读员和辅助或替代性交流方式、手段和模式，包括无障碍信息和通信技术；

"语言"包括口语和手语及其他形式的非语音语言；

"基于残疾的歧视"是指基于残疾而做出的任何区别、排斥或限制，其目的或效果是在政治、经济、社会、文化、公民或任何其他领域，损害或取消在与其他人平等的基础上，对一切人权和基本自由的认可、享有或行使。基于残疾的歧视包括一切形式的歧视，包括拒绝提供合理便利；

"合理便利"是指根据具体需要，在不造成过度或不当负担的情况下，进行必要和适当的修改和调整，以确保残疾人在与其他人平等的基础上享有或行使一切人权和基本自由；

"通用设计"是指尽最大可能让所有人可以使用，无需做出调整或特别设计的产品、环境、方案和服务设计。"通用设计"不排除在必要时为

某些残疾人群体提供辅助用具。

第三条 一般原则

本公约的原则是：

（一）尊重固有尊严和个人自主，包括自由做出自己的选择，以及个人的自立；

（二）不歧视；

（三）充分和切实地参与和融入社会；

（四）尊重差异，接受残疾人是人的多样性的一部分和人类的一份子；

（五）机会均等；

（六）无障碍；

（七）男女平等；

（八）尊重残疾儿童逐渐发展的能力并尊重残疾儿童保持其身份特性的权利。

第四条 一般义务

一、缔约国承诺确保并促进充分实现所有残疾人的一切人权和基本自由，使其不受任何基于残疾的歧视。为此目的，缔约国承诺：

（一）采取一切适当的立法、行政和其他措施实施本公约确认的权利；

（二）采取一切适当措施，包括立法，以修订或废止构成歧视残疾人的现行法律、法规、习惯和做法；

（三）在一切政策和方案中考虑保护和促进残疾人的人权；

（四）不实施任何与本公约不符的行为或做法，确保公共当局和机构遵循本公约的规定行事；

（五）采取一切适当措施，消除任何个人、组织或私营企业基于残疾的歧视；

（六）从事或促进研究和开发本公约第二条所界定的通用设计的货物、服务、设备和设施，以便仅需尽可能小的调整和最低的费用即可满足残疾人的具体需要，促进这些货物、服务、设备和设施的提供和使用，并在拟订标准和导则方面提倡通用设计；

（七）从事或促进研究和开发适合残疾人的新技术，并促进提供和使用这些新技术，包括信息和通信技术、助行器具、用品、辅助技术，优先考虑价格低廉的技术；

（八）向残疾人提供无障碍信息，介绍助行器具、用品和辅助技术，包括新技术，并介绍其他形式的协助、支助服务和设施；

（九）促进培训协助残疾人的专业人员和工作人员，使他们了解本公约确认的权利，以便更好地提供这些权利所保障的协助和服务。

二、关于经济、社会和文化权利，各缔约国承诺尽量利用现有资源并于必要时在国际合作框架内采取措施，以期逐步充分实现这些权利，但不妨碍本公约中依国际法立即适用的义务。

三、缔约国应当在为实施本公约而拟订和施行立法和政策时以及在涉及残疾人问题的其他决策过程中，通过代表残疾人的组织，与残疾人，包括残疾儿童，密切协商，使他们积极参与。

四、本公约的规定不影响任何缔约国法律或对该缔约国生效的国际法中任何更有利于实现残疾人权利的规定。对于根据法律、公约、法规或习惯而在本公约任何缔约国内获得承认或存在的任何人权和基本自由，不得以本公约未予承认或未予充分承认这些权利或自由为借口而加以限制或减损。

五、本公约的规定应当无任何限制或例外地适用于联邦制国家各组成部分。

第五条 平等和不歧视

一、缔约国确认，在法律面前，人人平等，有权不受任何歧视地享有法律给予的平等保护和平等权益。

二、缔约国应当禁止一切基于残疾的歧视，保证残疾人获得平等和有效的法律保护，使其不受基于任何原因的歧视。

三、为促进平等和消除歧视，缔约国应当采取一切适当步骤，确保提供合理便利。

四、为加速或实现残疾人事实上的平等而必须采取的具体措施，不得视为本公约所指的歧视。

第六条 残疾妇女

一、缔约国确认残疾妇女和残疾女孩受到多重歧视，在这方面，应当采取措施，确保她们充分和平等地享有一切人权和基本自由。

二、缔约国应当采取一切适当措施，确保妇女充分发展，地位得到提高，能力得到增强，目的是保证妇女能行使和享有本公约所规定的人权和基本自由。

第七条　残疾儿童

一、缔约国应当采取一切必要措施，确保残疾儿童在与其他儿童平等的基础上，充分享有一切人权和基本自由。

二、在一切关于残疾儿童的行动中，应当以儿童的最佳利益为一项首要考虑。

三、缔约国应当确保，残疾儿童有权在与其他儿童平等的基础上，就一切影响本人的事项自由表达意见，并获得适合其残疾状况和年龄的辅助手段以实现这项权利，残疾儿童的意见应当按其年龄和成熟程度适当予以考虑。

第八条　提高认识

一、缔约国承诺立即采取有效和适当的措施，以便：

（一）提高整个社会，包括家庭，对残疾人的认识，促进对残疾人权利和尊严的尊重；

（二）在生活的各个方面消除对残疾人的定见、偏见和有害做法，包括基于性别和年龄的定见、偏见和有害做法；

（三）提高对残疾人的能力和贡献的认识。

二、为此目的采取的措施包括：

（一）发起和持续进行有效的宣传运动，提高公众认识，以便：

1. 培养接受残疾人权利的态度；

2. 促进积极看待残疾人，提高社会对残疾人的了解；

3. 促进承认残疾人的技能、才华和能力以及他们对工作场所和劳动力市场的贡献；

（二）在各级教育系统中培养尊重残疾人权利的态度，包括从小在所有儿童中培养这种态度；

（三）鼓励所有媒体机构以符合本公约宗旨的方式报道残疾人；

（四）推行了解残疾人和残疾人权利的培训方案。

第九条 无障碍

一、为了使残疾人能够独立生活和充分参与生活的各个方面，缔约国应当采取适当措施，确保残疾人在与其他人平等的基础上，无障碍地进出物质环境，使用交通工具，利用信息和通信，包括信息和通信技术和系统，以及享用在城市和农村地区向公众开放或提供的其他设施和服务。这些措施应当包括查明和消除阻碍实现无障碍环境的因素，并除其他外，应当适用于：

（一）建筑、道路、交通和其他室内外设施，包括学校、住房、医疗设施和工作场所；

（二）信息、通信和其他服务，包括电子服务和应急服务。

二、缔约国还应当采取适当措施，以便：

（一）拟订和公布无障碍使用向公众开放或提供的设施和服务的最低标准和导则，并监测其实施情况；

（二）确保向公众开放或为公众提供设施和服务的私营实体在各个方面考虑为残疾人创造无障碍环境；

（三）就残疾人面临的无障碍问题向各有关方面提供培训；

（四）在向公众开放的建筑和其他设施中提供盲文标志及易读易懂的标志；

（五）提供各种形式的现场协助和中介，包括提供向导、朗读员和专业手语译员，以利向公众开放的建筑和其他设施的无障碍；

（六）促进向残疾人提供其他适当形式的协助和支助，以确保残疾人获得信息；

（七）促使残疾人有机会使用新的信息和通信技术和系统，包括因特网；

（八）促进在早期阶段设计、开发、生产、推行无障碍信息和通信技术和系统，以便能以最低成本使这些技术和系统无障碍。

第十条 生命权

缔约国重申人人享有固有的生命权，并应当采取一切必要措施，确保残疾人在与其他人平等的基础上切实享有这一权利。

第十一条　危难情况和人道主义紧急情况

缔约国应当依照国际法包括国际人道主义法和国际人权法规定的义务，采取一切必要措施，确保在危难情况下，包括在发生武装冲突、人道主义紧急情况和自然灾害时，残疾人获得保护和安全。

第十二条　在法律面前获得平等承认

一、缔约国重申残疾人享有在法律面前的人格在任何地方均获得承认的权利。

二、缔约国应当确认残疾人在生活的各方面在与其他人平等的基础上享有法律权利能力。

三、缔约国应当采取适当措施，便利残疾人获得他们在行使其法律权利能力时可能需要的协助。

四、缔约国应当确保，与行使法律权利能力有关的一切措施，均依照国际人权法提供适当和有效的防止滥用保障。这些保障应当确保与行使法律权利能力有关的措施尊重本人的权利、意愿和选择，无利益冲突和不当影响，适应本人情况，适用时间尽可能短，并定期由一个有资格、独立、公正的当局或司法机构复核。提供的保障应当与这些措施影响个人权益的程度相称。

五、在符合本条的规定的情况下，缔约国应当采取一切适当和有效的措施，确保残疾人享有平等权利拥有或继承财产，掌管自己的财务，有平等机会获得银行贷款、抵押贷款和其他形式的金融信贷，并应当确保残疾人的财产不被任意剥夺。

第十三条　获得司法保护

一、缔约国应当确保残疾人在与其他人平等的基础上有效获得司法保护，包括通过提供程序便利和适龄措施，以便利他们在所有法律诉讼程序中，包括在调查和其他初步阶段中，切实发挥其作为直接和间接参与方，包括其作为证人的作用。

二、为了协助确保残疾人有效获得司法保护，缔约国应当促进对司法领域工作人员，包括警察和监狱工作人员进行适当的培训。

第十四条　自由和人身安全

一、缔约国应当确保残疾人在与其他人平等的基础上：

(一) 享有自由和人身安全的权利;

(二) 不被非法或任意剥夺自由,任何对自由的剥夺均须符合法律规定,而且在任何情况下均不得以残疾作为剥夺自由的理由。

二、缔约国应当确保,在任何程序中被剥夺自由的残疾人,在与其他人平等的基础上,有权获得国际人权法规定的保障,并应当享有符合本公约宗旨和原则的待遇,包括提供合理便利的待遇。

第十五条 免于酷刑或残忍、不人道或有辱人格的待遇或处罚

一、不得对任何人实施酷刑或残忍、不人道或有辱人格的待遇或处罚。特别是不得在未经本人自由同意的情况下,对任何人进行医学或科学试验。

二、缔约国应当采取一切有效的立法、行政、司法或其他措施,在与其他人平等的基础上,防止残疾人遭受酷刑或残忍、不人道或有辱人格的待遇或处罚。

第十六条 免于剥削、暴力和凌虐

一、缔约国应当采取一切适当的立法、行政、社会、教育和其他措施,保护残疾人在家庭内外免遭一切形式的剥削、暴力和凌虐,包括基于性别的剥削、暴力和凌虐。

二、缔约国还应当采取一切适当措施防止一切形式的剥削、暴力和凌虐,除其他外,确保向残疾人及其家属和照护人提供考虑到性别和年龄的适当协助和支助,包括提供信息和教育,说明如何避免、识别和报告剥削、暴力和凌虐事件。缔约国应当确保保护服务考虑到年龄、性别和残疾因素。

三、为了防止发生任何形式的剥削、暴力和凌虐,缔约国应当确保所有用于为残疾人服务的设施和方案受到独立当局的有效监测。

四、残疾人受到任何形式的剥削、暴力或凌虐时,缔约国应当采取一切适当措施,包括提供保护服务,促进被害人的身体、认知功能和心理的恢复、康复及回归社会。上述恢复措施和回归社会措施应当在有利于本人的健康、福祉、自尊、尊严和自主的环境中进行,并应当考虑到因性别和年龄而异的具体需要。

五、缔约国应当制定有效的立法和政策,包括以妇女和儿童为重点的立法和政策,确保查明、调查和酌情起诉对残疾人的剥削、暴力和凌虐事件。

第十七条 保护人身完整性

每个残疾人的身心完整性有权在与其他人平等的基础上获得尊重。

第十八条 迁徙自由和国籍

一、缔约国应当确认残疾人在与其他人平等的基础上有权自由迁徙、自由选择居所和享有国籍,包括确保残疾人:

(一)有权获得和变更国籍,国籍不被任意剥夺或因残疾而被剥夺;

(二)不因残疾而被剥夺获得、拥有和使用国籍证件或其他身份证件的能力,或利用相关程序,如移民程序的能力,这些能力可能是便利行使迁徙自由权所必要的;

(三)可以自由离开任何国家,包括本国在内;

(四)不被任意剥夺或因残疾而被剥夺进入本国的权利。

二、残疾儿童出生后应当立即予以登记,从出生起即应当享有姓名权利,享有获得国籍的权利,并尽可能享有知悉父母并得到父母照顾的权利。

第十九条 独立生活和融入社区

本公约缔约国确认所有残疾人享有在社区中生活的平等权利以及与其他人同等的选择,并应当采取有效和适当的措施,以便利残疾人充分享有这项权利以及充分融入和参与社区,包括确保:

(一)残疾人有机会在与其他人平等的基础上选择居所,选择在何处、与何人一起生活,不被迫在特定的居住安排中生活;

(二)残疾人获得各种居家、住所和其他社区支助服务,包括必要的个人援助,以便在社区生活和融入社区,避免同社区隔绝或隔离;

(三)残疾人可以在平等基础上享用为公众提供的社区服务和设施,并确保这些服务和设施符合他们的需要。

第二十条 个人行动能力

缔约国应当采取有效措施,确保残疾人尽可能独立地享有个人行动能力,包括:

(一)便利残疾人按自己选择的方式和时间,以低廉费用享有个人行动能力;

(二)便利残疾人获得优质的助行器具、用品、辅助技术以及各种形式的现场协助和中介,包括以低廉费用提供这些服务;

(三) 向残疾人和专门协助残疾人的工作人员提供行动技能培训;

(四) 鼓励生产助行器具、用品和辅助技术的实体考虑残疾人行动能力的各个方面。

第二十一条 表达意见的自由和获得信息的机会

缔约国应当采取一切适当措施,包括下列措施,确保残疾人能够行使自由表达意见的权利,包括在与其他人平等的基础上,通过自行选择本公约第二条所界定的一切交流形式,寻求、接受、传递信息和思想的自由:

(一) 以无障碍模式和适合不同类别残疾的技术,及时向残疾人提供公共信息,不另收费;

(二) 在正式事务中允许和便利使用手语、盲文、辅助和替代性交流方式及残疾人选用的其他一切无障碍交流手段、方式和模式;

(三) 敦促向公众提供服务,包括通过因特网提供服务的私营实体,以无障碍和残疾人可以使用的模式提供信息和服务;

(四) 鼓励包括因特网信息提供商在内的大众媒体向残疾人提供无障碍服务;

(五) 承认和推动手语的使用。

第二十二条 尊重隐私

一、残疾人,不论其居所地或居住安排为何,其隐私、家庭、家居和通信以及其他形式的交流,不得受到任意或非法的干预,其荣誉和名誉也不得受到非法攻击。残疾人有权获得法律的保护,不受这种干预或攻击。

二、缔约国应当在与其他人平等的基础上保护残疾人的个人、健康和康复资料的隐私。

第二十三条 尊重家居和家庭

一、缔约国应当采取有效和适当的措施,在涉及婚姻、家庭、生育和个人关系的一切事项中,在与其他人平等的基础上,消除对残疾人的歧视,以确保:

(一) 所有适婚年龄的残疾人根据未婚配偶双方自由表示的充分同意结婚和建立家庭的权利获得承认;

(二) 残疾人自由、负责任地决定子女人数和生育间隔,获得适龄信息、生殖教育和计划生育教育的权利获得承认,并提供必要手段使残疾人能够行使这些权利；

（三）残疾人，包括残疾儿童，在与其他人平等的基础上，保留其生育力。

二、如果本国立法中有监护、监管、托管和领养儿童或类似的制度，缔约国应当确保残疾人在这些方面的权利和责任；在任何情况下均应当以儿童的最佳利益为重。缔约国应当适当协助残疾人履行其养育子女的责任。

三、缔约国应当确保残疾儿童在家庭生活方面享有平等权利。为了实现这些权利，并为了防止隐藏、遗弃、忽视和隔离残疾儿童，缔约国应当承诺及早向残疾儿童及其家属提供全面的信息、服务和支助。

四、缔约国应当确保不违背儿童父母的意愿使子女与父母分离，除非主管当局依照适用的法律和程序，经司法复核断定这种分离确有必要，符合儿童本人的最佳利益。在任何情况下均不得以子女残疾或父母一方或双方残疾为理由，使子女与父母分离。

五、缔约国应当在近亲属不能照顾残疾儿童的情况下，尽一切努力在大家庭范围内提供替代性照顾，并在无法提供这种照顾时，在社区内提供家庭式照顾。

第二十四条 教育

一、缔约国确认残疾人享有受教育的权利。为了在不受歧视和机会均等的情况下实现这一权利，缔约国应当确保在各级教育实行包容性教育制度和终生学习，以便：

（一）充分开发人的潜力，培养自尊自重精神，加强对人权、基本自由和人的多样性的尊重；

（二）最充分地发展残疾人的个性、才华和创造力以及智能和体能；

（三）使所有残疾人能切实参与一个自由的社会。

二、为了实现这一权利，缔约国应当确保：

（一）残疾人不因残疾而被排拒于普通教育系统之外，残疾儿童不因残疾而被排拒于免费和义务初等教育或中等教育之外；

（二）残疾人可以在自己生活的社区内，在与其他人平等的基础上，获得包容性的优质免费初等教育和中等教育；

（三）提供合理便利以满足个人的需要；

（四）残疾人在普通教育系统中获得必要的支助，便利他们切实获得教育；

（五）按照有教无类的包容性目标，在最有利于发展学习和社交能力的环境中，提供适合个人情况的有效支助措施。

三、缔约国应当使残疾人能够学习生活和社交技能，便利他们充分和平等地参与教育和融入社区。为此目的，缔约国应当采取适当措施，包括：

（一）为学习盲文，替代文字，辅助和替代性交流方式、手段和模式，定向和行动技能提供便利，并为残疾人之间的相互支持和指导提供便利；

（二）为学习手语和宣传聋人的语言特性提供便利；

（三）确保以最适合个人情况的语文及交流方式和手段，在最有利于发展学习和社交能力的环境中，向盲、聋或聋盲人，特别是盲、聋或聋盲儿童提供教育。

四、为了帮助确保实现这项权利，缔约国应当采取适当措施，聘用有资格以手语和（或）盲文教学的教师，包括残疾教师，并对各级教育的专业人员和工作人员进行培训。这种培训应当包括对残疾的了解和学习使用适当的辅助和替代性交流方式、手段和模式、教育技巧和材料以协助残疾人。

五、缔约国应当确保，残疾人能够在不受歧视和与其他人平等的基础上，获得普通高等教育、职业培训、成人教育和终生学习。为此目的，缔约国应当确保向残疾人提供合理便利。

第二十五条　健康

缔约国确认，残疾人有权享有可达到的最高健康标准，不受基于残疾的歧视。缔约国应当采取一切适当措施，确保残疾人获得考虑到性别因素的医疗卫生服务，包括与健康有关的康复服务。缔约国尤其应当：

（一）向残疾人提供其他人享有的，在范围、质量和标准方面相同的免费或费用低廉的医疗保健服务和方案，包括在性健康和生殖健康及全民公共卫生方案方面；

（二）向残疾人提供残疾特需医疗卫生服务，包括酌情提供早期诊断和干预，并提供旨在尽量减轻残疾和预防残疾恶化的服务，包括向儿童和老年人提供这些服务；

（三）尽量就近在残疾人所在社区，包括在农村地区，提供这些医疗卫生服务；

（四）要求医护人员，包括在征得残疾人自由表示的知情同意基础上，向残疾人提供在质量上与其他人所得相同的护理，特别是通过提供培训和颁布公共和私营医疗保健服务职业道德标准，提高对残疾人人权、尊严、自主和需要的认识；

（五）在提供医疗保险和国家法律允许的人寿保险方面禁止歧视残疾人，这些保险应当以公平合理的方式提供；

（六）防止基于残疾而歧视性地拒绝提供医疗保健或医疗卫生服务，或拒绝提供食物和液体。

第二十六条 适应训练和康复

一、缔约国应当采取有效和适当的措施，包括通过残疾人相互支持，使残疾人能够实现和保持最大程度的自立，充分发挥和维持体能、智能、社会和职业能力，充分融入和参与生活的各个方面。为此目的，缔约国应当组织、加强和推广综合性适应训练和康复服务和方案，尤其是在医疗卫生、就业、教育和社会服务方面，这些服务和方案应当：

（一）根据对个人需要和体能的综合评估尽早开始；

（二）有助于残疾人参与和融入社区和社会的各个方面，属自愿性质，并尽量在残疾人所在社区，包括农村地区就近安排。

二、缔约国应当促进为从事适应训练和康复服务的专业人员和工作人员制订基础培训和进修培训计划。

三、在适应训练和康复方面，缔约国应当促进提供为残疾人设计的辅助用具和技术以及对这些用具和技术的了解和使用。

第二十七条 工作和就业

一、缔约国确认残疾人在与其他人平等的基础上享有工作权，包括有机会在开放、具有包容性和对残疾人不构成障碍的劳动力市场和工作环境中，为谋生自由选择或接受工作的权利。为保障和促进工作权的实现，包括在就业期间致残者的工作权的实现，缔约国应当采取适当步骤，包括通过立法，除其他外：

（一）在一切形式就业的一切事项上，包括在征聘、雇用和就业条件、继续就业、职业提升以及安全和健康的工作条件方面，禁止基于残疾的歧视；

（二）保护残疾人在与其他人平等的基础上享有公平和良好的工作条件，包括机会均等和同值工作同等报酬的权利，享有安全和健康的工作环境，包括不受骚扰的权利，并享有申诉的权利；

（三）确保残疾人能够在与其他人平等的基础上行使工会权；

（四）使残疾人能够切实参加一般技术和职业指导方案，获得职业介绍服务、职业培训和进修培训；

（五）在劳动力市场上促进残疾人的就业机会和职业提升机会，协助残疾人寻找、获得、保持和恢复工作；

（六）促进自营就业、创业经营、创建合作社和个体开业的机会；

（七）在公共部门雇用残疾人；

（八）以适当的政策和措施，其中可以包括平权行动方案、奖励和其他措施，促进私营部门雇用残疾人；

（九）确保在工作场所为残疾人提供合理便利；

（十）促进残疾人在开放劳动力市场上获得工作经验；

（十一）促进残疾人的职业和专业康复服务、保留工作和恢复工作方案。

二、缔约国应当确保残疾人不被奴役或驱役，并在与其他人平等的基础上受到保护，不被强迫或强制劳动。

第二十八条 适足的生活水平和社会保护

一、缔约国确认残疾人有权为自己及其家属获得适足的生活水平，包括适足的食物、衣物、住房，以及不断改善生活条件；缔约国应当采取适当步骤，保障和促进在不受基于残疾的歧视的情况下实现这项权利。

二、缔约国确认残疾人有权获得社会保护，并有权在不受基于残疾的歧视的情况下享有这项权利；缔约国应当采取适当步骤，保障和促进这项权利的实现，包括采取措施：

（一）确保残疾人平等地获得洁净供水，并且确保他们获得适当和价格低廉的服务、用具和其他协助，以满足与残疾有关的需要；

（二）确保残疾人，尤其是残疾妇女、女孩和老年人，可以利用社会

保护方案和减贫方案;

(三)确保生活贫困的残疾人及其家属,在与残疾有关的费用支出,包括适足的培训、辅导、经济援助和临时护理方面,可以获得国家援助;

(四)确保残疾人可以参加公共住房方案;

(五)确保残疾人可以平等享受退休福利和参加退休方案。

第二十九条 参与政治和公共生活

缔约国应当保证残疾人享有政治权利,有机会在与其他人平等的基础上享受这些权利,并应当承诺:

(一)确保残疾人能够在与其他人平等的基础上,直接或通过其自由选择的代表,有效和充分地参与政治和公共生活,包括确保残疾人享有选举和被选举的权利和机会,除其他外,采取措施:

1. 确保投票程序、设施和材料适当、无障碍、易懂易用;

2. 保护残疾人的权利,使其可以在选举或公投中不受威吓地采用无记名方式投票、参选、在各级政府实际担任公职和履行一切公共职务,并酌情提供使用辅助技术和新技术的便利;

3. 保证残疾人作为选民能够自由表达意愿,并在必要时根据残疾人的要求,为此目的允许残疾人自行选择的人协助投票;

(二)积极创造环境,使残疾人能够不受歧视地在与其他人平等的基础上有效和充分地参与处理公共事务,并鼓励残疾人参与公共事务,包括:

1. 参与涉及本国公共和政治生活的非政府组织和社团,参加政党的活动和管理;

2. 建立和加入残疾人组织,在国际、全国、地区和地方各级代表残疾人。

第三十条 参与文化生活、娱乐、休闲和体育活动

一、缔约国确认残疾人有权在与其他人平等的基础上参与文化生活,并应当采取一切适当措施,确保残疾人:

(一)获得以无障碍模式提供的文化材料;

(二)获得以无障碍模式提供的电视节目、电影、戏剧和其他文化活动;

(三)进出文化表演或文化服务场所,例如剧院、博物馆、电影院、图书馆、旅游服务场所,并尽可能地可以进出在本国文化中具有重要意义的纪念物和纪念地。

二、缔约国应当采取适当措施,使残疾人能够有机会为自身利益并为充实社会,发展和利用自己的创造、艺术和智力潜力。

三、缔约国应当采取一切适当步骤,依照国际法的规定,确保保护知识产权的法律不构成不合理或歧视性障碍,阻碍残疾人获得文化材料。

四、残疾人特有的文化和语言特性,包括手语和聋文化,应当有权在与其他人平等的基础上获得承认和支持。

五、为了使残疾人能够在与其他人平等的基础上参加娱乐、休闲和体育活动,缔约国应当采取适当措施,以便:

(一)鼓励和促进残疾人尽可能充分地参加各级主流体育活动;

(二)确保残疾人有机会组织、发展和参加残疾人专项体育、娱乐活动,并为此鼓励在与其他人平等的基础上提供适当指导、训练和资源;

(三)确保残疾人可以使用体育、娱乐和旅游场所;

(四)确保残疾儿童享有与其他儿童一样的平等机会参加游戏、娱乐和休闲以及体育活动,包括在学校系统参加这类活动;

(五)确保残疾人可以获得娱乐、旅游、休闲和体育活动的组织人提供的服务。

第三十一条 统计和数据收集

一、缔约国承诺收集适当的信息,包括统计和研究数据,以便制定和实施政策,落实本公约。收集和维持这些信息的工作应当:

(一)遵行法定保障措施,包括保护数据的立法,实行保密和尊重残疾人的隐私;

(二)遵行保护人权和基本自由的国际公认规范以及收集和使用统计数据的道德原则。

二、依照本条规定收集的信息应当酌情分组,用于协助评估本公约规定的缔约国义务的履行情况,查明和清除残疾人在行使其权利时遇到的障碍。

三、缔约国应当负责传播这些统计数据,确保残疾人和其他人可以使用这些统计数据。

第三十二条 国际合作

一、缔约国确认必须开展和促进国际合作,支持国家为实现本公约的宗旨和目的而做出的努力,并将为此在双边和多边的范围内采取适当和有效的措施,并酌情与相关国际和区域组织及民间社会,特别是与残疾人组织,合作采取这些措施。除其他外,这些措施可包括:

(一)确保包容和便利残疾人参与国际合作,包括国际发展方案;

(二)促进和支持能力建设,如交流和分享信息、经验、培训方案和最佳做法;

(三)促进研究方面的合作,便利科学技术知识的获取;

(四)酌情提供技术和经济援助,包括便利获取和分享无障碍技术和辅助技术以及通过技术转让提供这些援助。

二、本条的规定不妨害各缔约国履行其在本公约下承担的义务。

第三十三条 国家实施和监测

一、缔约国应当按照本国建制,在政府内指定一个或多个协调中心,负责有关实施本公约的事项,并应当适当考虑在政府内设立或指定一个协调机制,以便利在不同部门和不同级别采取有关行动。

二、缔约国应当按照本国法律制度和行政制度,酌情在国内维持、加强、指定或设立一个框架,包括一个或多个独立机制,以促进、保护和监测本公约的实施。在指定或建立这一机制时,缔约国应当考虑与保护和促进人权的国家机构的地位和运作有关的原则。

三、民间社会,特别是残疾人及其代表组织,应当获邀参加并充分参与监测进程。

第三十四条 残疾人权利委员会

一、应当设立一个残疾人权利委员会(以下称"委员会"),履行下文规定的职能。

二、在本公约生效时,委员会应当由十二名专家组成。在公约获得另外六十份批准书或加入书后,委员会应当增加六名成员,以足十八名成员之数。

三、委员会成员应当以个人身份任职,品德高尚,在本公约所涉领域具有公认的能力和经验。缔约国在提名候选人时,务请适当考虑本公约第四条第三款的规定。

四、委员会成员由缔约国选举,选举须顾及公平地域分配原则,各大文化和各主要法系的代表性,男女成员人数的均衡性以及残疾人专家的参加。

五、应当在缔约国会议上,根据缔约国提名的本国国民名单,以无记名投票选举委员会成员。这些会议以三分之二的缔约国构成法定人数,得票最多和获得出席并参加表决的缔约国代表的绝对多数票者,当选为委员会成员。

六、首次选举至迟应当在本公约生效之日后六个月内举行。每次选举,联合国秘书长至迟应当在选举之日前四个月函请缔约国在两个月内递交提名人选。秘书长随后应当按英文字母次序编制全体被提名人名单,注明提名缔约国,分送本公约缔约国。

七、当选的委员会成员任期四年,可以连选连任一次。但是,在第一次选举当选的成员中,六名成员的任期应当在两年后届满;本条第五款所述会议的主席应当在第一次选举后,立即抽签决定这六名成员。

八、委员会另外六名成员的选举应当依照本条的相关规定,在正常选举时举行。

九、如果委员会成员死亡或辞职或因任何其他理由而宣称无法继续履行其职责,提名该成员的缔约国应当指定一名具备本条相关规定所列资格并符合有关要求的专家,完成所余任期。

十、委员会应当自行制定议事规则。

十一、联合国秘书长应当为委员会有效履行本公约规定的职能提供必要的工作人员和便利,并应当召开委员会的首次会议。

十二、考虑到委员会责任重大,经联合国大会核准,本公约设立的委员会的成员,应当按大会所定条件,从联合国资源领取薪酬。

十三、委员会成员应当有权享有联合国特派专家根据《联合国特权和豁免公约》相关章节规定享有的便利、特权和豁免。

第三十五条 缔约国提交的报告

一、各缔约国在本公约对其生效后两年内,应当通过联合国秘书长,向委员会提交一份全面报告,说明为履行本公约规定的义务而采取的措施和在这方面取得的进展。

二、其后，缔约国至少应当每四年提交一次报告，并在委员会提出要求时另外提交报告。

三、委员会应当决定适用于报告内容的导则。

四、已经向委员会提交全面的初次报告的缔约国，在其后提交的报告中，不必重复以前提交的资料。缔约国在编写给委员会的报告时，务请采用公开、透明的程序，并适当考虑本公约第四条第三款的规定。

五、报告可以指出影响本公约所定义务履行程度的因素和困难。

第三十六条　报告的审议

一、委员会应当审议每一份报告，并在委员会认为适当时，对报告提出提议和一般建议，将其送交有关缔约国。缔约国可以自行决定向委员会提供任何资料作为回复。委员会可以请缔约国提供与实施本公约相关的进一步资料。

二、对于严重逾期未交报告的缔约国，委员会可以通知有关缔约国，如果在发出通知后的三个月内仍未提交报告，委员会必须根据手头的可靠资料，审查该缔约国实施本公约的情况。委员会应当邀请有关缔约国参加这项审查工作。如果缔约国做出回复，提交相关报告，则适用本条第一款的规定。

三、联合国秘书长应当向所有缔约国提供上述报告。

四、缔约国应当向国内公众广泛提供本国报告，并便利获取有关这些报告的提议和一般建议。

五、委员会应当在其认为适当时，把缔约国的报告转交联合国专门机构、基金和方案以及其他主管机构，以便处理报告中就技术咨询或协助提出的请求或表示的需要，同时附上委员会可能对这些请求或需要提出的意见和建议。

第三十七条　缔约国与委员会的合作

一、各缔约国应当与委员会合作，协助委员会成员履行其任务。

二、在与缔约国的关系方面，委员会应当适当考虑提高各国实施本公约的能力的途径和手段，包括为此开展国际合作。

第三十八条 委员会与其他机构的关系

为了促进本公约的有效实施和鼓励在本公约所涉领域开展国际合作：

（一）各专门机构和其他联合国机构应当有权派代表列席审议本公约中属于其职权范围的规定的实施情况。委员会可以在其认为适当时，邀请专门机构和其他主管机构就公约在各自职权范围所涉领域的实施情况提供专家咨询意见。委员会可以邀请专门机构和其他联合国机构提交报告，说明公约在其活动范围所涉领域的实施情况；

（二）委员会在履行任务时，应当酌情咨询各国际人权条约设立的其他相关机构的意见，以便确保各自的报告编写导则、提议和一般建议的一致性，避免在履行职能时出现重复和重叠。

第三十九条 委员会报告

委员会应当每两年一次向大会和经济及社会理事会提出关于其活动的报告，并可以在审查缔约国提交的报告和资料的基础上，提出提议和一般建议。这些提议和一般建议应当连同缔约国可能做出的任何评论，一并列入委员会报告。

第四十条 缔约国会议

一、缔约国应当定期举行缔约国会议，以审议与实施本公约有关的任何事项。

二、联合国秘书长至迟应当在本公约生效后六个月内召开缔约国会议。其后，秘书长应当每两年一次，或根据缔约国会议的决定，召开会议。

第四十一条 保存人

联合国秘书长为本公约的保存人。

第四十二条 签署

本公约自二〇〇七年三月三十日起在纽约联合国总部开放给所有国家和区域一体化组织签署。

第四十三条 同意接受约束

本公约应当经签署国批准和经签署区域一体化组织正式确认，并应当开放给任何没有签署公约的国家或区域一体化组织加入。

第四十四条 区域一体化组织

一、"区域一体化组织"是指由某一区域的主权国家组成的组织，其成员国已将本公约所涉事项方面的权限移交该组织。这些组织应当在其正式确认书或加入书中声明其有关本公约所涉事项的权限范围。此后，这些组织应当将其权限范围的任何重大变更通知保存人。

二、本公约提及"缔约国"之处，在上述组织的权限范围内，应当适用于这些组织。

三、为本公约第四十五条第一款和第四十七条第二款和第三款的目的，区域一体化组织交存的任何文书均不在计算之列。

四、区域经济一体化组织可以在缔约国会议上，对其权限范围内的事项行使表决权，其票数相当于已成为本公约缔约国的组织成员国的数目。如果区域一体化组织的任何成员国行使表决权，则该组织不得行使表决权，反之亦然。

第四十五条 生效

一、本公约应当在第二十份批准书或加入书交存后的第三十天生效。

二、对于在第二十份批准书或加入书交存后批准、正式确认或加入的国家或区域一体化组织，本公约应当在该国或组织交存各自的批准书、正式确认书或加入书后的第三十天生效。

第四十六条 保留

一、保留不得与本公约的目的和宗旨不符。

二、保留可随时撤回。

第四十七条 修正

一、任何缔约国均可以对本公约提出修正案，提交联合国秘书长。秘书长应当将任何提议修正案通告缔约国，请缔约国通知是否赞成召开缔约国会议以审议提案并就提案做出决定。在上述通告发出之日后的四个月内，如果有至少三分之一的缔约国赞成召开缔约国会议，秘书长应当在联合国主持下召开会议。经出席并参加表决的缔约国三分之二多数通过的任何修正案应当由秘书长提交联合国大会核可，然后提交所有缔约国接受。

二、依照本条第一款的规定通过和核可的修正案，应当在交存的接受书数目达到修正案通过之日缔约国数目的三分之二后的第三十天生效。此后，修正案应当在任何缔约国交存其接受书后的第三十天对该国生效。修正案只对接受该项修正案的缔约国具有约束力。

三、经缔约国会议协商一致决定，依照本条第一款的规定通过和核可但仅涉及第三十四条、第三十八条、第三十九条和第四十条的修正案，应当在交存的接受书数目达到修正案通过之日缔约国数目的三分之二后的第三十天对所有缔约国生效。

第四十八条　退约

缔约国可以书面通知联合国秘书长退出本公约。退约应当在秘书长收到通知之日起一年后生效。

第四十九条　无障碍模式

应当以无障碍模式提供本公约文本。

第五十条　作准文本

本公约的阿拉伯文、中文、英文、法文、俄文和西班牙文文本同等作准。

下列签署人经各自政府正式授权在本公约上签字，以昭信守。